Pedro de la Mata

Arte de la Lengua Cholona (1748)

Lingüística Misionera

Vol. 1

EDITOR DE LA SERIE:

Otto Zwartjes (Amsterdam)

COMITÉ ASESOR:

Cristina Altman (São Paulo)

Georg Bossong (Zürich)

Julio Calvo Pérez (Valencia)

José Antonio Flores Farfán (México)

Even Hovdhaugen (Oslo)

Gregory James (Hong Kong)

Emilio Ridruejo (Valladolid)

Thomas C. Smith Stark (México)

La colección LINGÜÍSTICA MISIONERA constituye un foro internacional con dos objetivos principales. Por un lado se trata de editar o reeditar principalmente obras lingüísticas del período colonial relativas a las lenguas amerindias y asiáticas. Por otra parte se persigue abrir un espacio para el estudio sistemático de la contribución de la lingüística misionera al conocimiento y descripción de estas lenguas.

Pedro de la Mata

ARTE DE LA LENGUA CHOLONA (1748)

Transcripción y edición preparada por
Astrid Alexander-Bakkerus

Con un prólogo de Willem F. H. Adelaar

Iberoamericana · Vervuert · 2007

Bibliographic information published by Die Deutsche Nationalbibliothek
Die Deutsche Nationalbibliothek lists this publication in the Deutsche National-
bibliografie; detailed bibliographic data are available on the Internet at http://dnb.ddb.de

Esta obra ha sido publicada con una subvención de la *Netherlands Organization
for Scientific Research (NWO)*

Agradecemos a la British Library el permiso de reproducción del manuscrito/
By permission of The British Library ADD,25,322; EGERTON.2881

© Iberoamericana, 2007
Amor de Dios, 1 – E-28014 Madrid
Tel.: +34 91 429 35 22
Fax: +34 91 429 53 97
info@iberoamericanalibros.com
www.ibero-americana.net

© Vervuert, 2007
Wielandstr. 40 – D-60318 Frankfurt am Main
Tel.: +49 69 597 46 17
Fax: +49 69 597 87 43
info@iberoamericanalibros.com
www.ibero-americana.net

ISBN 978-84-8489-297-7 (Iberoamericana)
ISBN 978-3-86527-271-3 (Vervuert)

Depósito Legal: B-24725-2007

Cubierta: Carlos Zamora
Impreso en España por Cargraphics
The paper on which this book is printed meets the requirements of ISO 9706

⬿ Índice

↝ Prólogo

La evangelización efectuada durante el dominio español en las Américas se encuentra en el origen del estudio de las lenguas nativas y fue durante más de dos siglos su motor principal. El afán de transmitir conceptos complejos y sutiles a una población de experiencia cultural radicalmente distinta requirió un conocimiento profundo de las lenguas en cuestión, permitiendo así una comunicación que gozara de un máximo de puntos de convergencia. En este ambiente se formó una tradición de investigación gramatical y léxica que no tiene igual en el mundo pre-contemporáneo. La redacción de las primeras gramáticas de lenguas amerindias vino pocas décadas después de la publicación de la *Gramática de la Lengua Castellana* de Antonio de Nebrija en 1492. Estas obras gozan de una antigüedad mayor que las primeras gramáticas de muchas lenguas europeas, tales como el alemán, el inglés y el ruso.

Los gramáticos coloniales, entre los que con relación a la región andina destacan figuras de la talla de Domingo de Santo Tomás (c. 1499-1570), Diego González Holguín (1560-1629), Ludovico Bertonio (1557-1625) y Luis de Valdivia (1561-1642) , nunca fueron ciegos seguidores de un modelo existente. Bien al contrario, su aporte al inventario de categorías y términos lingüísticos fue considerable. En la confrontación diaria con las lenguas americanas lograron mantener una receptividad admirable frente a la multitud de fenómenos nuevos e insólitos, que nunca dejaron de provocar su curiosidad, y aún menos su rechazo. A las categorías conocidas tomadas de la gramática latina se agregaron conceptos nuevos. Bien conocido es el caso de la diferencia entre las primeras personas de plural exclusivo e inclusivo, que dio lugar a unos tratados ejemplares de índole intercultural. A éste se puede agregar el caso de las llamadas 'transiciones', un término utilizado desde el siglo XVI para designar la codificación combinada en el verbo de las personas del actor y del paciente. Este fenómeno, de uso muy general en las Américas de entonces, no se encontraba en las lenguas conocidas del Viejo Mundo, con la excepción del euskera, donde no parece haber llamado la atención de los estudiosos. La presencia de las 'transiciones', con su característico sistema de numeración, ya se encuentra firmemente establecida en las gramáticas de la primera década de 1600. Esta terminología aún sigue vigente en algunos trabajos gramaticales de la actualidad, que pretenden continuar la tradición hispanoandina, aunque, a veces, se halla injustamente despreciada como un rasgo perteneciente a la gramática pre-moderna y provinciana.

El desconocimiento casi total del trabajo de los gramáticos hispanoamericanos en el círculo actual de la lingüística internacional nos podría llevar a pensar que la influencia de los mismos no hubiera traspasado los confines de Iberoamérica. Todo lo contrario, en la primera mitad del siglo XIX los precursores de la lingüística norteamericana adoptaron conceptos que sin ninguna duda tuvieron su origen en la tradición gramatical hispanoamericana. Según información de Mackert (1999: 155-173), el concepto de las 'transiciones' está presente en la obra de los pioneros de la descripción gramatical norteamericana dedicada a las lenguas indígenas, entre los que figuran Albert Gallatin (1761-1849) y Peter Du Ponceau (1760-1844). Aunque la trayectoria exacta de tales incidencias aún queda por determinar, no resulta, por lo tanto, aventurado afirmar que el pensamiento de los gramáticos coloniales haya contribuido en forma indirecta al surgimiento de la lingüística norteamericana al comienzo del siglo XIX. Lo que se observa aquí es el afán compartido de identificar y rubricar categorías lingüísticas universales. A este respecto, ni siquiera los lingüistas-tipólogos de la actualidad se diferencian fundamentalmente de los gramáticos de la colonia. Así, cabe reconocer la deuda que la lingüística moderna tiene con los gramáticos-misioneros de la época colonial.

Lo que vale para la lingüística descriptiva también vale para la lingüística histórica comparada. En el primer siglo de la colonización, Bernabé Cobo, en su *Historia del Nuevo Mundo*, discute la posibilidad del origen común del quechua y del aymara, un tema que sigue inquietando a los investigadores hasta el día de hoy. Los misioneros jesuitas, por su lado, identificaron varias familias lingüísticas de las tierras bajas de Sudamérica, entre las que figuran el maipure (el actual arawak) y el tupi-guaraní. Las obras sinópticas de Lorenzo Hervás y Panduro (1735-1809) formaban testimonio de la visión avanzada de los jesuitas del siglo XVIII, que con buena razón pueden ser llamados pioneros en el campo de la lingüística histórico-comparada.

No es posible deplorar suficientemente el hecho de que tantas gramáticas y vocabularios redactados durante la colonia no hayan podido ser rescatados. Sobre todo las obras más importantes, requeridas para fines de evangelización y administración en un territorio relativamente amplio, llegaron a ser publicadas y distribuidas. Pero una gran parte de los vocabularios y estudios gramaticales permaneció en forma de manuscrito, confinados al uso local y escondidos en el anexo de alguna iglesia o el archivo de algún convento. Muchos manuscritos se perdieron por descuido, en incendios o naufragios, o simplemente desaparecieron. Por suerte, un desastre semejante no ha llegado a ocurrir con el manuscrito del *Arte de la Lengua Cholona* de Fray Pedro de la Mata, cuya versión íntegra presentamos aquí publicada por primera vez.

La forma manuscrita, en la que se encontraba hasta la fecha el *Arte de la Lengua Cholona*, indica, con toda probabilidad, que el trabajo estaba destinado a ser utilizado exclusivamente en el ambiente geográfico del valle del Huallaga, en las llamadas Conversiones de Huaylillas y Cajamarquilla, donde vivían los cholones y sus vecinos y parientes, los híbitos. El *Arte* servía para la evangelización de los cholones y el aprendizaje del idioma por parte de los misioneros franciscanos, cuya actividad se desarrollaba en la zona. El manuscrito fue sujeto a cambios posteriores, hasta ahora visibles como correcciones en el texto, que posiblemente reflejaban variaciones dialectales o cambios fonológicos en proceso.

No se conocen exactamente las peripecias del manuscrito posteriores al momento en que éste fue llevado desde el valle de Huallaga a otro lugar, que, sin duda, se hallaba situado en la costa peruana. Sin embargo, es sabido que el manuscrito cambió de manos en varias oportunidades para terminar en la British Library de Londres, donde lleva la indicación de Ms. Additional 25,322. Ahí se encuentra desde el año 1863, hasta que llamó la atención de Julio Tello. A aquel eminente arqueólogo e investigador peruano se debe una transcripción parcial del manuscrito, que fue publicada en 1923 en la revista *Inca*. Sólo ahora estamos viendo la publicación completa del manuscrito.

El cholón, la lengua que forma el tema del *Arte* de Fray Pedro de la Mata, no tiene más que un solo pariente comprobado. Nos referimos al híbito, idioma probablemente extinto, que es su vecino por el lado norte. De esta última lengua sólo subsiste una muestra muy limitada de léxico. Por otra parte, faltan los indicios de parentesco genético entre la mini-familia cholón-híbito, por un lado, y las demás lenguas existentes en el área. Al parecer, esta familia no tiene parientes cercanos, o, si los hubiera, están por descubrirse todavía.

Joseph Greenberg (1987) pretende asignar un lugar aun a idiomas casi sin documentar, no hace excepción para el cholón y el híbito. Los incluye en un grupo de lenguas, probablemente extintas, que se ubicaban en la parte andina y costeña del norte del Perú. Nos referimos al culle, al sec y a las lenguas tallán. No es posible confirmar la validez de esta agrupación debido al deplorable estado de documentación y la falta de fuentes con relación a estas lenguas. En este mismo grupo, Greenberg también incluye el idioma leco, ubicado mucho más al sur, al pie de los Andes de Bolivia, en un ambiente muy similar al de los antiguos cholones. El lingüista Van de Kerke, que viene estudiando la lengua leco, y la autora de esta introducción y editora de la transcripción del texto han constatado algunas semejanzas léxicas y morfológicas entre aquella lengua y el cholón (charla 50º Congreso Internacional de Americanistas, Santiago de Chile, 14 de julio 2003). Éstas, sin embargo, están lejos de ser sistemáticas y son insuficientes para sugerir una relación genética que no sea controvertida.

El tipo de idioma que el cholón representa no es ajeno a las lenguas amerindias, vistas en conjunto. Sin embargo, desde un punto de vista tipológico, el cholón no coincide con las lenguas de las regiones que rodean al valle del Huallaga. El cholón se diferencia de las grandes lenguas andinas, el quechua y el aymara, y también de las lenguas de los grupos pano y jívaro, por su uso frecuente de la prefijación. En el cholón los prefijos se emplean principalmente para denotar la referencia de persona (actor y paciente de los verbos, poseedor de los sustantivos). El cholón también utiliza sufijos, pero éstos sirven para indicar otras categorías como pluralidad, tiempo, modo y caso. Esta configuración de forma y función se encuentra con frecuencia en las lenguas mesoamericanas (por ejemplo en la familia de lenguas yutoaztecas) y en las amazónicas (el arawak, por ejemplo). La lengua chibcha o muisca, que se hablaba en el altiplano de Bogotá, Colombia, también se une a este grupo tipológico.

El cholón muestra la presencia de un sistema de sufijos de caso y posposiciones. Tal fenómeno tiene una amplia distribución en Sudamérica, sobre todo, en Colombia y en los Andes centrales (quechua, aymara, leco). Por otro lado, los clasificadores numerales del cholón hacen recordar al mochica y a las lenguas mayenses de Mesoamérica, más que los sistemas de clasificación, que se encuentran en tantas lenguas de la Amazonía occidental.

Un rasgo muy especial del cholón es la existencia en el sistema de referencia de persona de una distinción de género, que se manifiesta únicamente en la segunda persona del singular. En este contexto, el femenino se expresa mediante un prefijo *p-*, que se asemeja a las formas de segunda persona de las lenguas arawak. No sería aventurado suponer aquí el reflejo de una etapa histórica de contacto cultural y lingüístico con hablantes de alguna lengua de aquella familia, llevando a una situación en que se solía dirigirse a las mujeres por medio de la forma arawak del pronombre y a los hombres por medio de la forma heredada propia del cholón. En resumen, se puede afirmar que la red de relaciones históricas que definen el conjunto de la familia lingüística cholón-híbito constituye un rompecabezas, cuya solución aún está lejos de ser encontrada. Desde luego, no se puede descartar que el cholón haya constituido (como piensa Greenberg 1987) el último representante de un grupo tipológico o genético de lenguas que cubría una gran parte de la sierra y de la costa norte del Perú. Esta posibilidad se impone considerando que de estas lenguas no se tiene ninguna otra información que no sean vocabularios muy limitados.

Aunque la lengua cholona continuó usándose hasta el siglo xx, no se ha hecho en los siglos posteriores a la obra de Pedro de la Mata ningún análisis en base a material recopilado sobre el terreno. Es de temer que ahora ya no será posible por falta de hablantes vivos y por la improbabilidad de que éstos se encuentren. Por consiguiente, el *Arte* de Pedro de la Mata seguirá siendo la fuente principal para nuestro conocimiento de la lengua cholona. Es una fuente que tenemos que salvaguardar cuidadosamente y cuya difusión en forma publicada aportará una visión más amplia de la realidad lingüística e histórica del Perú.

Willem F. H. Adelaar
Universidad de Leiden

☙ Abreviaturas, siglas y símbolos

Act.	Actus Apostolorum
B.L.	British Library
C	consonante
C., Cap.	caput
c.c.	comparar con
c.d.	corrección de
clas. num.	clasificador numeral
conj.	conjunción
D^r	Doctor
E	español
excl.	exclamación
fem.	femenino
f., fo., fol.	folio
ff.	folios
F^r	Fray
fut.	futuro
Gen.	Génesis
gerund.	gerundio
impers.	impersonal
inf.	infinitivo
interj.	interjección
Ioan.	Ioannem
irr.	irreal
l.	vel
lit.	literal(mente)
Luc., Luca.	Lucam
Marc.	Marcum
masc.	masculino
Mat., Math.	Matthaeum
ms.	manuscrito
N.S.	Nuestro Señor
N.S.P.	Nuestro Santo Padre

obj.	objeto
p., pp.	página, páginas
p. ej.	por ejemplo
p., pers.	persona, personal
part.	participio
pl.	plural
pos.	posesivo
prep.	preposición
pres.	presente
pret.	pretérito
pron.	pronombre
Psalm.	Psalmi
Q	quechua
u.c.	una cosa
u.p.	una persona
r.	recto
rad.	radical
ref.	referencia
s., sing.	singular
S., S^{to}	Santo
Sta	Santa
subj.	subjuntivo
sust.	sustantivo
suj.	sujeto
V	vocal
v.	verso
	versus
	vide
Vg., vg., Vg^{a}	verbi gratia
V.V. P.P.	Venerables Padres
0	cero
>	conviértese en, resulta en
<	derivado de
-	en las "transiciones": la palabra posterior es el objeto de la palabra anterior

ᴄ◆ Aspectos, escrituras y objetivo del manuscrito

El códice Ms. Additional 25,322 es un manuscrito en octavo pequeño, de papel, cuya tapa es de marroquí marrón y la guarda de papel marmóreo. La British Library lo ha encuadernado y numerado de nuevo. Originariamente, el manuscrito contaba con 257 páginas, cuyas ocho primeras, conteniendo el índice de materias, no habían sido provistas de numeración alguna. Los folios 243 y 244 faltan. Tal vez porque el copista quisiera sustituirlos por las hojas comprendiendo las adiciones al capítulo sobre las transiciones. Sin embargo, estas páginas se han insertado entre los folios 236 y 237. La antigua paginación fue rayada por la British Library y sustituida por una foliación a lápiz: de 1 anverso hasta 132 reverso. El folio 61 (anverso y reverso), una hojita de papel más reciente, insertada posteriormente, comprende un cuarteto de una letra más moderna también. Los versos fueron escritos en una lengua que no conocemos, pero van acompañados de una traducción al francés. La versión francesa se encuentra al lado entre paréntesis. El título de este poema, cuya transcripción (más nuestra traducción española) se encuentra abajo, es ilegible:

Sho-de-ga-chu	(la main sanglante)	:	la mano sangrante
Seet-se-be	(le soleil du midi)	:	el sol del medio día
Mong-shong-shan	(le cypres incliné)	:	el ciprés inclinado
Hee-la'h-deh	(la pure fontaine)	:	la fuente pura

Es evidente que originariamente este trozo no formaba parte de la gramática cholona. De ahí que no aparezca en nuestra transcripción de la obra. Los folios 125 anverso/reverso y 126 anverso contienen el suplemento a las transiciones.

Desde el punto de vista histórico, el manuscrito, que data del siglo XVIII, se hallaba antes en la biblioteca de Don Chaumette des Fossés, cónsul-general de Francia en el Perú. Más tarde, el señor Pierre Léopold van Alstein, profesor agregado de la Universidad de Gante (Bélgica) consiguió adquirir algunos libros de esta biblioteca, entre ellos nuestro códice. Después de su fallecimiento se vendió la colección de libros en subasta pública y el 11 de julio de 1863 la British Library compra, entre otros, este manuscrito por mediación del librero M.B. Quaritch por la suma de cinco libras esterlinas.

En lo que respecta al autor del libro, la redacción ha sido atribuida a Pedro de la Mata, un fraile franciscano del Obispado de Trujillo. Efectivamente, su nombre está al final del manuscrito con la fecha "21 de Octubre d. 1748 en Truxillo". Sin embargo, él reconoce haber aprovechado el trabajo preliminar de los frailes Francisco Gutiérrez de Porres y Joseph de Araujo, de quienes hace elogios. Admite haberse servido, entre otros, de sus transcripciones fonéticas. En un estudio que trata de la provincia de Oxapampa, Dionisio Ortiz menciona a los dos misioneros, diciendo: "El 1670 los Padres Araujo y Gutiérrez fundan las famosísimas conversiones de Cajamarquilla, convirtiendo a los híbitos y cholones..." (1967:74). Y según el testimonio de Pedro de la Mata los dos franciscanos ya habían cristianizado a los cholones y los híbitos mucho antes del año 1748. Pues bien, para poder predicar el Evangelio tenían que comunicarse con ambos pueblos en su propia lengua. Entonces, el cholón y el híbito ya eran conocidos y anotados antes de que Pedro de la Mata empezara su *Arte*. En la última página, fol. 249, Fray Gerónimo Clota firma el manuscrito, diciendo: "Doy fin a este traslado en 19 de Febrero de 1772 en este pueblo de S. Buenaventura del Valle, en la montaña". Esto demuestra que el Ms. Additional 25,322 es una copia de lo que Pedro de la Mata había escrito. Es notable también que el color de casi todas las correcciones difiera del color del texto. Se trata de rectificaciones como, por ejemplo:

- redoble de consonante (*ana* > *anna, alec* > *allec, manap* > *mannap*, etc.),
- *s* por *x* y viceversa (sax > xax),
- *n* final por *m* (*pullen* > *pullem*),
- *ch* por *tz* o *z* (*chip* > *tzip* o *zip*),
- *e* por *i* (*ento* > *into*).

Como estas modificaciones han sido introducidas posteriormente, podemos concluir que fueron hechas ya sea por Gerónimo Clota, (lo que creemos, vista la escritura) o por un corrector anónimo. Después de la bella firma de Fray Gerónimo Clota, sigue una lista de nombres de pueblos cholones e híbitos que aún no habían sido cristianizados. La letra de estos nombres es muy diferente de la que precede. No obstante, hay correcciones marginales y superpuestas que son manifiestamente de la misma mano. Finalmente, podemos aceptar que además de Pedro de la Mata, el autor del *Arte de la Lengua Cholona*, otras personas han provisto a este volumen de su aporte:

- primero sus predecesores, que le han procurado muchos materiales y anotaciones;
- Gerónimo Clota, que, aportando algunas modificaciones, ha copiado la obra y que quizás ha añadido las addenda a las transiciones;

– y por último el autor anónimo de la lista de pueblos infieles y de algunas rectificaciones.

El objetivo que querían alcanzar era sin duda equipar a sus sucesores, por medio de esta gramática, para que pudieran enseñar la religión cristiana a los cholones y proclamarles el Evangelio.

✍ Nuestra edición[1] del manuscrito: criterios, modificaciones y notas

Esta edición se basa en la versión del ms. Additional 25,322 que la British Library nos ha transmitido a través de un microfilm y de fotocopias. Puesto que algunas copias y partes del film eran ilegibles o casi indescifrables, fue necesario realizar una consulta del manuscrito en Londres. Examinándolo más de cerca hemos podido constatar que la foliación no tachada es la de la British Library. Por eso hemos mantenido la vieja numeración que, aunque borrada, es la del autor mismo. Preocupados por presentar una transcripción textual fiel, hemos sin embargo introducido algunas modificaciones:

- En el ms. los ejemplos en latín y en cholón, salvo algunas excepciones, han sido subrayados. Para distinguirlos hemos transcrito las expresiones cholonas en cursiva. El subrayado lo hemos reservado para marcar las abreviaciones en forma completa: ex. *jesu-xp* > *Jesu-Christo*.
- Las correcciones y añadiduras en el texto español no se mantienen, pero las del cholón se señalan en una nota a pie de la página. La nota comienza con la palabra original, la palabra como era antes de ser rectificada, seguida de la corrección. Estas rectificaciones se presentan de la siguiente manera:

• Adiciones:

<*a*>	*a* adjuntado a la línea
<ol·*a*>	*a* adjuntado encima de la línea
<ul·*a*>	*a* adjuntado debajo de la línea
<lm·*a*>	*a* adjuntado al margen izquierda
<rm·*a*>	*a* adjuntado al margen derecho
<tm·*a*>	*a* adjuntado al margen de arriba

---

[1] Una parte del *Arte de la Lengua Cholona* (ff. 1-92) fue transcrita por el arqueólogo peruano Julio Tello y editada en la revista *Inca* en 1923.

<bm·*a*>	*a* adjuntado al margen de abajo
<*.*>	algo ilegible ha sido adjuntado
*<*a*>*	*a* adjuntado posiblemente sobre la línea
<§*a*>	*a* adjuntado al final del párrafo o de la sección

- Omisiones:

{-*a*}	*a* borrado
{-*.*}	borrado e ilegible
{-*a*}<*b*>	*a* borrado, *b* adjuntado a la línea
{-*a*}<ol·*b*>	*a* borrado, *b* adjuntado encima de la línea
{-*a*}<ul·*b*>	*a* borrado, *b* adjuntado debajo de la línea

- Reemplazos:

| {*a*+}<*b*> | *a* sustituido por *b* |

- Lectura incierta:

a	*a* es insegura
a/*b*	incierto si es *a* o *b*
ab\cd	incierto si *ab* y *cd* se escriben en una palabra

Estos signos, propuestos por Verkruijsse (1973-74), han sido tomados de C. van Rossem y H. van der Voort (1996). Empero, hemos cambiado los corchetes que ellos han empleado para marcar las omisiones y reemplazos (p. ej. [-*a*], [*a*+]<*b*>) por llaves ({-*a*}, {*a*+}<*b*>), dado que en esta edición los corchetes son utilizados para indicar nuestras añadiduras y no las del autor:

- las palabras que nosotros hemos cambiado son precedidas en las notas a pie de página por la mención "era:" seguida por la palabra tal y como aparece en el manuscrito;
- en la rectificación de faltas flagrantes, reiteraciones, lagunas o *lapsus cálami* atribuidos a la inadvertencia del autor, las letras o palabras que deben ser omitidas son puestas entre paréntesis y los elementos a añadir entre corchetes;
- un pequeño círculo entre las partículas y palabras, cholonas particularmente, indica que, en nuestra opinión, éstas forman una unidad, a pesar de que han sido escritas por separado. Por ejemplo: *quitz mocte he va* > *quitz°mocte°he°va*: una sola palabra en nuestra versión;

- un triángulo (ˇ) indica la separación entre las palabras que han sido escritas en una sola palabra. Por ejemplo: conque > conˇque;
- no hemos respetado las señas al final de la página indicando el comienzo de la página siguiente, ni la puntuación original, tampoco el empleo de mayúsculas. Por ejemplo: Tratado Segundo del Verbo (Pedro de la Mata) > Tratado segundo: Del verbo (nuestra edición), Romances de estando para > Romances de "estando para" en nuestra versión.

ꗖ Estructura de la lengua

1. Introducción

El cholón fue hablado en el valle del río Huallaga, un afluente del río Marañón, y en los ramales orientales de los Andes (véase Mapas, pp. 256-257). La gramática de Fray Pedro de la Mata, el *Arte de la Lengua Cholona*, es la única fuente de información extensa que tenemos de esa lengua extinta.

La lengua cholona formaba una familia lingüística aislada junto con el híbito, una lengua que se habló en la zona noroeste del valle del Huallaga, a lo largo de los ríos Pajatén y Huayabamba. En el último folio del manuscrito se incluye una lista de pueblos híbitos, sugiriendo que la grámatica del cholón podría usarse también en estas poblaciones, lo que indicaría que los cholones y los híbitos se comprendían entre sí.

El *Arte de la Lengua Cholona* trata por extenso los aspectos morfológicos de la lengua. Junto a muchas palabras, en expresiones y frases traducidas del español y del latín, la grámatica presenta un buen número de paradigmas nominales y conjugaciones verbales. Los nombres y verbos forman las clases más importantes. La lengua tiene además una clase cerrada de adverbios (29) e interjecciones (23). Los datos de Pedro de la Mata muestran que el cholón es una lengua aglutinante del tipo SOV (sujeto-objeto-verbo). Los marcadores de persona generalmente se prefijan y otros elementos, como los clasificadores numerales, marcadores de aspecto y tiempo, nominalizadores y subordinadores se sufijan. Las oraciones subordinadas se forman no sólo por medio de una raíz verbal seguida de un subordinador, sino también mediante una forma verbal nominalizada.

Las secciones 2-5 contienen un breviario fonológico, morfonológico y morfosintáctico del cholón, de modo que podemos formarnos una imagen de esa lengua amerindia hoy deplorablemente extinta. Una descripción completa del cholón en base a los datos recopilados por Pedro de la Mata se encuentra en Alexander-Bakkerus (2005b).

Las abreviaturas y símbolos usados en las glosas son los siguientes:

A	agente
AI	aspecto imperfectivo

ABL	ablativo
AD	adesivo
AL	alativo
ANT	anterioridad
BEN	benefactivo
CL	clasificador numeral
ÉN	énfasis
ER	extendedor de radical
IMP	imperativo
INF	infinitivo
F	futuro
f	femenino
FA	factitivo
m	masculino
MFR	marcador de la forma relacional
NF	nominalizador de futuro
O	objeto
OBJ	objetivo
p	plural
PA	pasado
PL	marcador de plural
REST	restrictivo
S	sujeto
s	singular
SD	sujeto diferente
SE	secuencia
SI	simultaneidad
V	vocal
VRB	verbalizador
1	primera persona
2	segunda persona
3	tercera persona
/	cerca de
_	delante o detrás de
~	varía con
[ ]	entre paréntesis cuadrados: forma fonética
-	límite de un morfema
*	forma construida
<	derivado de
>	resultando en

2. Fonología

Dado que en el tiempo en que Fray Pedro de la Mata escribió su *Arte de la Lengua Cholona (ALC)* aún no se usaban símbolos universalmente aceptados (cf. el IPA) para representar los diversos sonidos, y que Pedro de la Mata, a excepción de algunos casos, no explica el uso de sus grafemas, no podemos saber exactamente cómo se pronunciaba el cholón. La lengua en que Pedro de la Mata describió el cholón es el castellano. Cabe suponer que en los casos en que Pedro de la Mata no dice nada del uso de sus símbolos, los grafemas por él empleados para representar el cholón se refieren a un mismo sonido que los grafemas usados para representar la metalengua, el castellano, y que

los símbolos:	se refieren con toda probabilidad los sonidos:
a	[a]
c/_a,o,u ~ qu/_e,i	[k]
ch	[č]
g/_a	[g]
i antes o después de una consonante	[i]
l	[l]
ll al inicio o al final de una sílaba	[ʎ]
m (no-gutural)	[m]
n (no-gutural)	[n]
ñ (no-gutural)	[ɲ]
p	[p]
s ~ z	[s]
t	[t]
u antes o después de una consonante	[u]
y antes o después de una consonante	[j]

A continuación Pedro de la Mata emplea los siguientes símbolos y variantes:	representando muy probablemente los sonidos:
b ~ hu/_a ~ u antes o después de una vocal *~ v*	[w]
ch ~ tz ~z	[tz]
llll	[ʎ]
x	[š]

Sobre los grafemas *e, i, g, h, j* Pedro de la Mata observa (véase folio 1) que

La E la pronuncian entre E y Y, esto es, que ni es E claro, ni Y. La O la pronuncian entre O y U. La G en el principio de los nombres y verbos, unas veces la pronuncian como g y otras como C. La J la pronuncian como los estrangeros. La G antes de E y de la Y, la pronuncian tan suave como J. La H â veces como J y â veces apenas se percibe.

Siguiendo la transcripción de Martínez Compañón ([1783] 1978, II: fol. IV) y de Tessmann (1930: 547) y la pronunciación de la Sra. Aurelia Gutiérrez de Porres y el Sr. José Santos Chapa Ponce, dos descendientes cholones con quienes me he encontrado en el valle del río Huallaga en 1996, el símbolo *e* podría referirse a las vocales anteriores y centradas [ɛ], [ɪ] y [ə], y *o* a las vocales posteriores y centradas [ɔ], [ʊ] y [ɞ]. El grafema "G" que en el principio de los nombres sería "pronunciado" como "C" representa muy probablemente una velar oclusiva sonora [g]. Los símbolos *g/_e,i ~ h ~ j* que se "pronunciaban" "suavemente como los estrangeros" representa según todos los indicios una fricativa velar [x] o glotal [h] y el símbolo *h* "que apenas se percibe" podría referirse a una oclusiva glotal [ʔ].

En el *ALC* también se habla de un fenómeno acústico llamado "guturación", y de un sonido indicado por el término "gutural". Esa "gutural" generalmente es representada por una *g̃, ng̃* o *ng*. Aparentemente se trata de una nasal (representada por la tilde y la *n*) homorgánica con una velar sonora (representada por *g*), a saber, una velar nasal [ŋ]. La "gutural" también se representa por una *m* o *n* final (véase Alexander-Bakkerus 2005a).

Según los datos recogidos por Pedro de la Mata el cholón probablemente posee los siguientes sonidos:

Vocales: [i]   [u]
              [ɪ]/ [ɛ]   [ə], [ɞ]   [ʊ]/ [ɔ]
                    [a]

Diptongos: [iw]
              [ɛw], [ɛy]   [ɔw], [ɔy]
                    [ay]

Consonantes:	bilabial	dental-alveolar	palatal	velar	glotal
oclusiva sorda	[p]	[t]	[k]		[ʔ]
oclusiva sonora			[g]		
fricativa sorda		[s]	[š]	[x]	[h]
africada		[ts]	[č]		
nasal	[m]	[n]	[ɲ]	[ŋ]	
líquida		[l]	[ʎ]		
semivocal		[w]	[y]		

A juzgar por las informaciones presentadas en el *ALC*, los siguientes articulaciones pueden ser consideradas como fonemas posibles:

Vocales:		Consonantes:	bilabial	dental-alveolar	palatal	velar
i	u	oclusiva sorda	p	t	k	
ɪ	ʋ	fricativa sorda		s		
	a	africada sorda		ts	č	
		nasal	m	n	ɲ	ŋ
		líquida		l	ʎ	
		semivocal	w		y	

En la transcripción del cholón también se encuentran símbolos geminados, vocales y consonantes (*aa, ee, ii, oo, uu, pp, tt, cc, mm, nn,* etc.), en un mismo morfema. El doblamiento del símbolo probablemente indica que el sonido representado era prolongado. Sin embargo, la duración no es una característica distintiva en el cholón. Como los símbolos geminados no se refieren a un sonido distintivo del sonido representado por sus parejas simples, hemos optado por hacer caso omiso de ellos.

En préstamos se encuentra los grafemas *b, d, f, r* representando las consonantes [ß/b], [d], [f], [r], respectivamente.

3. Morfonología

Sobre el acento, Pedro de la Mata dice que éste recae en la última sílaba. La estructura normativa de una sílaba es (C)V(C). Los grupos de consonantes dentro de una sílaba casi no se encuentran y parecen ser inadmisibles. La vocal de la primera sílaba de una forma nominal o verbal puede ser suprimida si la estructura silábica de la forma lo permite, es decir, si no se produce una agrupación consonántica en una sílaba, y si el radical del nombre o verbo está precedido de una referencia personal. Por ejemplo:

mi-zla (< *zala* 'mujer')   *me-ct-an* (< *c(o)t* 'ser')
2s-mujer   2sS-ser-AI
'tu mujer'   'eres'

ø-zala   *ø-cot-an*
3s-mujer   3sS-ser-AI
'su mujer'   'es'

Si el radical de un verbo está precedido de dos marcadores de persona, marcando uno el actor y otro el paciente, la vocal del segundo marcador, la del paciente, se suprime:

qui-m-coll-an
1pA-2sO-amar-AI
'te amamos'

Cuando la forma verbal consiste en un radical compuesto de un nombre + un verbo, se suprimen la vocal de la primera sílaba del radical nominal y la del radical verbal (si al menos el radical compuesto está precedido de una referencia personal y no se produce una agrupación consonántica dentro de una misma sílaba):

a-mna-ych-an (<* *mana-yach* 'camino-ver')
1sS-camino-ver-AI
'veo/ vigilo el camino'

En cambio, si la vocal del radical se suprime, puede ejercer su influencia sobre la vocal de la referencia personal precedente. Es que la vocal *i* de un marcador de persona regularmente armoniza con la vocal del radical si éste es una *e* o *u*:

me-n-el (<*mi-n-el*)   *mu-cull*a (<*mi-culla*)
2s-MFR-yuca   2s-piojo
'tu yuca'   'tu piojo'

Si se trata de un radical verbal, la vocal *i* del marcador de persona normalmente armoniza con una *u*:

u-ø-llup-an (*i-llup-an*)
3sA-3sO-comer-AI
'come algo'

Cuando la vocal del radical es *o* y esta vocal es suprimida, la vocal *i* del marcador de persona cambia en *e*:

che-ct-an (*chi-ct-an*)
3pS-ser-AI
'son'

El radical nominal o verbal, además de poder ser sometido a supresión vocálica, también puede estar sujeto a cambio. Nombres que comienzan con una *p, c/qu, h, y* o una vocal hacen distinción entre una forma absoluta y una forma relacional, i.e. la forma poseída, de la siguiente manera:

(i) la *p* e *y* inicial de la forma absoluta cambia en *m* y *tz*, respectivamente, en la forma relacional:

pangala 'paba del monte'   >   *a-mangala*
1s-paba.del.monte
'mi paba del monte'

yotz 'cui'   >   *a-tzuch*
1s-cui
'mi cui'

(ii) la *c/qu* y *h* inicial de la forma absoluta se convierten en *ng* y *s*, respectivamente, en la tercera persona de singular de la forma poseída:

cach 'maíz'   >   *ø-ngach*
                                       3s-maíz
                                       'su maíz'

hil 'palabra'   >   *ø-sil*
                                       3s.palabra
                                       'su palabra'

(iii) los radicales nominales que comienzan con una vocal insertan una *n* epentética en la forma relacional:

atelpa 'gallina'   >   *a-n-atelpa*
                                       1s-MFR-gallina
                                       'mi gallina'

Lo mismo ocurre en el caso de radicales verbales: si el radical comienza con una *p*, *c/qu*, *h* o *y*, estas consonantes cambian en *m, ng, s* o *tz*, respectivamente, cuando el objeto del verbo es una tercera persona de singular:

a-meñ-an (< *peñ (o)* 'querer')
1sA-3sO.querer-AI
'lo quiero'

a-ngoll-an (< *coll/ cole* 'amar')
1sA-3sO.amar-AI
'le amo'

a-sina-n (< *hina(h)* 'oír')
1sA-3sO.oir-AI
'lo oigo'

a-tzm-an (< *y(a)m(o)* 'saber')
1sA-3sO.saber-AI
'lo sé'

Los radicales verbales derivados de nombres que en su forma absoluta tienen una vocal en posición inicial derivan de la forma relacional, de suerte que el radical de estos verbos también comienza con una *n* epentética

a-n-extec-w-an (< *extec* 'vestido')
1sS-MFR-vestido-VRB-AI
'hago mi vestido'

4. Morfosintaxis nominal

Una forma nominal puede componerse de un prefijo de persona indicando el posee-dor, un radical y unos sufijos. Los marcadores de poseedor son los siguientes:

TABLA 1
Marcadores de persona

	singular	plural
1	*a*	*qui*
2m	*mi*	*mi ... ha*
2f	*pi*	*mi ... ha*
3	*ø*	*chi-, i-*

Como se puede ver en el esquema de arriba, el cholón hace distinción de género en la segunda persona de singular:

mi-ctzoc (< *catzoc* 'tu caja')   *pi-ctzoc*
2sm-caja   2sf-caja
'tu (m) caja'   'tu (f) caja'

La segunda persona de plural es un morfema discontinuo que consiste en dos elementos: el prefijo *mi-* indicando 'segunda persona' y el sufijo *-ha* indicando 'plural':

mi-cot-ha
2-agua-PL
'vuestra agua'

La lengua dispone de dos formas diferentes para marcar una tercera persona de plural: *chi-* e *i-* (*che-*, *chu*, *e-*, *u-* en caso de armonía vocálica). La primera se usa con un radical comenzando por una consonante bilabial (*p, m*) o velar (*c/qu, h*):

chi-pan	*chu-myup*	*chi-cama*	*chi-hach*
3p-madre	3p-puente	3p-enfermedad	3p-chacra
'su madre'	'su puente'	'su enfermedad'	'su chacra'

la segunda, delante de un radical teniendo una dental-alveolar o una pareja palatal en posición inicial: delante de una *t, tz, ch, s, x, n, ñ, l, ll*:

u-tuxam	'su armadillo'	*e-n-el*	'su yuca'
i-tzip	'su casa'	*u-ñu*	'su hija'
e-chesmiñ	'su cedro'	*e-le*	'su diente'
u-sup	'su cervicabra'	*i-llollo*	'su cascabel'
i-xax	'su armadillo'		

Los pronombres personales usados independientemente son presentados en la Tabla 2:

TABLA 2
Pronombres personales

	singular	plural
1	*oc*	*qui-ha*
2m	*mi*	*mi-na-ha*
2f	*pi*	*mi-na-ha*
3	*sa*	*chi-ha*

A continuación Pedro de la Mata trata los pronombres demostrativos, empleados también como adverbios de lugar, los pronombres indefinidos (Tabla 3) y los radicales expresando una pregunta del tipo ¿quién?, ¿qué?, ¿dónde?, ¿cómo? (Tabla 4):

TABLA 3
Pronombres

demostrativos (y adverbios de lugar)			indefinidos
co	éste	(aquí)	*alum* 'otro'
inco	ése	(allí)	*an-tzel* 'uno' (compuesto del numeral *an* 'uno' y del clasificador *tzel* 'cosa larga')
pe	aquél	(acullá)	*incha* 'algo'
			mec 'todo', 'todos'
			ñanmac 'cada'
			ol 'una persona'

TABLA 4
Los radicales interrogativos:

ana	'¿cuándo?', '¿cuánto?'
incha	'¿qué?' (cosa)
into	'¿cuál?' (cosa), '¿dónde?'
into-nco	'¿cuál?', '¿qué?' (cosas o personas)
ol	'¿quién?'

Los sufijos que se adjuntan a un radical nominal son, por ejemplo, marcadores de caso como *-(a)p* 'ablativo', *-he* 'benefactivo', *-man* 'inesivo', *-pat* 'instrumental', *-te* 'adesivo'; otros sufijos tales como *-(a)ll* 'restrictivo', *-chu* 'diminutivo', *-lol* 'pluralizador', *-pit* 'indefinido', *-pullem* 'emparejador'; y marcadores de discurso como *-(a)ch* 'reportativo', *-(a)m* 'interrogativo', *-ey* y *-pey* 'vocativo', *-sim* 'énfasis', *-(v)a* 'tópico':

liman-ap 'del monte'	*inco-ll* 'ése solo'	*oc-ach* 'dicen que yo'
hayu-he 'para el hombre'	*ila-chu* 'mujercita'	*incha-m* '¿qué cosa?'
iglesia-man 'en la iglesia'	*hayu-lol* 'los varones'	*hayu-ey* '¡hola hombre!'
mech-pat 'con el palo'	*incha-pit* 'cualquiera cosa'	*lolxe-sim* 'son españoles'
hayu-te 'al hombre'	*mul-pullem* 'hijo y padre'	*Pedro-va* 'por lo que a Pedro respecta'

El sufijo *-(a)ll* también se emplea para formar adverbios:

inco-p-all
esto-ABL-REST
'continuamente'

Los numerales y palabras que indican una cantidad son seguidos de un clasificador indicando la forma (*-che* 'cosa redonda'), la composición (*-pon* 'grupo de seres') o la propiedad de lo cuantificado (*-chup* 'cosa portátil').

5. Morfosintaxis verbal

Los afijos empleados para marcar primera persona y segunda persona poseedor también se emplean para marcar el actor o agente de un verbo transitivo (A), el sujeto de un verbo intransitivo (S) o el objeto (O):

a-meñ-an	*me-ct-iy-ha-n*	*i-c-coll-an*
1sA-3sO.querer-AI	2S-ser-ER-PL-AI	3sA-1pO-amar-AI
'le quiero'	'sois'	'nos ama'

Las siguientes formas se usan para referirse a una tercera persona:

3s:	A	S	O		3p:	A	S	O
i-	+	–	–		*chi-*	+	+	–
ng(o)-	+	+	+		*i-*	–	+	–
ø-	–	+	+		*-la-*	+	–	–
l-/_V	–	+	+		*p(o)-*	–	–	+

P. ej.:

i-meñ-an 'le quiere'	*chi-ø-paso-lam-he* 'que lo predican'
ng-a-coll-an 'me ama'	
ngoll-iy 'murió'	*che-ct-an* 'son'
ngo-cole-cge a-ct-an 'estoy amándole'	*i-tong-iy* 'estaban'
meño-u-la-n 'lo quieren'	*mi-po-coll-an* 'les amas'
a-ngoll-an 'le amo'	
ø-cot-an 'es'	
a-ø-lo-n 'lo mojo'	
l-am-an 'come'	
a-l-ø-an 'lo hago'	

Una tercera persona de singular objeto también se indica, indirectamente, por alternancia del radical (véase sección 2 cap. Estructura de la lengua: *peñ(o)* > *meñ(o), coll/cole* > *ngoll/ngole, y(a)m(o)* > *tz(a)m(o), hina(h)* > *sina(h)*).

La mayor parte de los radicales verbales son reducidos cuando un marcador del aspecto imperfectivo (*-(a)n* 'AI') o un marcador del pretérito (*-(i)y* 'PA', *-w* 'PA', *-e(y)* 'PA', *-(c/qu)e* 'ANT') se les adjunta (véanse los ejemplos más arriba). Entonces, podemos distinguir cinco clases de radicales reducibles:

(i) radicales consonánticos como *c(o)t* 'ser' que suprimen la vocal radical;
(ii) radicales terminados en *h* como *hina(h)* 'oír' que dejan caer la *h*;
(iii) radicales terminados en *e* como *cole/ coll* 'amar' que mudan la vocal final en una articulación palatal;
(iv) radicales terminados en *a* como *lam(a)* 'matar' que dejan caer la *a* final;
(v) radicales terminados en *o* como *peñ(o)* 'querer' que suprimen la vocal final.

Los sufijos que se añaden al radical verbal son:

(i) marcadores de aspecto, tiempo y modo. Véanse los ejemplos en *-(a)n* e *-(i)y*, más arriba, y también los siguientes:

i-l-o-u	*qui-ngoll-e-n*	*qui-ngoll-iy-e*
3sA-3sO-hacer-PA	1pA-3sO.amar-PA-AI	1pA-3sO.amar-PA-ANT
'lo hace'	'lo queríamos'	'lo hemos amado'

a-meño-ct-an   ngole-c
1sA-3sO.querer-F-AI   3sO.amar-IMP
'lo querré'   'ámale!'

(ii) nominalizadores: -*(c)te* 'infinitivo', -*(e)ch* 'factivizador', -*lam* 'nomina-lizador de futuro 1', -*(ng)o* 'nominalizador de futuro 2', -*(v/u)uch* 'agentivo'. Por ejemplo:

a-ngole-cte   'amar (yo)'
a-ngole-ch   '(el hecho) que le amo'
a-ngole-lam   'he de amarle'
a-ngole-ngo   'tengo que amarle'
ngole-uch   'el que le ama'

(iii) subordinadores: -*(c)he* 'simultaneidad', -*(e)ch*/ -*ct-ech* 'objetivo', -*hu* 'sujeto diferente', -*(n)ap* 'secuencia':

ip-ta-pi   aycha   ø-llup-he   i-ton
dos-CL:piedra-AL   carne   3sO-comer-SI   3pS-ser
'Ambos están comiendo carne'.

pallou   me-ct-ech   i-m-pas-an-sim
bueno   2sS-ser-OBJ   3sA-2sO-aconsejar-AI-ÉN
'Te aconseja para que seas bueno'.

Dios-tu-p   i-m-cole-ct-ech
Dios-AD-ABL   3sA-2sO-amar-OBJ
'para que Dios te ame'.

jul   e-c   ngol-hu   mi-tzax-te
piña   dar-IMP   3sS.morir-SD   2sA-3sO.ver-F
'Da-le piña y verás como se muere'.

co   a-l-o-cte-he   m-a-llemtzap-ap   mi-lla-ct-an
esto   1sA-3sO-hacer-INF-BEN 2sA-1sO-ayudar-SE   2sS-ir-F-AI
'En ayudándome a hacer esto, te irás'.

Las oraciones subordinadas también pueden formarse por medio de una nominalización:

a-pxavo-ch   ø-patza-n
1sS-hilar-FA   3sS-absorber.un.día-AI
'Todo el día he estado hilando'.

mula	*lum-te*	*cu-tup-lam*	*pana*
mula	lado.superior-AD	1pS-andar-NF1	camino

'camino de mulas' (< 'camino que hemos de recorrer sobre mulas')

chapllon	*i-l-o-ngo*	*tzam-an*
olla	3sA-3sO-hacer-NF2	3sS.saber-AI

'Sabe hacer ollas'

⇝ Transcripción

[fol. 2 r., BL]

Tabla de los libros, tratados y paragrafos contenidos en este libro ô *Arte de la leng[u]a cholona*

Libro primero

Paragrafo 1º: De las letras que no se pronuncian en la lengua cholona y del modo de pronunciar
2º: De la declinacion del nombre
3º: Exemplo de la declinacion
4º: De otras particulas que segun su construccion pluralizan los nombres con·que se juntan sin la particula *lol*
5º: Explicase la significacion de las particulas de los casos
6º: Del modo de suplir los generos

[fol. 2 v., BL]

Tratado segundo: Del verbo
§ 1º: De su division, terminacion y romances que tiene
2º: De los verbos substantivos
3º: Del verbo negativo ô de las negaciones del verbo
4º: Del segundo verbo substantivo y su conjugacion
5º: Del verbo *atg̃an* y su conjugacion
6º: De otros tres verbos que se derivan de los tres precedentes
Tratado 3º: Del verbo activo
1º: Qual sea y su conjugacion
2º: Como corresponde en esta lengua las oraciones de subjuntivo
3º: Del infinitivo
4º: De la passiva del verbo activo

Libro segundo

Tratado 1º: Del nombre
§ 1º: De su division

Libro tercero
De otra construccion del verbo activo y de los neutros, compuestos y defectivos

Tratado primero: De verbo transitivo
§   1º: Que sea verbo tra[n]sitivo y del numero de la[s] transiciones

§   2º: Del acento
§   3º: De la pronunciacion
§   4º: De la orthografia

[fol. 1] Arte de la lengua cholona

§ 1

No se pronu(un)ncia en esta lengua las letras B, D, R, F y la R, ni fuerte, ni suave.

La E la pronuncian entre E y Y, esto es, que ni es E claro, ni Y.

La O la pronuncian entre O y U.

La G en el principio de los nombres y verbos, unas veces la pronuncian como G y otras como C.

La J la pronuncian como los estrangeros.

La G antes de E y de la Y, la pronuncian tan suave como J.

La H â veces como J y â veces apenas se percibe.

Por la misma razon que dexo apuntada, de que la G solo yere en las dos vocales E y Y, usan guturacion quando le [siguen][1] las otras tres A, O, U y aun con todas sinco A, E, I, O, U. Vg.:

nğaan	: aquel me haze
nğuech[2]	: su·madre
nğix	: cosa·seca
milongoque	: tu lo hizieras
nğuch	: su padre, &c.

§ 2: De la declinacion del nombre

Los casos de los nombres se·varian por adicion de particulas. Para el nominativo se pone *a* ô *vâ*, segun los finales. *tup* corresponde a·los pronombres [fol. 2] latinos idem, -met. Y lo mas frequente es que lo constituye el nombre solo.

El genitivo se varia por·los pronombres posessivos, que son: *a* para primera persona, *m* ô *p* para segunda: la *m* para hombres y la·*p* para mugeres, *sa, pe* y otras para tercera persona de singulàr. Este posessivo es muy vario, como se verà adelante, quando trataremos de los pronombres posessivos. <ul·fol. 113> De plural: para la primera persona *qui* ô *quiha*, esta tambien varia segun las especies de nombres; de segunda *miha*; de tercera *chi* <ol·ô *chija*> y otros varios.

Para genitivo: *ylou*; dativo: *he* ô *ge*; acusativo: *te* de movimiento â lugar y *tu* â persona; vocativo: *ey* para hombres y *pey* para mugeres, esto es, para llamarlos,

---

[1]   Era: preceden.
[2]   *nğ.ech*: {-*.*}<ol·*u*>.

que para exclamar es *ah!* antepuesta al nombre; para abla<u>ti</u>vo: *te, tep, llactep, pat, llacpat, nic* vel *nec.*

Con estas particulas, siempre pospuestas, se declinan los nombres, quando no se·usan con los proprios posessivos de cada uno, que es lo mas frequente.

[fol. 3] (§ 2) Exemplo de·la declinacion

No<u>mi</u>nativo:	*jayu* vel *jayutup*	: el hombre ô gente
Ge<u>ni</u>tivo:	*jayu·ilou*	: del hombre ô de·la gente
Da<u>ti</u>vo:	*jayuhe* vel *ge*	: para el hombre ô &.
Acu<u>sa</u>tivo:	*jayu°te* vel *tu*	: al hombre
Voca<u>ti</u>vo:	*jayu°ty* l. *pey*	: o·la hombre, ôla muger
Abla<u>ti</u>vo:	*jayu°te*	: en el hombre
	nun°tep: ex viro	: de varon ô por obra de varon
	jayu°pat l. *llacpat* l. *llactep*	: por ô por amor ô por causa del hombre
	pat es de instrumento:	
	Mech°pat illoutzi[1]	: Lo apaleò ô dio con palo.
	mannap[2] corresponde â ex vel de.	
	jayu°nic l. *(n)nec*[3]	: de compañia con el hombre

§ 3: Del numero plural

No le constituye en esta lengua la terminacion sino la particula *lol*, aunque raras vezes y donde no puede aver equivocacion. Por ser ambigua, que demas de pluralizar, tambien significa "boca", "orilla de rio" y "ad·in[v]icem"[4], "mutuamente" ô "entre si". Vg.:

xocotlolte[5] : en la ribera ô orilla del rio

chijalol   : ellos entre si ô mutuamente

Esto advertido, pluralisanse [fol. 4] los nombres con ella en la forma siguiente:

No<u>mi</u>nativo	: *nunlol*	: los varones
Ge<u>ni</u>tivo	: *nunlol loula*	: de·los varones
Da<u>ti</u>vo	: *nunlolge*	: para los varones
Acu<u>sa</u>tivo	: *nunlolte* l. *tu*	: a·los varones

---

[1]   *illochi*: <ol·*u*>, {*c*+}<*t*>, {-*h*}<ol·*z*>.

[2]   *manap*: <ol·*n*>.

[3]   *nec*: <ol·*n*>.

[4]   Era: adimbicem.

[5]   *xocatlolte*: {*a*+}<*o*>.

Vocativo	: *ah nun!*	: o varones
	nuney	: ola varones
	yl-la°pey	: ola mugeres
Ablativo	: *nunlolte*	: en los varones
	nunloltep l.	: por ô por amor ô por causa de˙los varones
	llactep, pat l. *llacpat*	
	nunlolmannap[1]	: de˙los varones
	nunlol°(n)nec[2]	: con los varones

§ 4

De otras particulas que segun su construccion pluralizan los nombres
con˙que se juntan sin la particula *lol*

En esta lengua todas las ocho partes de la oracion se declinan y conjugan con sus
possessivos y pronombres con que se denotan las personas y assi, quando el nombre ô el verbo son de˙plural, no es necessari[o] la particula *lol* para pluralizarlos,
porque los possessivos y pronombres expresan con toda propriedad del ydeoma
el˙plural. Vg.:

Las casas [fol. 5] de˙los Indios de˙la sierra estàn cubiertas con paja	: *Liman°nê jayû {-yp} yzip pusim°pat (a)ñantumilâ chectan*[3].

Donde el nombre *zip*[4] y el verbo *añantuman*, cada uno esta con su possessivo y
pronombre en la 3. persona de plural sin la particula *lol*.

mec corresponde â omnis et omne, pluralisa los nombres a˙que se junta, sin que
sea necessario la particula *lol*. Vg.

Omnes moriemini: Todos vosotros morireis	: *Mec-micolhactan.*

pullem[5], junta con los nombres que tienen correlacion y denotan union, connota,
nombrando el uno, el otro extremo. Vg.:

padre ê hijo	: *nğuch°pullem*[5]
hijo y padre	: *mul°pullem*[5]
madre ê hija	: *(nğ)ñetz*[6] *°pullen*

---

[1]   *manap*: <ol·*n*>.

[2]   *inec*: {-*i*}, <ol·*n*>.

[3]   *ychip*: {-*ch*}<ol·*z*>; *puxim*: {-*x*}<ol·*s*>; *ñantumilâ*: <ol.*a*> (Según nosotros esta corrección no
era necesaria: *a* es 1ª pers. del singular); *chetan*: <ol·*c*>.

[4]   *chip*: {-*ch*}<ol·*z*>.

[5]   *pullen*: {*n*+}<*m*>.

[6]   *nğuech*: {-*u*}<ol·*ñ*>, {*c*+}<*t*>, {-*h*}<ol·*z*>.

hija y madre   : *ñu°pullem*[1]
marido y muger   : *mul-luch°pullem*[1]

co·mec, ynco·mec, pe·mec significan "quantidad", tambien pluralizan los nombres. Vg.:

Quantos indios ay en el pueblo?	: *Ana·meccam jayu putamte ytton?*[2]
Tantos ay (con exageracion)	: *Ento·mec. Pe·mec. Pa·mec.*
Ay tantos como estos	: *Co·mec che[c]tan.*
Ay tantos [fol. 6] que no se pueden	: *Pe·mec checti cot°nap, entoñ*
contàr	*qui°poùo°pacna chectan*[3]. *Pe·mec*
	chectancò°llacpat[4], *entoñ* &c.

manmiñ, mamontê, matê, matêll significan con nombres "igualdad" y "calidad", y con verbos "igua(a)ldad con accion con nombres". Vg.:

Ygualmente son ô estàn blancos	: *Manmiñ chech*[5] *chectan.*
Ygualmente son ô estàn negros	: *Matê chal-l chectan.*
Con verbos: Vg.:	
Igualmente se aman	: *Manmiñ chim°(g)[c]ollan*[6].
Vienen jun(l)tos	: *Matê chipzan*[7].
Igualmente trabajan	: *Matell chipiipan.*
Vienen bajando juntos	: *Mamontell chipahattan*[8].

Los nombres numerales pluralizan por si solos. Vg.:

Con diez libras de coca comprê mis calzones	: *Allec libra cuca°pat atzochoc amzi*[9].

Los nombres coletivos se usan tambien sin la particula *lol*. Vg.:

xê	: cabellos, lanas ô pelos y plumas
axê	: mis cabellos
ñachê	: ojos
añache	: mis ojos
nen[10]	: manos
anen[10]	: mis manos

---

[1] *pullen*: {*n*+}<*m*>.
[2] *yton*: <ol·*t*>.
[3] *povo*: {*v*+}<*ù*>; *chetan*: <ol·*c*>.
[4] *llapat*: <ol·*c*>.
[5] <ol·*.*>.
[6] *collan*: <ul·*g*>.
[7] *chipchan*: {-*ch*}<ol·*z*>.
[8] *chipahatan*: <ol·*t*>.
[9] *achocho*: {*c*+}<*t*>, {-*h*}<ol·*z*>, <ol·*c*>; *amxi*: {-*x*}<ol·*z*>.
[10] *nem, anem*: {*m*+}<*n*>.

Y para singularizarlos se hace con los numerales. Vg.:

anchel xê : un cabello
anzel anente[1] : en una de mis manos

[fol. 7] § 5: Explicase la significacion de las particulas de los casos

a ô uâ[2] pospuestas â los nominativos de los nombres, unas vezes corresponden â: autem, empero, y otras â: el, la, lo. Quando significan autem, siempre ay dos oraciones y se pone al nom<u>inati</u>vo de la segunda oracion *a*, si acaba en consonante, y, si en vocal, *uâ*[2]. Vg.:

Luis se fue, pero Pedro en casa està : *Luis llaui, Pedrovâ zipte*[3] *ton.*
Pedro se fue, pero Luis en casa estâ : *Pedro llaui, Luis°sâ*[4] *zipte*[3] *ton.*

Quando significan "el", "la", "lo", basta que aya una sola oracion. Vg.:

El elefante duerme recostado sobre : *Elefante°vâ atchel mech ñante {-mil}*
un arbol *pilmoh°nonnap ñan*[5].
Nuestro criadòr Dios no se contentò : *Quiimej°juch Dios°sâ jayu*
solo con hazer que el hombre *mosaugje°na°patall mulii°pizô*[6].
naciesse

Pospuestos â los verbos, ya son solo exor[t]ativas[7], ya condicionales. Vg. [fol. 8]:

Aprendemos â leer con grande trabajo : *Liu quitz°mocte°he°vâ, ochô*
ñanzic°pat quiymehnan[8].
si quieres : *imeñanco°uâ*[9]
si quisieras : *mimeñongoque°vâ.*

tup se pospone al nominativo, denotando siempre la·persona que haze y, quitando toda perplexidad, para distinguir la que haze de la·que padece. Vg.:

Juan matò â Pedro : *Juan°tup Pedro ylammi*[10].

---

[1] *anchel*: {-ch}<ol·z>; *anemte*: {m+}<n>.
[2] *va*: {v+}<u>.
[3] *chipte*: {-ch}<ol·z>.
[4] *Luis â*: <ol·s>.
[5] *elefante â*: <ol·v>; *anchel*: {n+}<t>, <ol·*.*> <-ol·*.*>; *milmoh*: {m+}<n/p>; *nonap*: <ol·n>.
[6] *quiimeh*: {h+}<j>; *moxacge*: {-xac}<ol·saugj>; *picho*: <ol·z>.
[7] Era: exornativas.
[8] *quich*: <ol·tz>; *ñanchic*: {-ch}<ol·z>.
[9] *â*: <u>.
[10] *ylami*: <ol·m>.

Y es la razon porque esta lengua no tiene nota de acusativo y assi, con añadir esta
particula al nominativo, se suple esta falta.

lou, declinandola con los possessivos, significa lo·que meus, mea, meum. Vg.:

oc alou	: mio
mi·milou	: tuyo
sa·ilou	: suyo
quiha·quilou	: nuestro
minaja·milouha[1]	: vuestro
chiha·loula[2]	: suio de ellos

Junta con el pronombre ynterrogativo *ol* se·pregunta desta suerte:

Ol ylouhuamco°â?	: Cuio es esto?
Oc âlou	: Mio, &.
Me lleva lo mio ô lo que es mio	: *Oc alou ñgallajan*[3].

Nota

Todos los nombres substantivos verbales, pronombres y aun las posposiciones se
usan con sus possessivos y para declinarlos [fol. 9] con ellos tienen mucha variedad, porque es muy ordinaria en ellos la mutacion de unas letras en otras y tambien la adicion de otras en otros. Pondre las reglas siguientes para facilitàr la
practica de ellos.

Regla primera

Los·que empi[e]zan[4] con alguna de·las sinco letras *a, e, i, o, u*, entre el possessivo
y el nombre se·les interpone una *n*, y esta es la regla mas general. Vg.: *attellpa*[5],
que significa gallina.

---

[1]   *mimilouha*: <ol·*naja*>.

[2]   *chihaluula*: {*u*+}<*o*>.

[3]   El autor había ajuntado dos 'eles' sobre la palabra: *ñgallajan*: <ol·*ll*>. El resultado era entonces:
      ñgallllajan. Las dos líquidas podrían ser interpretadas:
      – como diéresis: *ñgällajan*;
      – como una indicación de pronunciación. Esto significaría que las dos "*l*" de *ñgallajan* tendrían
        que ser pronunciadas como una líquida (ll española). Es lo que nosotros suponemos y la
        razón por la que lo hemos transcrito como una *ll* geminada;
      – como la abreviación de *loco laudato* 'al lugar de citación', la opción más improbable.

[4]   Era: empi{-*.*}zan.

[5]   En este paradigma: *atallpa, natallpa, minatallpaha*: <ol·*t*>, {*a*+}<*e*>; *anatallpa*:
      {-*a*}<ol·*e*>{ol·*e*+}<*a*>, <ol·*t*>, {*a*+}<*e*>; *minatallpa*: <ol·*e*>{-ol·*e*}, <ol·*t*>, {*a*+}<*e*>; *ynatallpa*:
      <ol·*n*>, <ol·*t*>, {*a*+}<*e*>.

anattellpa	: mi gallina
minattellpa	: tu gallina
nattellpa	: su gallina
quinattellpa	: nuestra gallina
minattellpaha	: vuestra gallina
ynnattellpa	: su gallina de ellos
el[1]	: yuca
anel, menel, nel, quenel, menelja, ennel	
yp	: cierta raiz comestible, <ol·papa del monte>
anip, {-minip} minip, nip, quinip, minipha, ynnip[2]	
ollê[3]	: saliva
anollê, minollê, nollê, quinollê, minolleha, ynnollê	
ulluc	: {-lanza}, <ol·chuso>, ô dardo,
anullûc[4], *munullûc*[4], *nullûc, cunullûc,*	<§lança><ul.lança>[5]<ul.lança>[5]
munullucja, unnullûc[6]	

[fol. 10] La regla para conocer quando la *y* es vocal ô consonante es que, si hiere en la letra que le sigue, es ypsylon ô consonante y siendo°lo no sigue esta regla, pero si no hiere, es vocal y el no[m]bre que empieza con ella se ha de declinar segun esta regla.

Regla segunda

Los nombres que empiezan con *c* ô *q* hazen el posessivo de tercera persona de singulàr en *nga, nge, ngo*, pronunciando°las no hiriendo con la *g* en la vocal que le sigue, sino guturalmente en el gaznate y lo mismo sucede en los verbos transitivos en la transicion de 3ª persona de singulàr â la primera del mismo numero. Exemplos

camà	: enfermedad ô enfermo
acamà	: mi enfermedad
micamà, ngamà, quicamà, micamahà, chicamà	
cach	: maiz
micach, ngach, quicach, micachja, chicach	

---

[1]   En todo el paradigma: *-el-l*: {-*l*}; *enel-l*: <ol·*n*>, {-*l*}.
[2]   *anip*: <ol·*n*>{-ol·*n*}; *ynip*: <ol·*n*>.
[3]   En este paradigma: *ollê, anollê, minolleha* + <ol·*ll*>: véase p. 46, nota 3; *ynollê*: <ol·*n*>.
[4]   *anullûc, munullûc*: + <ol·*ll*>: véase p. 46, nota 3.
[5]   En una letra diferente.
[6]   *unullûc*: <ol·*n*>.

colol[1]   : almendra
acolol, micolol, nõolol, <ul·quicolol>, micololha, chicolol
[fol. 11] *cot*   : agua
acot, micot, nõot, quicot[2]*, micotha, chicot*
cochue   : mono grande negro
acochue, micochuê, nõochuê, quicochue, micochuêha, chicochue
cullâ   : piojo del cuerpo
acullà, mucullà, nõullà, cucullà, mucullahà, chuculla
quill, quell   : quincha[3], paret
aquill[4]*, miquill, nõuill, quiquill, miquillha, chiquill*
quexùm[5]   : nariz
aquexùm, miquexùm, nõuexùm, quiquexùm, miquexùmha, chiquexùm

Regla tercera

Los que empiezan con *za, che, zi, zô, chu*[6] se declinan con sus posessivos en la forma siguiente:

zaluch[7]   : negro etiope
azaluch, mizaluch, zaluch, quitzaluch, mitzaluchja, ytzaluch
chesmiñ[8]   : <ol·cedro>
achesmiñ, mechesmiñ, quechesmiñ, [fol. 12] *mechesmiñha, echesmiñ*
zipiou[9]   : una fruta y su arbol
azipiou, mizipiou, chipiou, quichipiou, michipiouha, ytzipiou
zochoc[10]   : calzones
azochoc, mizochoc, zochoc, quizochoc, mizochocja, ytzochoc
{-chimillô} nallô   : discipulo
anllô, minllô, nallò, quinllô, minllôha, ynnallô[11]   {-domestica feligres}

---

[1]   *colol-l, acolol-l, micolol-l, nõolol-l, micolol-lha, chicolol-l:* {-*l*}.
[2]   *quicet:* {*e+*}<*o*>.
[3]   <ol·*quell*>.
[4]   *aquell:* {*e+*}<*i*>.
[5]   En todo el paradigma: *-quesum:* {*s+*}<*x*>, <ol· >.
[6]   *cha, chi, chô:* <ol·*z*>.
[7]   En este paradigma: *-chaluch:* {-*ch*}<ol·*z*>; *quichaluch, michaluchja, ychaluch:* {*c+*}<*t*>.
[8]   *chexmiñ:* {*x+*}<*s*>; *achexmiñ, mechexmiñ, mechexmiñha, echexmiñ:* {-*x*}<ol·*s*>; *quechexmiñ:* <ol·*s*>.
[9]   *chipiou:* {-*ch*}<ol·*z*>; *achipiou, michipiou:* <ol·*z*>; *ychipiou:* {*c+*}<*t*>, {-*h*}<ol·*z*>.
[10] En este paradigma: *-chochoc:* {-*ch*}<ol·*z*>; *ychochoc:* {*c+*}<*t*>, {-*h*}<ol·*z*>.
[11] *ynallô:* <ol·*n*>.

sall   : alma
azall, mizall, sall, quizall, mizallha, ytzal[1]
xax[2]   : armadillo pescado de rio
axax, mixax, xax, quixax, mixaxha, yxax
sup   : corzo ô cerbicabra
asup, musup, sup, cusup, musupha, ussup[3]
tacla   : otra especie de armadillo
atacla, mitacla, tacla, quitacla, mitaclaha, yttacla[4]
taca   : quadril ô hueso de la cadera
atàca, mitaca, taca, quitaca, mitaccaha[5]*, ytaca*
[fol. 13] *tamxê*[6]   : batan de tabla sobre que muelen maiz y
atamxe, mitamxe, tamxê, quitamxe,   otras cosas
mitamxeha, yttamxe
lles[7]   : lucerna pequeña y el restrojo
alles, melles, lles, quelles, mellesha, elles
llix   : mono pequeño
allix, millix, llix, quillix, millixha, yllix
llollô   : cascabel
allollô, millollô, llollô, quillollô, millollôha, yllollô
llu   : pauji
allu, mullu, llû, cullu, mulluha, ullu[8]
llaca   : cosa colorada
allacà, millacà, llacà, quillacà, millacahà, yllacà[9]

Regla quar(ta)ta[10]

Los nombres que comienzan con *p*, unos la mudan en *m* y otros la vocal que le sigue la conviertan tambien en la misma *m*. Vg.

pacupllêu   : tumbo y toda especie de granadillas
amcupllêu, mumcupllêu, macupllêu, cumcupllêu, mumcupllêuha, chumcuplleu

---

[1]   *asall, misall*: {-s}<ol·z>; *quisall, misallha*: <ol·z>; *ysall*: <ol·tz>.
[2]   En todo el paradigma: *-sax*: {s+}<x>.
[3]   *usup*: <ol·s>.
[4]   *ytacla*: <t>.
[5]   *mitacaha*: <ol·l>.
[6]   En este paradigma: *-tamse*: {s+}<x>; *ytamse*: <ol·t>, {s+}<x>.
[7]   En este paradigma: *-llex*: {-x}<ol·s>; *allex*: <ol·s>.
[8]   *ullu* + <ol·ll>: véase p. 46, nota 3.
[9]   *illacà* + <ol·ll>: véase p. 46, nota 3.
[10] Era: quanta: {-n}<ol·rta>.

[fol. 14] *pangala*   : paba del monte
amangala, mimangala, mangala, quimangala, mimangalaha, chimangala
puyup   : puente
amyup, mumyup, muyup, cumyup, mumyupja[1], *chumyup*
panâ   : camino
amnâ, mimnâ, manâ, quimna, mimnâha, chimnâ

Excepcion

De esta regla salen otros nombres que retienen la *p* y en la tercera persona de singular la conviertan en *ng̃*, como:

pa   : padre
apa, mipa, ng̃uch, quipâ, mipahâ, chipa
pan   : madre
apan, mipan, ñetz[2], *quipan, mipanha, chipan*

Otros en la misma 3ª persona, no mas, la mudan en *m*, como:

pul   : hijo
apul, mupul, mul, cupul, mupulha, chupul

Regla quinta

Los que comienzan con *y* consonante [fol. 15] la mudan en *z*[3]. Vg.

yap   : animal quadrupedo que come˙lo que
azap, mizap, zap, quichap, mizapha,   siembran en las chacras
yzap[4]
yotz[5]   : cui
azotz, mitzooz, zotz, quizooz, mizotzja, ytzooz
yuch   : racacha
atzuch, mutzuch, zuch, cuzuch, muzuchja, utzuch[6]

---

1   *mumyupha*: {-*h*}<ol˙*j*>.
2   *ng̃uech*: <ol˙~>, {-*g̃u*}, {*c*+}<*t*>, {-*h*}<ol˙*z*>.
3   *ch*: {-*ch*}<ol˙*z*>.
4   *achap, michap, chap, michapha, ychap*: <ol˙*z*>.
5   *yoch*: <ol˙*tz*>; *achoch, choch*: <ol˙*z*>, {*c*+}<*t*>, {-*h*}<ol˙*z*>; *michooh*: {*c*+}<*t*>, {-*h*}<ol˙*z*>, <ol˙*z*>; *quichooh*: <ol˙*z*>, <ol˙*z*>; *michochja*: <ol˙*z*>, {*c*+}<*t*>, <ol˙*z*>; *ychooh*: {*c*+}<*t*>, <ol˙*z*>, <ol˙*z*>.
6   *achch*: {-*ch*}<ol˙*tzu*>; *muchuch*: {-*ch*}<ol˙*tz*>; *chuch, cuchuch, muchuchja*: <ol˙*z*>; *uchuch*: {*c*+}<*t*>, <ol˙*z*>.

Otros la mudan en *t*, como:

yuxam : armadillo de tierra
atuzxam, mutuzxam, tuzxan, cutuzxan, mutuzxanha, utuzxan[1]

Estos son los nombres que he podido juntàr para su perfecto uso con los posessi-vos, donde se podran ver sus muchas diferencias para declinar por ellos y como ellos semejantes. Y la razon de usarse siempre con sus posessivos es, porque en esta lengua no se puede indiferentemente dezir, como en la española, "tengo en casa" [fol. 16] ô "tienes en la mano", sino demonstrativ[o][2]:

"tengolo en mi casa" ô "tieneslo en tu mano" : *aziptê*[3] *acotan, minente macotan.*

Este nombre *zalâ*[4], que significa "muger casada", parece irregular y assi lo pongo aqui como se usa: *azla, mizla, zala, quizla, mizlaha, ytzalâ*[5]

mulluch[6] : marido
apul-luch, pupul-luch, mulluch, cupul-luch, mupul-luchja, chupul-luch

El genitivo de posession de la cosa, en las terceras personas, se haze poniendo antes el que posee y despues la cosa poseida. Vg.

El vestido de Pedro ya està viejo : *Pedro nextec sâcho cotan.*

e para los que acaban en consonante y *que* para los˙que en vocal: con estas par-ticulas se expressa la materia de que es ô se haze alguna cosa. Vg.

plato de plata : *chechôque*[7] *caloch*
La caxeta de tabaco es de oro : *Petz nuc puillquitz°chê cotan*[8].

[fol. 17] Tambien significan con ellas las personas difuntas. Vg.

Luis°ê, Juanaque uñu : hija de Luis y de Juana difuntos

Tambien se especifica con ellas el tiempo:

cosa de tiempo passado : *ampal°ê*
cosa de tiempo presente : *capique*, tambien "cosa nueva".

---

[1] En este paradigma: *yusam* : {*s*+}<*x*>; *-tusam* : <ol·*z*>, {*s*+}<*x*>.
[2] Era: demonstrative.
[3] *achipte*: {*-ch*}<ol·*z*>.
[4] *chalâ*: {*c*+}<*z*>, {*-zh*}<ol·*z*>{*-ol·z*>, <ol·*z*>.
[5] *asla, misla, quisla, mislaha*: {*s*+}<*z*>; *chala*: {*-ch*}<ol·*z*>, *ychala*: {*-ol·tz*>.
[6] En este paradigma: *muluch*: <ol·*l*>; *-puluch*: <ol·*l*->.
[7] *chechô*: <ol.*que*>.
[8] *pech*: {*-ch*}<ol·*tz*>; *puillquich ê*: {*ch*+}<*tz*>, <ol·*ch*>.

Juntanse con el signo universal *mec*:

Lleva ô recibe de todo   : *Mecque ô mec liuve ñãap.*

Tambien se juntan con los verbos para composicion de algunos tiempos.

ge o *je*[1] corresponde â·la particula "para". Su uso ordinario es para dativo de daño ô provecho, con nombres. Vg.

para·mi   : *ocge*
para Juan   : *Juanje*[2]

Con verbos significa lo que la ut latina. Vg.

Ut quid venisti?: Para·que has venido?   : *Ynchajem mini*[3]?
Ut discam: Para aprender   : *Atzmoctege* l. *atzmolamge*[4]

Usase de ella con los verbos de "pensar", [fol. 18] "acordarse", &c.

Que piensas?   : *Yncham mulupactan* o *pulupactan?*
Pienso en Dios ô me acuerdo de Dios   : *Dios °ge*[5] *alupactan.*

Pospuesta â los nombres, con el verbo substantivo *actan* en todos sus modos, tiempos y personas, significa "tener necessidad". Vg.:

Tengo necessidad de maiz   : *Cachge actan.*
No tengo necessidad de ti   : *Mige*[5] *acotpan.*
Tenemos necessidad de la gracia de   : *Dios gracia °ge*[5] *quectan.*
Dios
Quihage[5] *muchan qui °pa·t-tocqui*   : Ruega por nosotros.

Con los infinitivos de los verbos y *acquian* significa "querer", "estar aparejado", "con gusto", "voluntad" y "gana" de hazer lo que el ynfinitivo importa. Vg.:

Quiero, estoy aparejado, dispuesto,   : *Aamocge-na acquian.*
tengo gusto, voluntad, y gana de comer.

Pospuesta a·los imperativos significa "permission". Vg.:

vaia el   : *llacge.*
vayan ellos   : *yllacge.*

te con verbos de quietud y de movimiento significa lo que la in latina. [fol. 19] Vg.:

---

[1]   *he*: {-*h*}<ol·*j*>.
[2]   *Juanhe*: {*h*+}<*j*>.
[3]   *ynchahem*: {*h*+}<*j*>; *minani*: {-*na*}.
[4]   *achmotehe*: {*c*+}<*t*>, {-*h*}<ol *z*>, <ol·*c*>, {*h*+}<*g*>; *achmolamge*: {*c*+}<*t*>, {-*h*}<ol·*z*>.
[5]   -*he*: {*h*+}<*g*>.

Estàmos en nuestra casa : *Quizipte*[1] {-voy al pueblo: *qui*} *quetg̃an*[2].
Voy al pueblo : *Putam ˚te alluan.*

Pospuesta â los pronombres demonstrativos los haze adverbios de lugar. Vg.:

cotê	: aqui
incotê	: alli
petê	: aculla

Posponese â algunos nombres, regida de los verbos de "creer", "confessar" y otros. Vg.:

Creo en Dios : *Dios ˚te amehena acquian.*
Me confiesso â Dios : *Dios ˚te confessan {-ac}acquian.*

Pospuesta â los participios significa "quando" y lo que el abverbio ubi. Vg.:

donde dormimos : *quiyi ˚tê*
donde estubimos : *quecng̃utii ˚tê*[3]
quando nos partimos : *quillapitzî ˚tê*[4], <vid. f. 197>

tu connota persona, usase como la precedente con verbos de quietud y de movimiento. Vg.:

Voy donde Juan : *Juan ˚tu alluan.*
Estaremos donde Pedro ô en casa : *Pedro ˚tu quitontan.*
de Pedro

pat con instrumental:

Hablo con <ol·mi> (la) lengua : *Amonzey ˚pat*[5] *ahlan.*

[fol. 20] *pat* y *llacpat*, unas vezes significan lo que *propter*: por amor ô por causa.

Por ti, por tu amor ô por tu causa : *Mipat ô mi·millacpat aluyuman.*
padesco

Otras vezes sifnifican lo que qua·re:

Porque me riñes ô me aborrezes? : *Ynchapatam ô ynchallacpatam malupon?*
Riñote porque eres floxo : *Xalam mectan ˚pat*[6] l. *xalam*[7]
mectanco ˚llacpat amlupon.

---

1   *quichipte*: {-*ch*}<ol·z>.
2   *quetng̃an*: {-*n*}.
3   *quetng̃uii tê*: {*t*+}<*c*>, <ol·*t*>.
4   *quillapichî tê*: {*c*+}<*t*>, <ol·z>, {-*h*}.
5   *amonchey pat*: {-*ch*}<ol·z>.
6   *mislam pat*: {-*mi*}, {*s*+}<*x*>, <ol·*a*>, <ol *mectan*>.
7   *mislam*: {-*mis*}<ol·*xa*>.

Ah! exclamativa se antepone:

A Dios!, O Dios!   : *Ah Dios*!

pey para mugeres y *ey* para hombres: ola. Vg.:

ola muger ô â muger	: *ylapey.*
ola hombre	: *jayuey.*
A Maria	: *Maliapey.*
A Juan	: *Juaney.*

tep y *llactep*, menos el ser instrumentales, significan lo mismo que *pat* y *llacpat* y demas â mas se·ponen en lugar de *ex vel de*. Vg.:

Conceptus est de spiritu santo: : *Espiritu santo <ol·ichmey> ᵒtep jayu quii.*
Fue concebido por obra del espiritu santo.

mannap[1] significa tambien *ex l. de*.

Natus [fol. 21] ex Maria virgen: : *Virgen Santa Mariaᵒmannap*[1] *masôu.*
Nacio de Sᵗᵃ Maria virgen.

Tambien significa "entre", "post", "despues", "en·quanto", "demas" &c.

Eres la mas excelente entre las   : *Mec ilaᵒmannap ma pallouᵒsim pectan*[2].
mugeres ô de todas las mugeres.
Despues que veniste, no ha venido   : *Miᵒpotiᵒmannap*[3], *olpit (i)mohpan.*
nadie
Christo Sʳ. Nᵗʳᵒ. no murio en quanto   : *Quinapu Jesuchristo Dios cotᵒmannappa*
Dios, sino en quanto hombre.   *ñgoliᵒpitzzo*[4], *jayu cotᵒmannap*[3] *ñgoli.*
Demas de averle mordido la vivora,   : *Oûlum itzajiᵒmannap imon*[5].
tiene calentura

Hazense con ella oraciones comparativas, como se dirà en su lugàr, f. 106.

Con ella y el verbo substantivo *actàn* se suple at[t]inet por "pertenecer". Vg.:

Los que pertenecen â la divinidad   : *Dios cotᵒmannap*[3] *chectancoᵒvâ, coᵒsim*
son estos   *chectan.*
Los que pertenecen a·la santa   : *Jesuchristo Dios quinapu jayû*
humanidad de Nᵗʳᵒ. Señor Jesuchristo   *cotᵒmannap*[3] *chectancoᵒvâ*[6], *cosim chectan.*
son estos.

---

1   *manap:* <ol·n>.
2   *illa:* {-l}; *manap:* <ol·n>; *pectam:* {m+}<n>.
3   *manap:* <ol·n>.
4   *cotimanap:* {-i}, <ol·n>, <p>, <ol·a>; *picho:* {c+}<r>, <ol·z>, {-h}<ol·z>.
5   *ichaji:* {c+}<r>, {-h}<ol·z>; *manap:* <ol·n>.
6   *â:* <v>.

<bm·Equivale â qua[-]tenus: en quanto hombre:

hayu°mannap[1] l. *jayu cot°mannap*[1]   : en quanto el ser de hombre.>

nic vel *nec* son de [fol. 22] compañia.Y assi estas, como todas las demas, se usan con los posessivos. Vg.:

oc°nic	: con°migo
mi°nic	: contigo
sanic	: con el
Pedro°nic	: con Pedro
quihanic vel *quinec*	: con nosotros
minahanic vel *minecja*	: con vosotros
ynec	: con ellos
atû	: a·mi

mutu, tu l. *satu, cutû, mutûha, uttû*[2].

Esta se junta con *pat*. Vg.:

Cutupat unutza[3] *loulancolol*	: Los que pecan contra nosotros ô nos hazen agravio.
Dios tupat michicnocqui	: Teme â Dios.
Tupat majac mionoqui	: Guardete del.

§ sexto: Del modo de suplir los generos

Como no ay articulos en esta lengua, ni terminaciones diferentes para cada genero, tampoco ay generos. Distinguense los sexos de masculino y femenino por diciones que se añaden â los nombres de animales, assi racionales, como irracionales: *nun* para varon ô macho, [fol. 23] *yla* para muger ô hembra. Vg.:

nun jayu l. *jayu·nun*	: hombre
yla·jayu vel *jayu yla*	: muger
nun pullup	: muchacho ô muchachos
yla pullup	: muchacha ô muchachas
cuchi nun	: puerco
cuchi yla	: puerca
atellpa·nun[4]	: gallo
atellpa yla[4]	: gallina

---

[1]   *manap*: <ol·*n*>.
[2]   *utû*: <ol·*t*>.
[3]   *unucha*: {*c*+}<*t*>, {-*h*}<ol·*z*>.
[4]   *atallpa*-: {*a*+}<*e*>.

Con las especies de arboles de que hay macho y embra se usan tambien, como con los racionales:

papayu·nun	: el papayo macho
papayu·ila	: papayo hembra.

Con los animales del genero epizeno, â *nun* se le añade *o* y â *yla co*. Vg.:

ulluquiou nunô	: el perdigon
ulluquiou ilaco	: la perdiz

Tratado segundo: Del·verbo
§ 1: De su division, terminacion y romances que tiene

El verbo se divide en substantivo, activo, passivo, neutro, simple, compuesto, ympersonal y defectivo.

[fol. 24] De su terminacion

En el presente de indicativo todos se terminan en alguna de estas terminaciones: *an, en, yn, on, un*, como:

atpan	: andar
axquen	: hazer beber ô dar de beber
añguissiñ[1]	: engañar con alevosia
alupon	: aborrecer
amun	: provar la comida y llevar en la voca.

En el preterito perfecto ê imperfecto se terminan en *ay, ey, i* l. *yi, oy, ou*.

Los simples que se terminan en *i* tienen segundo preterito. Vg.:

asinnay[2]	: yo oî
axquei	: di de beber
actî l. *acten*	: fui ô estuve
cama acquiî l. *acquien*	: estuve enfermo
alupoy	: le aborreci
umui l. *umuyen*[3]	: llevaba en la boca.

El preterito plusquamperfecto se forma del preterito perfecto, añadiendole, si acaba en *y, ye* y, si en *v, ve*. Pero â la 2ª persona de plural siempre se le añade *que* y a·la tercera, si acaba en *la*. Pero si·no, *ye* vel *ve*, como a·las demas personas.

---

[1] *aguisiñ*: <ol·ñ̃>, <ol·s>.

[2] *asinay*: <ol·n>.

[3] *muyen*: <ol·u>.

El futuro ymperfecto siempre se termina en una destas maneras: *ctan, htan, ptan, itan*. Y es la raiz [fol. 25] de·los demas tiempos restantes, quitandole el *ctan, htan* &c. y añadiendole otras particulas, segun el tiempo que fuere. El verbo *aschan*: ver, tiene dos futuros: *atzaxtan*[1] y *azchiitan*[1]

El imperativo se forma de·los dos, pero los demas tiempos se forman de *atzaxtan*[2].

atzachian[3]	: visitàr
apaichan	: mirar
apaichi, apiaxtan	

Todos los verbos tienen dos imperativos: uno absoluto en las segundas personas y otro con los pronombres por todas las demas, como:

tzach l. *mitzachi(chi), tzachec*[4] l.	: miralo tu ô vealo tu.
mischecqui	

El futuro perfecto se forma del preterito perfecto y del presente, esto es, en los verbos subtantivos, como:

yo avre sido	: *acti actan.*

Pero en los demas verbos se coxe el·preterito del verbo activo y el presente del verbo substantivo, como:

yo avrê amado	: *aǧolli actan.*

El obtativo y subjuntivo se forma: el presente: añ[a]diendo[5] â·la raiz del [fol. 26] futuro ymperfecto *te* y conjugando°lo con los pronombres de todas las personas. *Vg.*:

acotte[6]	: yo sea
mi°cotte[6]	: tu seas &c.

Deste mismo modo se forma el presente de infinitivo y tambien el futuro imperfecto.

Al preterito ymperfecto se·le añade al primero: *toque, joque, nǧoque*, segun lo pidiere la cali(da)dad del verbo. Y al segundo se le añade *teque*, en todos los verbos. Vg.:

acottoque l. *acotteque*	: yo fuera
aǧolenǧoque l. *aǧolecteque*	: yo le amara

---

[1]   *atastan*: <ol·z>, {s+}<x>; *aschitan*: {s+}<z>, <ol·i>.
[2]   *atastan*: {ol z}, {s+}<x>.
[3]   *atachian*: <ol·z>.
[4]   *tach, tachec*: <ol·z>; *mitachi*: <ol·z>, <ol·chi>.
[5]   Era: añidiendo.
[6]   -*cote*: <ol·t>.

asinahjoque l. *asinahteque*	: yo le oyera
atzachoque[1] l. *atasteque*	: yo lo viera

<bm·Estas terminacio[ne]s y formaciones se sabràn mejor conjugando los verbos y assi dexo los demas tiempos.> Las personas se varian por los pronombres con·que todos los verbos se conjugan, que con ellos son pronombres, y con los nombres posessivos y son de tan varias maneras en unos como en otros.

§ 2: De los verbos substantivos y su conjugacion

[fol. 27] Tiene esta lengua dos verbos substantivos: uno personal que tiene todas las personas y es *actan*, el otro ympersonal que solamente tiene las terceras personas de singular de cada tiempo y es *pactan*[2]. Ambos corresponden âl verbo substantivo sum, es, est, fui; tienen quatro significaciones, que son: ser, aver, estar y tener.

Con la significacion de "ser" se juntan con verbos activos y los hazen passivos.

Con la significacion de "aver" y "estar" se juntan con verbos activos y neutros.

Con la significacion de "tener" *actan* se usa con la particula *nic* pospuesta â la cosa que se tiene. Vg.:

Tengo plata	: *Checho°nic actan.*
Quod nomen habes? vel Quod nomen est tibi? Que nombre tienes ô como te llamas?	: *Ynchanam mi°mot°nic mectan?*
Llamome Pedro	: *Pedro (n)amot°nic actan.*

pactan no admite esta composicion. De el se compone otro verbo neutro personal que significa "tener" y es *appactan*[3]. Vg.: *Cach mappactanle?*[4] [fol. 28]

Heey, appactan[4]	: Si, tengo.
Ma appactan[4]	: No tengo.

accotan[5], compuesto de *actan*, tambien significa "tener".

Menel maccotanle[6]?	: Tienes yuca?

El verbo *atg̃an* significa "estàr sentado". Del se compone *aton*, que significa "tener":

---

[1]   *atachoque*: <ol·z>.
[2]   *pectan*: {-e}<ol·a>.
[3]   *apactan*: <ol·p>.
[4]   *mapactan*: <ol·ap>.
[5]   *acotan*: <ol·c>.
[6]   *minel*: {i+}<e>; *macotanle*: <ol·c>.

atton[1]	: tengo
matton	: tienes
jatton	: tiene
catton	: tenemos &.

actan con la particula *ziu*[2], que es contraria de *nic*, significa sine, sin. Posponese â·la cosa de que se carece. Vg. Argentum et aurum non est mihi, Act. Cap. 3:

| *Checho ziu, puillquitz ziu°pit actan*[3] | : No tengo plata ni oro. |

Por escusar molestia conjugarè â *actan* con sola la significacion de "ser". Y notase para todos los verbos que el pronombre de la segunda persona de singular de todos los tiempos para hombres es *m* y para mugeres *p*.

[fol. 29] Verbo substantivo *actan* por "ser"
Modo yndicativo

Presente:

yo soy	: *actan*
tu eres	: *mectan* l. *pectan*
aquel es	: *cotan*
nosotros somos	: *quectan*
vosotros sois	: *mectihan*
aquellos son	: *chectan*

Preterito imperfecto y perfecto:

Assi este verbo, como los activos que hazen el preterito en *y*, tienen dos diciones en este tiempo:

yo era, fui, he sido y huve sido	: *acti*	l. *acten*
tu eras, fuiste &c.	: *mecti*	l. *mecten*
aquel era, fue &c.	: *coti*	l. *coten*
nosotros eramos &c.	: *quecti*	l. *quecten*
vosotros erais &c.	: *mectiha*	l. *mectihan*
aquellos eran &c.	: *checti*	l. *checten*

Preterito plusquam perfecto:

| yo avia sido | : *actiyê* | l. *actiate* |
| tu avias sido | : *mectiyê* | l. *pecti(yê)ate* |

---

[1] En este paradigma: *aton, maton, caton*: <ol·*t*>; *haton*: {*h*+}<*j*>, <ol·*t*>.
[2] *chiu*: {-*chiu*}<ol·*ziu*>.
[3] *chiu*: {-*ch*}<ol·*z*>; *puillquich*: {*c*+}<*t*>, <ol·*z*>; *chiu*: {-*ch*}<ol·*z*>.

aquel avia sido	: *cotiê*	l. *cotiate*
[fol. 30] nosotros aviamos sido	: *quectiyê*	l. *quectiâte*
vosotros aviais sido	: *mectihaque*	
aquellos avian sido	: *chectiyê*	l. *chectiâte*

Futuro ymperfecto:

yo serê	: *acottan,* <vid. fol. 140>
tu serâs	: *micottan* l. *picottan*
aquel serâ	: *cottan*
nosotros serêmos	: *quicottan*
vosotros serêis	: *micothactan*
aquellos serân	: *chicottan*

Futuro perfecto:

yo avrê sido	: *acti actan*
tu avras sido	: *mecti mectan* l. *pecti*
aquel avra sido	: *coti cotan*
nosotros avremos sido	: *quecti quectan*
vosotros avreis sido	: *mectiha mectihan*
aquellos avran sisdo	: *checti chectan*

Panâ ixivaj pactanco͠pat : Por estàr malo el camino avreis venido bajan
ma·ñanzic͠pa mipahatiha mectihan[1]. do con mucho trabaxo.

La segunda dicion no admite esta composicion.

[fol. 31] Ymperativo presente y futuro

se tu	: *cot* l. *micotti* (l. *acotte*)[2]
sea aquel	: *cotge*[3]
seamos nosotros	: *quicotte*
sed vosotros	: *micothac* l. *micothacqui*
sean aquellos	: *chicotge*[3]
Yncham acotte?	: Que serâ de mi?

Usan tambien este tiempo por el futuro ymperfecto:

| yo serê | : *acotte* |
| tu seràs | : *micotte* |

---

[1]   *mañanchic*: {-*ch*}<ol·*z*>; *mipahatihan*: {-*n*}.
[2]   Según nosotros, la forma *acotte* designa la 1ª persona del singular y no la 2ª como se sugiere aquí.
[3]   -*he*: {*h*+}<*g*>.

aquel serà	: *cotte*
nos<u>otros</u> seremos	: *quicotte*
vosot<u>ros</u> sereis	: *micothacte*
aquellos seràn	: *chicotte*

Romances permissivos deste modo, <ul·vide fol. 234>:

mas que yo sea	: *acotge*[1] *ºpit*
mas que tu seas	: *micotge*[1] *ºpit*
mas que aquel sea y sea en ora buena	: *cotgepit*[2] l. *cotge*[1]
mas que n<u>oso</u>tros seamos	: *quicotge*[1] l. *quicotgepit*[1]
mas q<u>ue</u> v<u>oso</u>tros seais	: *micothac-ge*[1]l. *micothac-gepit*[1]
mas q<u>ue</u> aq<u>ue</u>llos sean	: *chicotge*[1] l. *chicotgepit*[1]

[fol. 32] Romances prohibitivos:

Guar[da]te, mira no cosa que seas malo	: *Genap*[3] *ixivaj micotºchin.*
No sea que seais ladrones	: *Hapºpit etz micotha-chinnmiñ*[4].

apºpit tambien es duvitativa: acaso, por ventura, puede ser, respondiendo y razonando. Vg.:

Puede ser que venga mañana Fran<u>cis</u>co: *Hapºpit pojo*[5] *ºpat* Fran<u>cis</u>co *nantan.*

Modo obtativo presente y pret<u>erito</u> imperfecto

Este modo optativo se rige destas particulas: oˇsi!, ojala!; formase de dos maneras. La primera poniendo la particula *ge*[1] despues de la cosa que se desea ô despues del ymperativo del verbo. Vg.:

oˇsi, ojala yo sea, fuera, seria y fuesse santo	: *santoºge*[1] *acot* l. *santo acotge*[1].
oˇsi, ojala tu seas, fueras, &.	: *santoºhe micot* l. *santo micothe.*
oˇsi, ojala aquel sea, fuera, seria y fuesse santo	: *santoºhe cot* l. *santo cothe.*
oˇsi, ojala n<u>oso</u>tros seamos, fueramos &. santos	: *santoºhe quicot* l. *santo quicothe.*
oˇsi, ojala v<u>oso</u>tros seais, fuerais, seriais &. s<u>an</u>tos [fol. 33]	: *santoºhe micothac* l. *santo micothac-he.*

---

[1]   *-he*: {*h+*}<*g*>.
[2]   *cochepit*: {*-c*}<ol·*t*>, {*h+*}<*g*>.
[3]   *hanap*: {*-ha*}<ol·*Ge*>.
[4]   *ech*: {*-ch*}<ol·*tz*>; *micothac-chin*: {*-c*}, <lm·*nmiñ*>.
[5]   *povat*: {*-vat*}<ol·*jo*>.

oˇsi, ojala aquellos sean, fueran, serian, &. santos: *santohe chicot* l. *santo chicotˀhe.*

Dios me haga santo   : *Diosˀtup santo g̃aoc-he.*
Dios te haga santo   : *Diosˀtup santo imoc-he.*

La segunda manera de obtativo se haze con la particula *ynnaham*[1] l. *ynnam*[1], que significa "ojala", antepuesta â la cosa que se desea y luego el tiempo llano. Vg.:

Ojala yo sea, fuera, seria y fuesse   : *Innaham*[1] *pollou acottoque* l. *acotteque.*
bueno

Yˇsi se quiere expressar mas el deseo, se le pospone alguna destas particulas: *attij, anij, añiu.* Vg.:

Ojala tu seas, fueras, serias y fuesses   : *Innam*[1] *pallou micottoque attij*[2]*;*
bueno   *ynnaham*[1] *pallou micotteque añiu.*

Para preguntar por estos dos modos se hazen las oraciones como quedan hechas, añadiendoles la particula *na* y el verbo *acquian*[3] por desear, concertandolo con la persona que desea: Vg.:

Deseas ser santo hombre?   : *Santuˀhe micotˀna miquianˀle?*[4] {*-xê?*} l.
                                             Santu micotˀheˀna miquianˀle?[5] {*-cham?*}
Deseas ser bueno?·   : *Ynnam pollou micottoque*[6]*ˀna miquianle?*
Digo que quisiera ser santo   : *Innaham*[7]*santo acottoque añiuˀna*
                                             acquian.

Con estas advertencias [fol. 34] que se tengan de memoria para todos los verbos y uso de estas particulas con ellos, el modo optativo llano se conjuga de la manera siguiente:

Pres<u>en</u>te y pre<u>terito</u> ymperfecto

yo sea, fuera, seria y fuesse	: *acottoque*	l. *acotteque*
tu seas, fueras, serias y fuesses	: *micottoque*	l. *micotteque*
aquel fuera, seria y fuesse	: *cottoque*	l. *cotteque*
no<u>so</u>tros seamos, fueramos &c.	: *quicottoque*	l. *quicotteque*
vo<u>so</u>tros seais, fuerais &c.	: *micothang̃oque*	l. *micothacteque*
aquellos sean, fueran &c.	: *chicottoque*	l. *chicotteque*

---

[1] *ynaham, inaham, ynam, inam*: <ol·n>.
[2] *atij*: <ol·tˀ>.
[3] *aquian*: <ol·c>.
[4] *santo*: {*-o*}<ol·u>; *acot*: {*-a*}<ol·mi>.
[5] *santo*: <ol·u>; *acot*: {*-a*}<ol·mi>.
[6] *ynam*: <ol·n>; *acottoque*: {*-a*}<ol·mi>.
[7] *inaham*: <ol·n>.

Por este tiempo se hazen romances regidos de la particula condicional "si" a˙que corresponde *ua*[1]. Vg.:

Si fueras bueno, yo te quisiera	: *Pallou micottoque ˚va, ampeñocteque*[2].
Si Juan fuera bueno, su hijo tambien lo fuera	: *Juan pallou cottoque˚ua*[1], *mulpit pallou cotteque.*

[fol. 35] Preterito perfecto et plusquam perfecto.

Para el obtativo destos dos tiempos, â las particulas "o˙si", "ojala" corresponde *moc* pospuesta â nombres y verbos en la manera siguiente:

o˙si, ojala yo aya, huviera, avria y huviesse sido bueno	: *pallou˚moc acotte˙cot*[3] l. *pallou acotte˚moc˙cot*[4]
o˙si, ojala tu ayas, huvieras, avrias y huviesses sido bueno	: *pallou˚moc micotte˙cot*[3] l. *pallou micotte˚moc cot*
o˙si, ojala Pedro aya, huviera, avria y huviesse sido santo	: *Pedrò˚moc santo cotte cot* l. *Pedro santo cotte˚moc cot*
o˙si, ojala nosotros ayamos, huvieramos &. sido santos	: *quihamoc santo quicotte˙cot*[3] l. *santo quicotte˚moc cot*
o˙si, ojala vosotros ayais sido	: *minaha˚moc, micothacte cot* l. *micothacte˚moc cot*
o˙si, ojala aquellos ayan, huvieran, avrian &. sido	: *chiha*[5]*˚moc chicotte˙cot* l. *chicotte˚moc cot*

Preteritos perfecto y pluscuamperfecto llano compuesto.

Estos tiempos se componen del preterito perfecto de indicativo y de˙la tercera persona del imperfecto de obtativo en la manera siguiente: [fol. 36]

yo aya, huviera, avria y huviesse sido	: *acti cottoque* l. *acti cotteque, acti pocottoque* l. *acti pocotteque*
tu ayas, huvieras y huviesses sido	: *mecti cottoque* l. *mecti co[t]teque*[6], *mecti pocottoque* l. *pocotteque*
aquel aya, huviera &c. sido	: *coti*[7] *cottoque* l. *coti cotteque, coti pocottoque* l. *pocotteque*

---

[1] *va*: {v+}<u>.

[2] *ampeñoteque*: <ol·c>.

[3] *acottecot, micottecot, quicottecot*: estas formas están escritas en una sola palabra. Como se trata aquí de dos formas verbales, las hemos separado.

[4] *moccot*: hemos separado los dos elementos y añadido a la palabra precedente la partícula *moc*, siendo ésta un sufijo o "partícula pospuesta".

[5] *chinha*: {-n}.

[6] era: *cocteque.*

[7] *cotti*: {-t}.

nosotros ayamos, huvieram[o]s[1] &c. : *quecti pocottoque* &.
sido
vosotros ayais, huvierais, &. sido : *mectiha cottoque* &.
aquellos ayan, huvieran, &c. sido : *checti cottoque* &c.

pocottoque l. *pocotteque* [son][2] del preterito imperfecto del segundo verbo substantivo *pactan* que, como tal, tambien se componen con el y los verbos activos los mismos tiempos y con *actan*, que para esto son indiferentes.

Los romances condicionales que se hazen por estos tiempos, para el perfecto sentido, siempre traen dos oraciones: la una por el preterito perfecto de indicativo con la particula *ya* pospuesta, y la otra por el tiempo llano como queda conjugado. Vg.: [fol. 37]

Si tu huvieras sido bueno, yo tambien : *Pallou mectiya, oc°pit pallou acti cotteque.*
lo huviera sido.

Y si la primera oracion trae negacion, se le pone *pitzô*[3], que corresponde al dicho tiempo, y luego la particula *que* con la condicion *va*.Vg.:

Si no fueras ô huvieras sido alcalde, yo : *Alcalde mectipitzoque°ua*[4], *acti cottoque.*
lo huviera sido.

Lo mismo ô de˙la misma manera se hazen estas oraciones con los verbos activos. Vg.:

Si quisieres irte oy, bien puedes ir : *Capi millacte miquingoque°va, ampec millanɡoqueva, ampec millanɡo mectan.*
Si se fue, que le hemos de hazer, : *Llavi°yê°vâ, entoñam q[u]ilonɡo*[5] *cottan,*
dexa que se vaya *peñallcho cothe.*
Si se huyô, que le hemos de hazer? : *Nɡuitta °vou(va)vâ*[6], *entoñam quilonɡo?*
No tie[ne] remedio : *Entoñ quilopacna cotan.*
Dexa que se huya ô que sea cimarron : *Quittallcho*[7] *cothe.*

Modo subjuntivo

Romances para todos los tiempos "siendo", "en siendo", "aviendo sido", "como", "quando", "aunque":

---

[1] Era: huvieramas.
[2] Era: es.
[3] *pichô*: {c+}<t}, {-h}<ol·z>.
[4] *mectipichoque*: {c+}<t>, <ol·z>; *va*: {v+}<u>.
[5] Era: *qilongo*.
[6] *nɡuita*: <ol·t>; *vouvuvâ*: {u+}<a>.
[7] *quetallcho*: {e+}<i>, <ol·t>.

yo sea, fuera, seria y fuesse, aya,   : *acothu*
huviera, avria, huviesse y huviere sido
siendo, en siendo, aviendo sido, como,   : *micothu*

[fol. 38] quando, aunque tu seas, fueras, serias &.

siendo, en siendo aquel &.   : *cothu*
siendo, en siendo nosotros &c.   : *quicothu*
siendo, en siendo vosotros &c.   : *micothach*
siendo, en siendo, aquellos &c.   : *chicothu*

Romances deste modo

Por este tiempo se hazen las oraciones que en latin fueran ablativo absoluto, como son las·que concurriendo dos oraciones: en cada una es el supuesto distinto. Vg.: Siendo tu capitan, soy tu soldado. Donde el supuesto del primer romance es "tu" y del segundo "yo". Y assi dirà la oracion: *Capitan micothu, misoldado actan.* La misma regla se·ha de guardar, aunque el romance sea regido de las dichas particulas. Vg.:

Como tu seas bueno, yo tambien lo   : *Pallou micothu, oc°pit pallou acottan.*
serê

Quando Pedro sea alcalde, tu serâs   : *Pedro alcalde cothu, nalguacil micottan.*
su alguacil

A·la particula "aunque" le corresponde *pit* pospuesta. Vg.:

Aunque nosotros seamos malos, tu no : *Yxivaj quicothu*[fol. 39]*pit, pallou micotpan.*
eres bueno

Quando es uno el supuesto en ambas oraciones ô romances, se hazen por los gerundios de ablativo *cotge*[1] l. *cotenap.* Vg.:

Siendo yo rico, serê estimado   : *Ampuxnic cothe* l. *cotenap, yupey°nic*
                                        acottan.

Donde el supuesto "yo" es el rico y estimado. Y de·la misma suerte el romance regido de las particulas. Vg.:

Como yo sea bueno, serê docto   : *Pallou cothe, zamoch*[2] *acottan.*
En siendo tu grande, serâs querido   : *Ochô miquinap, mipoñoula micottan.*
Aunque es chiqui+to, crecerâ   : *Mozchû*[3]*<*ul·*Cunchu>*[4] *cothepit, ques*
                                        quictan.

---

[1]   *cothe*: {*h*+}<*g*>.
[2]   *chamoch*: {-*ch*}<ol·*z*>.
[3]   *maxch*: {*a*+}<*o*>, {-*x*}<ol·*z*>, <ol·*û*>.
[4]   En una letra diferente.

Notace que las particulas "como" y "quando" no siempre rigen subjuntivo, sino que, si el romance es de indicativo, se responde por indicativo y si es de subjuntivo, se responde por subj<u>unt</u>ivo. Con advertencia que, siendo el romance de subj<u>unt</u>ivo, en lugar del "como" y "quando" no se le añade en la lengua particula alguna, porque el romance solo las expressa. Vg.:

| Como yo estê en su casa, siempre me suelen dar de su comida. | : *Ytzipte acothu, tesim izsac allalam chectan*[1]. |

<ul·Vide f. 135.> [fol. 40] Pero si el romance es de indicativo, â "como", siendo causal, le corresponde alguna destas particulas: *pat, llacpat, tep, llactep*. Pospuestas â·los participios y al preterito, demas dellas, se·le añade con la misma propriedad el pre<u>ter</u>ito de infinitivo *cotnap*. Vg.:

| Como soy pobre, no eres mi amigo | : *Quechuac actancò ꝑat* l. *llacpat, tep* l. *llactep, agllem micotpan*. |
| Como fuimos pobres, nos abominaron | : *Quechuac quecti cotnap, cupuluaylâ*. |

Y hazen este sentido: Porque fuimos pobres, nos abominaron.

Esto se note para todos los verbos. Mas quando el "como" es comparativo y mira â otro estremo, le corresponden estas particulas: *miñ, iñ, ñ*, pospuesta la particula â los mismos participios y tambien â los nombres de que se haze la comparacion. <lm·Vide alia folio 202.> Vg.:

| Te iras, como te vienes | : *Minancoñ*[2], *millactan*. |
| Eres como un aguila | : *Tutujmiñ mectan*[3]. |

Y en oraciones de correspondencia son sus correlativas: *yncomiñ, yncomiñall, yncoñ, incoñsimall, yncomiñsimall*. Vg.:

| Sicut patres vestri, ita et vos. Act. Cap. 7. Como fueron [fol. 41] vuestros padres, soys vosotros. | : *Mipaha chectimiñ, yncomiñall mectihan*. |

anam tambien es comparativa y·se antepone siempre. Vg.:

| Como hablas, assi obras | : *Anam mijlancoñ*[4], *yncomiñall loc*[5]. |

A·la particula "quando" le corresponde *te, inconapi*[6], quando lo pide la ocasion, y tambien le suele corresponder el mismo subjuntivo, aunque la oracion sea de yndicativo. Vg.:

---

[1]   *ychipte*: {c+}<t>, {-h}<ol·z>; *isac*: {-s}<ol·zs>; *aelange*: {e+}<l>, {-nge}<ol·lam>.
[2]   *miñancoñ*: {-~}.
[3]   *mecta.*: {-*.*} <ol·n>.
[4]   *miglancoñ*: {g+}<j>.
[5]   *mectihan*: {-mectihan}<ol·loc>.
[6]   *napi*: {-napi}<ol·inonapi><ol·c>.

| Quando fuistes maestro, fui tu discipulo | : *Paymejhuch*[1] *mecti⁏tê. Paymejhuch*[1] *mecti⁏inconapi. Paymejhuch*[1] *micothu, minllô acti.* |
| Venis â·la iglesia, quando han acabado ya de rezar | : *R(a)[e]zan chiquiî°cho*[2] *cothu, iglesia⁏te miniijan*[3]. |

Segundo subjuntivo

Todos los verbos en esta lengua, assi substantivos como activos, tienen segundo subjuntivo que en unos se forma del segundo preterito de indicativo y en otros del ynfinitivo con esta particula *ch*, como de *acten: actech*, de *aollecte: ang̃ollectech*[4], y significa "para·que", "de suerte·que". Vg.:

Me curò, de suerteque ya estoy bueno : *Oynachô actech, g̃atzuquiovou*[5] [fol. 42]
Te aconseja, para·que seas bueno,   : *Pallou mectech, impazzan°sim,*
no porque te aborrece.   *mulupoje°pitzo*[6].

Esto advertido, se conjuga en la manera siguiente:

actech, mectech, cotech, quectech, mectihach, chectech.
Infinitivo, <ul·vide fol. 140>

| Presente : ser | : *cotte* |
| Preterito: por aver sido | : *cotnap* |

Usase con los pronombres y el preterito perfecto de indicativo, sin variarlo. Vg.:

por aver sido yo	: *acti cotnap*
por aver sido tu	: *mecti cotnap* &c.
Futuro: aver de ser	: *cotlam,*

admite los pronombres.Vg.:

| *acotlam, micotlam, cotlam* &. | : aver de ser yo &c. |

Participios

Forma[n]ce añadiendo al presente *co* y â·los preteritos y futuros *ynco*, aunque los preteritos tambien se suelen usar sin ella:

---

[1] *paymejhach:* {*a+*}<*u*>.
[2] *ohô:* {*-o*}<ol·*c*>.
[3] *hocmiquian:* {*-hocmiquian*}<ul·*miniihan*> en una letra diferente.
[4] *agollectech:* <ol·*n*>.
[5] *g̃achuquiovou:* {*c+*}<*t*>, {*-h*}<ol·*z*>.
[6] *impajam:* <*z*>, {*j+*}<*z*>, {*m+*}<*n*>; *mulupohe:* {*h+*}<*j*>; *picho:* {*c+*}<*t*>, <ol·*z*>.

el que es	: *cotanco* vel *cottuch*[1] [fol. 43]
Preterito ymperfecto: el que era, fue &c	: *coti* l. *cotiynco*
Preteritoplusquam perfecto: el que avia sido	: *cotiye* l. *cotiyeynco*
Futuro: el que serâ	: *cottan*[2] l. *cottanynco*

Todos se conjugan con sus pronombres. Vg.:

yo que soy	: *actanco*
tu que eres	: *mectanco* l. *pectanco*
Otro futuro: lo que ha de ser	: *cotlam'ynco*
yo que he de ser	: *acotlamynco*
tu que has de ser	: *micotlamynco*[3] l. *picotlamynco*
aquel·que ha de ser	: *cotlamynco*, <vid. fol. 134.>

Gerundios

De genitivo, dativo y acusativo. Vg.:

de ser, para ser, â ser yo	: *acotlamhe*	l. *acottehe*
de ser, para ser, â ser tu	: *micotlamge*[4]	l. *micottege*[4]
de ser, para ser, â ser aquel	: *cotlamhe*	l. *cottehe* <v. f. 62>
de ser, para ser, &c. nosotros	: *quicotla[m]ge*[5]	l. *quicottege*[4]
de ser &c. vosotros	: *micothaclamge*[6]	l. *micothactege*[4]
de ser &c. aquellos	: *chicotlamge*[4]	l. *chicottege*[4]

De ablativo:

siendo	: *cotge*[4],

[fol. 44] no admite los pronom-bres possesivos y la razon es, porque con ellos no se diferenciara del ymperativo, <v. f. 140>

aviendo sido, en siendo	: *cottennap*[7],

admite los pronombres, pero no los admite siendo preterito de ynfinitivo.

---

[1] *cotuch*: <ol·t>.
[2] *cot.an*: {-*.*}<ol·t>.
[3] *micotlamyco*: <ol·n>.
[4] *-he*: {h+}<g>.
[5] Era: *quicotlanhe*: {h+}<g>.
[6] *micothalamhe*: <ol·c>, {h+}<g>.
[7] *cotenap*: <ol·t>, <ol·n>.

Supinos

Con verbos de movimiento:

a·ser   : *acotlamhe* l. *acottehe,*
es el mismo que el gerundio. Vg.:
Vengo de la sierra de ser chacarero : *Hach camayoc {-A} acotlamhe, limannap-*
                                                 pa[1] *apahatan.*
Voy â·ser alcalde   : *Alcalde acottehe alluan.*

digno de ser *cotto*, corresponde al segundo latino. Admite los possesivos por toda las personas. Vg.: *accotto*[2]*, micotto, cotto, quicotto, micothañõ*[3]*, chicotto.* Hazense por el los romances de obligacion. <lm·Vide fol. 136, 141.> Vg.:

Tenemos obligacion de ser buenos   : *Pallou quicotto cotan,*

poniendo el verbo *actan* en la tercera persona del tiempo que fuere la oracion.

Tambien se hazen por el las oraciones de "aunque". Vg.:

Aunque nosotros somos pobres, tu no : [fol. 45] *Quechuac quicotto·tuppit, mumpux*
eres rico   *ziu*[4] *mectan.*

pospuesta la particula *tuppit.*

Suplece para el verbo *possum, potes*, conjugandolo con el·vervo *actan* por todos los tiempos, modos y personas. Vg.:

yo puedo ser   : *acotto actan*
tu puedes ser   : *micotto mectan*
aquel puede ser   : *cotto cotan*
nosotros podemos ser   : *quicotto quectan* &c., <vide fol. 137.>

§4: Del verbo negativo ô de las negaciones del verbo

Las negaciones en esta lengua son muchas y varias para cada tiempo. Para el pressente de indicativo es *pa*, pospuesta al ymperativo, y la letra *n* en que finalizan todos los verbos. Vg.:

yo no soy   : *acotpan, acotpanco*

---

[1]   *limanap*: <ol·*n*>, <ol·*pa*>.
[2]   *acotto*: <ol·c>.
[3]   *mocothnõ*: <ol·*a*>.
[4]   *chiu*: {-*ch*}<ol·*z*>.

Para los preteritos de yndicativo y el futuro perfecto es *pitzo*[1]. Vg.:

yo no era &.	: *actiᵒpitzô*[2]
yo no avia sido	: *actiyeᵒpitzo*[1]
yo no avre sido	: *actiᵒpitzo*[1] *actan*

Tambien sirve para el preterito plusquam perfecto de obtativo y para el gerundio [fol. 46] de ablativo. Vg.:

yo no huviera sido	: *actiᵒpitzoque*[1]
Si yo no huviera sido alcalde, no te ayudaran	: *Alcalde actipitzᵒqueᵛâ, millemzᵒaplapacnaque*[3].
no siendo	: *cotge*[4]ᵒ*pitzo*[1]

Para el futuro ymperfecto, segunda diccion del preterito ymperfecto de obtativo, tiempo de subjuntivo, ynfinitivo, circumloquios, gerundios, primer supino, ynfinitivo es *pe*. Vg.:

yo no serê	: *acotpectan*
yo no fuera	: *acotpecteque*
no siendo yo ô antes de ser yo	: *acotpech*
no ser	: *cotpe*
no aver sido	: *cotpennap*[5]
no aver de ser	: *cotpelam*
de no ser, para no ser &c.	: *acotpelamhe* l. *acotpectehe*
en no siendo, no aviendo sido	: *cotpennap*
antesᵛque sea tarde	: *payatz*[6] *cotpechap*

Para el ymperativo son *mu, chin*. Vg.:

no seas	: *cotimu micotti, micotchin*
no sea aquel	: *cotchin*
no seamos nosotros	: *quicotᵒchin*

Para la primera dizion del preterito ymperfecto de obtativo y para el segundo supino es *pacna*. Vg.:

yo no fuera &.	: *acotpacnaque*
yo no puedo ser	: *acotpacna actan*
[fol. 47] tu no puedes ser	: *micotᵒpacna mectan*

---

[1]   *-picho-*: {*c+*}<*t*>, {*-h*}<ol·*z*>.
[2]   *-picho*: {*c+*}<*t*>, <ol·*z*>.
[3]   *actipicho*: <*t*>, {*-cho*}<ol·*z*>; *millemch*: {*-ch*}<ol·*z*>.
[4]   *cothe*: {*h+*}<*g*>.
[5]   *cotpenap*: <ol·*n*>.
[6]   *payach*: <ol·*tz*>, {*-ch*}.

§5: Del segundo verbo substantivo y su conjugacion: *pactan*

pactan significa "ser", "estar" y "aver". Vg.

Oy es domingo, mañana sera lunes	: *Capi domingo pactan, pojopat*[1] *lunes pocottan.*
No està en casa	: *Zipte*[2] *ma•pactan.*
Ay pan?	: *Tanta cotanle?*
No ay	: *ma pactan.*

Presente:
aquel està : *pactan*

Preterito ymperfecto y perfecto:
aquel estaba, estubo &c. : *pacti* l. *pacten*

Plusquam perfecto : *pactiye*

Futuro ymperfecto: aquel estarà : *pacottan*

Futuro perfecto: aquel avra estado : *pacti pactan*

Obtativo: aquel estè, estuviera &c. : {*-pocotoque* l.} *pocottoque*[3] l. *pocotteque*

Preteritos:
aquel aya, huviera, huviesse [e]stado : *pacti pocottoque* l. *pocotteque* [fol. 48]

Subjuntivo: estando &c. (1.) : *pocothu*[4] l. *pactech*
Porque quiere llover, haze calor : *Zimajat*[5] *°te pocothu, uchuaj pactàn.*

La negacion de este•verbo es *ma*, y es peculiar suya, para todos los tiempos, siempre antepuesta, aunque en los preteritos tambien admite, como todos los demas, la negacion *pitzô*[6]. Vg.: *ma•pacti* l. *pactipitzo*[6].

Si•no huviera sal, no pudieramos : *Yel cotipitzoquevâ, aycha*
salar la carne : *quimtij°pacnaque*[7].

---

1 *pohoupat*: {*h+*}<*j*>, {*-u*}.
2 *chipte*: {*-ch*}<ol·*z*>.
3 *pocotque*: <ol·*o*>.
4 *pacothu*: {*a+*}<*o*>.
5 *chimajat*: {*-ch*}<ol·*z*>.
6 *-picho*: {*c+*}<*t*>, {*-h*}<ol·*z*>.
7 *pactipichoquevâ*: {*-pacti*}<ol·*coti*>, {*c+*}<*t*>, <ol·*z*>; *quintii*: {*-n*}<ol·*m*>, {*i+*}<*j*>.

§ 6: Del verbo *atg̃an* y su conjugacion

atg̃an significa "estar" y "aver", conjuga°se en la manera siguiente:

Presente:

yo estoy y [he][1]	: *atg̃an*
tu estas	: *metg̃an*
aquel	: *ton*
nosotros	: *quetg̃an*
vosotros	: *metg̃uihan*
aquellos	: *ytton*[2]

Preteritos:

yo estaba, estube &c.	: *atg̃ui*
tu	: *metg̃ui*
aquel	: *tog̃ui*
nosotros	: *quetg̃ui*[3]
vosotros	: *metguiha*
aquellos	: *yttongui*[2]

Plusquam perfecto:

yo avia estado	: *atg̃uiye*
tu	: *metg̃uiye*
aquel	: *tong̃uiye*
nosotros	: *quetg̃uiye*
vosotros	: *metg̃uihaque*
aquellos	: *yttong̃uiye*[2]

[fol. 49] Futuro ymperfecto:

yo estarê	: *atontan*
tu	: *mitontan*
aquel	: *tontan*
nosotros	: *quitontan*
vosotros	: *mitonhactan*
aquellos	: *yttontan*[2]

Futuro perfecto:

yo avrê estado	: *atg̃ui*[4] *actan*
tu	: *metg̃ui mectan* &c.

---

[1] Era: aver.
[2] *yton-*: <ol·t>.
[3] *quetg̃ui*: <ul·*e*>.
[4] *ag̃ui*: <ol·t>.

Ymperativo

esta tu   : *ton* l. *mitong̃ui, tonhe, quitonte,*
                                                mitonhacqui, yttonhe[1]

Obtativo

yo estuviera, estaria &.	: *atong̃oque*	l. *atonteque*
	: *mitongoque*	l. *mitonteque*
	: *tongoque*	l. *tonteque*
	: *quitongoque*	l. *quitonteque*
vosotros	: *mitonhang̃oque*	l. *mitonhacteque*
aquellos	: *yttongoque*[1]	l. *yttonteque*[1]

Preteritos
yo aya, huviera, avria y huviesse   : *atg̃ui cottoque* l. *cotteque, {-at} atgui pocotto*
estado   *que* l. *pocotteque*
tu ayas, huvieras, huviesses &c. sido : *metgui cottoque* l. &c.
Assi en las demas personas.

Subjuntivo

estando, en estando, aviendo estado, como, quando yo este &c.	: *atonhu*	l. *atg̃uech*
estando tu	: *mitonhu*	l. *metguech*
estando aquel	: *tonhu*	l. *toñg̃uech*[2]
estando nosotros	: *quitonhu*	l. *quitong̃uech*
estando vosotros	: *mitonhach*	l. *metg(t)uihach*[3]
[fol. 50] estando aquellos	: *yttonhu*[1]	l. *ytonguech*

Gerundios

de estàr, para estar, â estar yo	: *atonlamhe*	l. *atontehe*
tu	: *mitonlamhe*	l. *mitontehe*
aquel	: *tonlamhe*	l. *tontehe* &.
de ablativo: estando	: *tonhe*	
aviendo estado	: *tong̃uenap*[4]	

---

[1]   *yton-*: <ol·t>.
[2]   *togg̃uech*: {-g}<ol·ñ>.
[3]   *metguihach*: <ol·t>.
[4]   *tog̃uenap*: <ol·n>.

Supinos

acusativo: a estar yo	: *atonlamhe* 1. {-*aon*} *atontehe* &c.
digno de estàr	: *tongo cotan*
yo puedo estàr	: *atongõ actan*
tu	: *mitongo* &c.

§ 7: De otros tres verbos que se deriban de los tres precedentes

De *actan* se deriva *accotan*[1], de *pactan apactan*, de *atg̃an aton*. Todos tres significan "tener" y·se conjugan de una misma manera. Conjugarè uno que serà
exemplo para conjugar los otros dos.

[fol. 51] *acotan*: tener

yo tengo	: *accotan*[1]
tu	: *maccotan*[1]
aquel	: *haccotan*[1]
nosotros	: *caccotan*[2]
vosotros	: *maccotihan*[1]
aquellos	: *pahaccotan*[1]

Preteritos:
yo tenia &.	: *accoti*	1. *accoten*
tu	: *macoti*	1. *macoten*
aquel	: *hacoti*	1. *hacoten*
nosotros	: *cacoti*	1. *cacoten*
vosotros	: *macotiha*	
aquellos	: *pahacoti*	1. *pahacoten*

Plusquam perfecto:
yo avia tenido	: *acotiyê*
tu	: *macotiyê*
aquel	: *hacotiyê*
nosotros	: *cacotiyê*
vosotros	: *macotihaque*
aquellos	: *pahacotiye*

---

[1]   -*acot*-: <ol·*c*>.
[2]   *cacot..han*: <ol·*c*>, {-*..*han*}<ol·*an*>.

Futuro ymperfecto:

yo tendrê	: *accottan*[1]
tu	: *maccottan*[1]
aquel	: *hacottan*
nosotros	: *cacottan*
vosotros	: *macothactan*
aquellos	: *pahacottan*

Futuro perfecto:

yo avre tenido	: *acoti actan*
tu	: *macoti mectan*
aquel	: *hacoti cotan*
nosotros	: *cacoti quectan*
vosotros	: *macotiha mectihan*
aquellos	: *pahacoti chectan*

Imperativo presente y futuro

ten tu	: *maccotti*[1]
aquel	: *hacotge*[2]
nosotros	: *cacotte*
vosotros	: *macothacqui*
aquellos	: *pahacotge*[2]

Obtativo presente imperfecto

yo tenga, tubiera, tendria y tubiesse	: *acottoque*[3], *acotteque*
tu	: *macottoque, macotteque*
aquel	: *hacottoque, hacotteque*
[fol. 52] nosotros	: *cacottoque, cacotteque*
vosotros	: *macothangoque, macothacteque*
aquellos	: *pahacottoque, pahacotteque*

Preterito perfecto y plusquam perfecto:

yo aya, huviera, avria y huviesse tenido	: *acoti cottoque*[4] &c.
tu	: *macoti cottoque* &.

---

[1]   *-acot-*: <ol·c>.
[2]   *-he:* {h+} <g>.
[3]   *acotcoque*: {c+}<t>.
[4]   *cotoque*: <ol·t>.

aquel	: *hacoti cottoque* &c.
nosotros	: *cacoti cottoque* &c.
vosotros	: *macotiha cottoque* &.
aquellos	: *pahacoti cottoque* &c.

Subjuntivo

teniendo &.	: *acothu* 1. *acottech*
tu	: *macothu, macottech*
aquel	: *hacothu* 1. *hacotte[c]h*
nosotros	: *cacothu, cacottech*
vosotros	: *macothach, macothactech*
aquellos	: *pahacothu, pahacottech*

Ynfinitivo

tener yo	: *acotte*
tu	: *macotte*
aquel	: *hacotte*
nosotros	: *cacotte*
vosotros	: *macothacte*
aquellos	: *pahacotte*

Preterito:	
aver tenido	: *hacotenap*
por aver tenido yo	: *acoti cotnap*
tu	: *macoti cotnap* &c.

Futuro:	
aver de tener	: *hacotlam*
por aver de tener yo	: *acotlam cotnap*
tu	: *macotlam cotnap*
aquel	: *hacotlam cotnap* &.

Participios

Presente:	
yo que tengo	: *acotanco*
tu	: *macotanco*
aquel	: *hacotanco*

Preterito: yo que tenia &c.	: *acoti ꝫnco* y
lo que yo tenia	: *acoti ꝫnco*
aquel	: *hacoti ꝫnco*

Fut<u>uro</u>:
yo que tendre   : *acottan ꝫynco* &c.

[fol. 53] Gerundios

de tener, para tener &.   : *acotlamhe* l. *acottehe* &.

Supinos

[1.] a tener yo   : *acotla[m]he*[1] l. *acottehe*[2]
tu   : *macotlamhe* l. *macottehe*
2. digno de tener   : *hacotto*
yo puedo tener   : *acotto actan*
tu puedes tener   : *macotto mectan*

apactan

yo tengo   : *appactan*[3]
tu   : *mapactan*
aqu<u>e</u>l   : *hapactan*
n<u>oso</u>tros   : *cappactan*
v<u>oso</u>tros   : *mapactihan*
aqu<u>ello</u>s   : *pahapactan*

Prete<u>rito</u>:
yo tenia &.   : *apacti* &.

Futuro   : *appocottan*[4] &.

aton

yo tengo   : *atton*[5]
tu   : *matton*[5]
aqu<u>e</u>l   : *hatton*[5]
n<u>oso</u>tros   : *catton*[5]
v<u>oso</u>tros   : *mattoꝡuihan*[5]
aqu<u>ello</u>s   : *pahatton*[5]

---

[1]   Era: *acotlanhe*.
[2]   *atottehe*: {*t+*}<*c*>.
[3]   -*apactan*: <ol·*p*>.
[4]   *apocottan*: <ol·*p*>.
[5]   -*ato(n)*-: <ol·*t*>.

Preter*ito*:
yo tenia &c.   : *attong̃ui*[1]
tu   : *matogui* &c.

Futuro:
yo tendre   : *attontan*[2]
tu   : *matontan*
aq*ue*l   : *hattontan*[2]
yo tubiera &.   : *atong̃oque*

[fol. 54] Del mismo verbo *atgan* se٠deriva *atonchen* que significa "estar vagueando de una parte â otra" y *atonlian* que significa "sentarse":

yo estoy vagueando   : *atonchen*
tu   : *mitonchen*
aq*ue*l   : *tonchen*
n*oso*tros   : *quitonchen*
v*oso*tros   : *mitoncheyhan*
aq*uell*os   : *ytonchen*

Preter*itos*:
yo   : *atonchey, atoncheyiê*

Fut*uro* ymperf*ec*to   : *atonchejtan, mitonchejtan, tonchejtan,*
                                                  quitonchejtan, ytonchejtan[3]

Fut*uro* perf*ec*to   : *atonchey actan*

Ymperat*iv*o

tonchej l. *mitoncheji*

Obt*ativ*o

atonchejoque l. *tonchejteque*
Pret*eritos*   : *atonchey٠pocottoqu*e, *p[o]cottequ*e

Subjunt*iv*o

atonchejhu, atonchejtech

---

¹   *atog̃ui*: <ol·*t*>, <ol·*n*>.
³   *ato(n)-*: <ol·*t*>.
³   *ytanchejtan*: {*a*+}<*o*>.

Ynfinitivo

atonchejte, mitonchejte[1]

Gerundio

atonchejlamhe, mitonchejtehe, tonchejhe, tonchejjap, atonchejjo

yo me siento	: *atonlian*
tu	: *mitonlian*
aquel	: *tonlian*
nosotros	: *quitonlian*
vosotros	: *mitonliihan*
aquellos	: *ytonlian*

Preteritos	: *ato[n]lii*[2] l. *atonlien, atonliiye*
Futuro	: *atonlectan*
Perfecto	: *atonlii actan*

[fol. 55] Ymperativo

{*-Tol A*} *tonlec, mitonlecqui*

Obtativo

atonlenğoque l. *atonlecteque*
atonlii[3] *cottoque* l. *cotteque*

Subjuntivo

atonlech, atonlectech

Infinitivo

atonlecte, mitonlecte

Gerundios

atonlelamhe, atonlectehe
tonle(c)che, tonlenap, tonlenğo
puedo sentarme   : *atonlenğo actan*

---

1   *mitonchej.te*: {-*.*}.
2   *atolii*: <ol·*n*>{-ol·*n*}.
3   *a.onlii*: {*.*+}<*t*>.

Tratado tercero: Del verbo activo
§ 1: Qual sea y su conjugacion

[fol. 56] El verbo activo en esta lengua (como en la castellana) es el que en su significacion admite el romance "ser", que es lo que en la gramatica decimos que significa "accion" y "passion", como: yo amo, yo soy amado. Demas desto, supongo que en esta lengua no se puede señalar regla fixa para conjugar los verbos por la diversidad de letras ô particulas con que se expresan las personas de los tiempos, como tambien por no seguir la principal raiz de que se forman, sino que disparan â cada passo en los demas tiempos, como consta de los que dexamos conjugados y se verà adelante en los restantes que conjugaremos. Y serà el·primera: *ag̃ollan* que significa "amar", "tener lastima", "piedad" y "compassion".

Modo indicatibo

[fol. 57] Presente:
yo le amo	: *ang̃ollan*[1]
tu le amas	: *ming̃ollan*[1]
aquel le ama	: *yg̃ollan*
nosotros le amamos	: *quig̃ollan*
vosotros le amais	: *mig̃ollihan*
aquellos le aman	: *g̃ollilan*

Preterito imperfecto y perfecto:
yo amaba, amè, he amado y huve amado	: *ag̃olli* l. *ag̃ollen*
tu &c.	: *migolli* l. *migollen*
aquel &c.	: *yg̃olli* l. *igollen*
nosotros &c.	: *quigolli* l. *quig̃ollen*
vosotros &c.	: *mig̃olliha*
aquellos	: *g̃ollila* l. *g̃ollilan*

Preterito plusquam perfecto:
yo avia amado	: *ag̃olliye* l. *agolleyate*
tu	: *migolliye*
aquel	: *ygolliye*
nosotros	: *quigolliye*
vosotros	: *mig̃ollihaque*
aquellos	: *g̃ollilaque*

---

[1]   -g̃ollan: <ol·n>.

Futuro imperfecto:

yo le amarè	: *agolectan*
tu &.	: *migolectan*
aquel	: *ygolectan*
nosotros	: *quigolectan*
vosotros	: *migolehactan*
aquellos	: *g̃olelactan*

Futuro perfecto: yo le avre amado	: *agolli·actan*
tu	: *migolli·mectan*
aquel	: *ygolli cotan*
nosotros	: *quigolli quectan*
vosotros	: *migolliha mectihan*
aquellos	: *g̃ollila chectan*

Ymperativo presente y futuro:

amale tu	: *g̃olec* l. *mig̃olecqui*[1]
aquel	: *ygolecge*[2]
nosotros	: *quigolecte*
vosotros	: *migolêhacqui*[3]
aquellos	: *g̃olelacge*[4]

Para el futuro â todas personas se añade *te*.

[fol. 58] yo te amarè	: *amcolecte*
el te amarà	: *ymcolecte*[5]
el me amarà	: *g̃acolecte*

Romances permissivos:

mas que yo le ame	: *angolec-he*[6] l. *angolec-he°pit*[6]
mas que tu le ames	: *mig̃olec-he* l. *pit*
mas que aquel le ame	: *ygolec-he, igolec-hepit*
mas que nosotros le &c.	: *quigolec-he* l. *hepit*
mas que vosotros le &c.	: *migolehac-he* l. *pit*
mas que aquellos le amen	: *g̃olelac-he* l. *hepit*

---

1   *mig̃olequi*: <ol·c>.
2   *ygoleche*: {h+}<g>.
3   *migolêhaqui*: <ol·c>.
4   *g̃olelache*: {h+}<g>.
5   *ycolecte*: <ol·m>.
6   *agolec*: <ol·n>.

Prohibitivos:

no le ames   : *mingollec*[1] *ºnic*
guar[da]te, mira cosa que le ames   : *janap*[2] *migollecnic/happit miğolechin*
aquel   : *happit igolec*[3] *ºchin, happit iğolleºnic*

Optativo

oˑsi, ojala yo ame, amara, amaria y   : *Diosºhe angolec*[1] l. *Dios ağolec-he*
amasse a Dios
oˑsi, ojala tu ames &c.   : *Diosºhe miğolec* l. *Dios miğolec-he*
oˑsi, ojala aquel ame &c.   : *Diosºhe igolec* l. *Dios igolec-he*
oˑsi, ojala nosotros amemos &c.   : *Dios quiğolec-he* l. *Diosºhe quiğolec*
oˑsi, ojala vosotros ameis &.   : *Diosºhe miğolehac* l. *Dios miğolehac-he*
oˑsi, ojala aquellos amen &c.   : *Diosºhe golelac* l. *Dios golelac-he*

De otro modo [fol. 59]:

oˑsi, ojala yo ame, amara, amaria y   : *ynaham Dios ağolenğoque* l. *ağolecteque*
amasse â Dios
oˑsi, ojala tu ames &c.   : *ynaham Dios miğolengoque* l. *migolecteque*
oˑsi, ojala aquel ame &c.   : *ynaham Dios iğolenğoque* l. *yğolecteque*
oˑsi, ojala nosotros amemos &c.   : *ynaham Dios quiğolenğoque* l.
                                                quigolecteque
oˑsi, ojala vosotros ameis &c.   : *ynaham Dios miğolehanğoque* l.
                                                miğolehacteque
oˑsi, ojala aquellos amen &.   : *ynaham Dios ğolelanğoque* l. *golelacteque*

Presente y preterito ymperfecto llano:

yo ame, amara, amaria &c.   : *ağolenğoque* l. *agolecteque*
tu   : *miğolenğoque* l. *migolecteque*
aquel   : *yğolenğoque* l. *iğolecteque*
nosotros   : *quiğolenğoque* l. *quigolecteque*
vosotros   : *migolehangoque* l. *migolehacteque*
aquellos   : *ğolelanğoque* l. *ğolelacteque*

Preterito perfecto y plusquam perfecto
oˑsi, ojala yo aya, huviera y huviesse   : *Diosºmoc ağolecte cot* l. *Dios*
amado â Dios   *agolecteºmocˑcot*

---

[1]   *migollec, agolec*: <olˑn>.
[2]   *hanap*: {a+}<g>, <olˑja>.
[3]   *igolel*: {l+}<c>.

o˙ssi, ojala tu &c.

: *Dios ʼmoc miḡolecte˙cot* l. *Dios [m]iḡolecte ʼmoc˙cot*

o˙si, ojala aqu<u>e</u>l &c.

: *Dios ʼmoc yḡolecte˙cot* l. *Dios yḡolecte ʼmoc˙cot*

o˙si, ojala nosotros &.

: *Dios ʼmoc quigolecte˙cot* l. *Dios quigolecte ʼmoc˙cot*

[fol. 60] o˙si, ojala v<u>oso</u>tros &c.

: *Dios ʼmoc miḡolehacte cot* l. *Dios miḡolehacte ʼmoc cot*

o˙si, ojala aquellos &c.

: *Dios ʼmoc ḡolelacte˙cot* l. *Dios ḡolelactemoc˙cot*

Pret<u>erito</u> perf<u>ecto</u> y plusqua<u>mperfecto</u> llano compuesto:

yo aya, huviera, avria[1] y huvi[e]sse amado

: *angolli*[2] *cottoque* l. *cotteque, pocottoqu<u>e</u>* l. *pocotteque*

tu

: *migolli cottoque* &.

Modo subjuntivo

amando, aviendo amado, como,

: *anḡolech*[3]

quando, aunque yo ame, amara, amaria y amasse

amando tu   : *miḡolech*

amando aqu<u>e</u>l   : *yḡolech*

n<u>oso</u>tros   : *q[u]iḡolech*

v<u>oso</u>tros   : *miḡolehach*

aqu<u>e</u>llos   : *ḡolelach*

Ymcallancoñ[4], *milocqui, imcolech*

: Hazlo segun ô como te˙lo manda y veras *mittzachte*[5] como te ama.

Yngolech[6] *ʼpit, itesajpan*

: Aunque le aya amado, no se lo agradece.

Segundo subjuntivo:

para˙que ame ô de suerte que ame yo : *agolectech*

tu   : *miḡolectech*

aqu<u>e</u>l   : *yḡolectech*

n<u>oso</u>tros   : *quiḡolectech*

---

[1]   Era: auria.

[2]   *agolli*: <ol·*n*>.

[3]   *aḡolech*: <ol·*n*>.

[4]   *ymcallancoñ*: <ol·*ll*>: véase p. 46, nota 3.

[5]   *mictaxte*: {*c*+}<*t*>, {-*x*}<ol·*zch*>.

[6]   *y.golech*: {-*.*}*·*}<ol·*n*>.

vosotros	: *miğolehactech*
aquellos	: *ğolelactech* [fol. 61]
Ymcallancoñ¹, camà pallou loc,	: Cuida al enfermo, como te lo manda, de
Dios ꞌtup imcolectech	suerte que Dios te ame ô te·lo agradezca.

Este segundo subjuntivo lo usan frequentemente por el supino en *nğo* l. *jo* l. *to*, concertandolo con la persona que haze y el segundo subjuntivo de *actan* puesto siempre en tercera persona de singular. Vg. la oracion arriba·puesta : *Ymcallan-coñ² camà pallou loc, Dios ꞌtup imcolenğo cotech.*

Hazed oy el barro, para·que mañana	: *Capi pey millàtipejhacqui, pohò³ ꞌpat quell*
podamos embarrar la quincha	*quillajjo cotech.*

§ 2º: Como corresponden en esta lengua las oraciones de subjuntivo

No siempre, que en latin ô castellano, es el romance de subjuntivo, se·ha de responder por el en la lengua. Para saber el modo de corresponderse el subjuntivo de la lengua con el de la española y latina, y para no errar ni la propriedad, ni el sentido de las oraciones, se deben guardar los preceptos siguientes.

Precepto 1º

[fol. 62] Quando el subjuntivo se rige de verbos de "pedir", "rogar", "exortar" y "amonestar" con la particula *ut*, la oracion se ha de bolver de una de dos maneras. La primera: poni[e]ndo el verbo, que en latin era subjuntivo, en el gerundio de dativo de la lengua. Vg. Luc. C. 7 : Rogabat Jesum quidam Phariseus, ut manducaret cum illo:

Anzel⁴ Phariseo Jesus muchan ilou,	: Rogaba â Jesus un Phariseo que comiesse
sanic lamolamhe l. *lamoc-tehe.*	con el

La 2ª manera de versiones: poniendo en imperativo el verbo que en latin estaba en subjuntivo, añadiendole immediatamente la particula *na* y el gerundio de ablativo *quic[-]he* del verbo *acquian*, por decir vg.: *Anzel⁵ Phariseo <ol·Jesus> muchan⁶ ilou, anec miamocquina quic[-]he*. Y en la frase del Indio haze este sentido la oracion: Un Phariseo rogò â Jesus diciendole: "Come [fol. 63] con ꞌmigo"

---

¹ *amcallancoñ*: {-*a*}<*y*>, <ol·*ll*>: véase p. 46, nota 3.

² *amcallancoñ*: {*a*+}<*y*>, <ol·*l*>: véase p. 46, nota 3.

³ *pohòu*: {-*u*}.

⁴ *anchel*: {-*ch*}<ol·*z*>.

⁵ *anchel*: <ol·*z*>.

⁶ *muuchan*: {-*u*}.

o diziendole que comi[e]sse con el. Desta manera se hazen estas oraciones regid[as]¹ [d]el·ut de dichos verbos â que corresponde por el primer modo la particula *he* y por el segundo la particula *na*.

Precepto segundo

Quando el subjuntivo se rige destas particulas: adeo, tam, tantus, talis, harase la oracion poniendo en nominativo la persona que haze y, si tiene genitivo de posession, se le antepone siempre a·que sigue una destas particulas: *ento·mec, pa·mec, pe·mec*, que corresponden a·las latinas, y el romanse latino de subjuntivo, que se rige dellas, se pondrà en la lengua por yndicativo. Vg.: Adeo, tam, tanta, talia fuerunt pecata hominum, ut Deus illos puniverit:

Hayulol unutza² pa·mec, pe·mec, : Fueron tantos los pecados de·los hombres,
ento·mec checti°pat l. *llacpat,* que los castigò Dios.
checti°tep l. *llactep* l. *checti cotnap,*
Dios°tup iam·moou.

[fol. 64] Donde el verbo "fueron", que rige las particulas adeo, tam &., sepone en preterito perfecto de yndicativo en 3ª persona de plural, concertando con el nominativo que es de plural y despues (de) la particula *pat* l. *llacpat, tep* l. *llactep* ô el preterito de infinitivo *cotnap* de[l] verbo *actan*, y el·verbo puniverit, que es preterito perfecto de subjuntivo, se·pone en el de indicativo: *yam moou*. Y â estas oraciones se les da este sentido: "Porque fueron tantos los pecados de los hombres, los castigo Dios" <ô bien: "Por haver><ul·sido tantos" &.>

Precepto tercero

Quando el subjuntivo se rige de la particula ita, tiene mas dificultad, porque aunque â vezes le corresponde *incoñâ, inna*. Assi para ita ut, "assi·que", "de suerte que", "de·manera·que" no ay particula que le corresponda, ni equivalga en la lengua. Pero no obstante esta falta, sin·que sea necessaria particula alguna para significar el ita ut, lo expressa con mucha propriedad y elegancia el 2º subjuntivo del verbo. Vg. [fol. 65] Math. C. [8, 24]: Et ecce motus magnus factus est in mari, ita·ut navicula operiretur fluctibus:

Cosim°â anzel quinannoñgo ocho : Veis aqui se levanto un gran huracan en el
caz·mec·[c]otman tapachii, mar, de suerte·que las olas cubrian la
ynsoneytup mellus ñantunlactech³. varquilla ô navecilla.

---

¹   Era: regido.
²   *unucha*: {c+}<t̄>, {-h}<ol·z>.
³   *anchel*: <ol·z>; *quinanoñgo*: <ol·n>; *caxmecotman*: {-x}<ol·z>; *mellux*: <ol·ll> : véase p. 46, nota 3, {-x}<ol·s>.

Lo mismo Math. C. 13 en la parabola de la mostaza:

Et fit arbor, ita˙ut volucres c[a]eli veniant et habitent in ramis e[i]us[1]:

| *Mech quian˚pit, zucusill[2] chiannap,* | : Y se haze arbol, de suerte que vienen los |
| *nente itonlectech.* | paxaros y se sientan en sus ramas |

Tambien se pueden hazer estas oraciones, mudando el tiempo de subjuntivo en latin en el de indicativo en la lengua, poniendo en lugar de ita˙ut la conjuncion *pit* despues del nominativo.Vg. *Cosim˚â anzel quinanonnğo ochò caz˙mec˙(c)otman tapachii melluspit insoneytup iñantumxipey*[3]. Donde el verbo *operiretur*, regido del ita˙ut, que es preterito ymperfecto de subjuntivo, se˙pone [fol. 66] en el preterito ymperfecto de indicativo: *ña[n]tumlaxipey*[4], compuesto del ymperfecto [de] *añantuman* y la particula *xipen*, que significa "casi" ô "por poco", para mayor expression. Y el ita˙ut, sin mudar el sentido de˙la oracion, se suple con la conjuncion *pit* que significa "y" y haze este sentido: "Levantose un gran huracan en el mar y las olas casi cubrian la barquilla." Lo mismo, la segunda oracion: *Mech quian˚simall zucusillpit chinan, nente˚pit ittonlian*[5]. La razon desta˙vercion es, porque el romance en castellano es de yndicativo: cubrian, vienen, se sienten, y solo la fuerza de la particula yta˙ut le rige â subjuntivo.

§ 3: Del infinitivo

Presente:

amar yo	: *angolecte*[6]
amar tu	: *migolecte*
amar aquel	: *ygolecte*

con los demas possessibos y personas.

Preterito:

| por averle amado yo | : *agolli cotnap* |
| tu | : *migolli cotnap* &. |

Futuro:

| aver de amar yo | : *ağolelam* |
| tu | : *migolelam* &. [fol. 67] |

---

[1]   Era: ejus.

[2]   *chucuxill*: {-*ch*}<ol˙z>, {-*x*}<ol˙s>.

[3]   *anchel*: {-*ch*}<ol˙z>; *axmecotman*: {-}<ol˙z>; *mellux*: <ol˙ll >: véase p. 46, nota 3 , {-*x*}<ol˙s>; *ñantumlaxpey*: {-*la*}, <ol˙i>.

[4]   *ñamtumlaxpey*: <ol˙i>.

[5]   *chucuxill*-: véase nota 2; *itonlian*: <ol˙t>.

[6]   *agolecte*: <ol˙n>.

Por aver de oir missa el domingo no   : *Domingo ᵒte missa asinajlam pacti·cotnap,*
me sali muy de mañana.   *ma atemmell allapitzi ᵖpitzo*[1].

Participios

Presente:
el que ama   : *yg̃ollanco* l. *g̃oleuch*
yo que amo   : *ag̃ollanco*[2]
tu   : *mig̃ollanco* &.

Preterito:
el que amò   : *yg̃olli*[3] l. *ygolli ᵒynco*
yo que amè   : *agolli* l. *ag̃olli ᵒynco*
tu   : *migolli* &.

de Futuro:
el que amarà   : [*ig̃olectan* l. *ig̃olectan ᵒynco*][4]
yo que amarè   : *agolectan* l. *agolectan ᵒynco* &.

otro Futuro:
el que le ha de amar   : *ag̃olelam* l. *ag̃olelam ᵒynco*

Gerundios de genitivo, dativo y acusativo

de amarle yo   : *ag̃olelamhe* l. *agolectege*
para amarle yo   : *ag̃olelamge* l. *agolectege*
a amarle yo   : idem

de ablativo:
amandole   : *g̃oleche*[5]
aviendo amado   : *g̃olenap*

Segunda conjugacion

Para·que el (princi-) principia(a)nte se vaya actuando en la conjugacion de los
verbos, pondre algunos conjugados que serviran de exemplo para conjugar sus

---

[1]   *atemme*: <*ll*>; *allapichi*: {*c*+}<*t*>, {-*h*}<ol·*z*>; *picho*: {*c*+}<*t*>, {-*h*}<ol·*z*>.
[2]   *ag̃ollaco*: <ol·*n*>.
[3]   Era: *ygõlli*.
[4]   Era: *ag̃olectan* l. *ag̃olectan ynco* = 1ª persona singular.
[5]   *g̃olecge*: {-*g*}<ol·*h*>.

semejantes, que para todos no se puede dar regla. Y·sea el primero: [fol. 68]
ameñan, que significa "querer".

Presente:

yo quiero	: *ameñan*
tu	: *mimeñan*
aquel	: *ymeñan*
nosotros	: *quimeñan*
vosotros	: *mimeñouhan*[1]
aquellos	: *meñoulan*

Preteritos perfecto ê impe[r]fecto. Esta laya de·verbos no tiene(n) segundo preterito:

yo queria, quise, he querido y huve querido	: *ameñou*
tu	: *mimeñou*
aquel	: *ymeñou*
nosotros	: *quimeñouha*
vosotros	: *mimeñouha*
aquellos	: *meñoula*

P[r]eterito plusquam perfecto:

yo avia querido	: *ameñouve*
tu	: *mimeñouvê*
aquel	: *ymeñouvê*
nosotros	: *quimeñouvê*
vosotros	: *mimeñouhaque*
aquellos	: *meñoulaquê*

Futuro ymperfecto:

yo querê	: *ameñoctan*
tu	: *mimeñoctan*
aquel	: *ymeñoctan*
nosotros	: *quimeñoctan*
vosotros	: *mimeñochactan*
aquellos	: *meñolactan*

Futuro perfecto:

| yo avre querido | : *ameñou·actan* |
| tu | : *mimeñou mectan*, y assi las demas personas. |

---

[1]   *mineñouhan*: {-*n*}<ol *m*>, <ul·aqls. *meñoulan*>.

Ymperativo

quiere tu	: *meñoc* l. *mimeñocqui*
aquel	: *ymeñoc-he*
nosotros	: *quimeñocte*
vosotros	: *mimeñochacqui*[1]
aquellos	: *meñolacge*[2]

[fol. 69] Obtativo

yo quiera, quisiera, querria y quisiesse	: *ameñoñg̃oque* l. *ameñocteque*
tu	: *mimeñongoque* l. *mimeñocteque*
oˇsi, ojala aquel quiera &.	: *ynajam imeñongoque* l. *imeñocteque* &c.

P[r]ete*rito*s perf*ecto* *et* plusq**uamp**erfecto:

yo aya, huviera, avria, huviesse	: *ameñou cottoque* l. *cotteque* l. *ameñou*
querido	*pocottoque* l. *pocotteque*
oˇsi, ojala yo aya, huviera, avria &c.	: *ocmoc ameñoc-teˇcot* l. *ameñoctemocˇcot*

Subjuntivo

queriendo, en queriendo yo &c.	: *ameñoch*
mimeñoch	
quimeñoch	: nosotros
mimeñohach	: vosotros
meñolach	: aquellos

Segundo subj**unt**i*vo*:	
de suerte que, de maneraˇque lo	: *ameñoctech*
quiera yo	
mimeñoctech	: tu
imeñoctech	: aquel
quimeñoctech	: nosotros
mimeñohactech	: vosotros
meñolactech	: aquellos
Hazlo con voluntad, de suerte que te	: *Callsoche milocqui mitesajlactech.*
lo agradezcan	

---

[1]   *mimemeñochacqui*: {*-me*}.
[2]   *meñolache*: {*h+*}<*g*>.

Ynfinitivo

Pres<u>ente</u>:
querer yo   : *ameñocte*
mimeñocte   : tu &c.

Pret<u>erito</u>:
aver querido   : *meñonnap*[1]
por haver de quer[er] yo   : *ameñou·cotnap*
tu   : *mimeñou·cotnap* &c.

[fol. 70] Futuro:
aver de querer yo   : *ameñolam*
por aver de querer yo   : *ameñolam cotnap*

Participios

ameñanco 1. *peñovuch*[2]
ameñou 1. *inco*
ameñolamynco

Gerundios

ameñolamhe 1. *ameñoctehe*
meñoche
meñonnap[1]

Supinos

quimeñolamhe 1. *quimeñoctehe, quimeñongo*

Conjugacion de verbos compuestos

Demas de los verbos conjugados, de cada verbo simple se componen diez ô doze verbos que cada uno tiene alguna diferencia en su conjugacion. Pondre de todas layas uno, para·que el principiante tenga noticia y se baya actuando. Del infinitivo de cada verbo, vg. *aǧolec* y *an* con·que finaliza *aǧollan*, se forma *aǧoleccan*[3]

---

[1]   *meñonap*: <ol·n>.
[2]   *peñobuch*: {b+}<v>.
[3]   *agolecan*: <ol·c>.

que significa "hazer que ame". Para cuya intelligencia se note que todos los verbos activos, como van conjugados, se refieren a·la tercera persona de singular, que para la expression [fol. 71] de·las demas personas se haze por transiciones. Vg.: *ağollan* quiere dezir : yo amo â aquel, *miğollan*: tu amas â aquel &.

ameñoccan[1]: yo hago que lo quiera
ameñocan, mimeñocan, ymeñocan, quimeñocan, mimeñoccayhan[1], *meñoccaylan*

Preteritos:
ameñoccay[2], *mimeñocay, ymeñocay, quimeñocay, mimeñocayha, meñocayla*[3]

Plusquam perfecto:
ameñocayiê, mimeñocayie, ymeñocayiê, quimeñocayiê, mimeñocayhaque, meñocaylaque

Esta particula *yê* con este tiempo significan "*post*", "despues". Vg.:

Murio despues de casado	: *Casaran quiiyê, ğoli.*
Resucito despues de muerto	: *ğoliyê ñuinjavou*[4].

Futuro ymperfecto:
ameñocajtan, {-q} *mimeñocajtan, ymeñocajtan, quimeñocajtan, mimeñocajhactan*[5], *meñoclacajtan*

Futuro perfecto:
ameñocay actan &c.

Ymperativo

meñoccaj[2] l. *mimeñoccaji*[2]
meñocaj-he

Optativo

ameñocaj-joque	l. *ameñocajteque*
mimeñocaj-joque	l. *mimeñocajteque* [fol. 72]
ymeñocaj-joque	l. *ymeñocajteque*
quimeñocaj-joque	l. *quimeñocajteque*
mimeñocaj-hangoque	l. *mimeñocajhacteque*
meñolacaj-joque	l. *meñolacajteque*

---

[1]   *-meñoca-*: <ol·c>.
[2]   *-meñoca-*: <ol·c>.
[3]   Era: *mimenocay, quimenocay*: sin *ñ*.
[4]   *quinjavou*: {-q}<ol·ñ>.
[5]   Era: *mimenocajtan, mimenocajhactan*: *ñ*.

Plusquam perfecto:
ameñocay cottoque   l. *cotteque*
mi[me]ñocay pocottoque &c.
oc°moc ameñocajte·cot, ameñocajtemoc·cot &.

Subjuntivo

ameñoccajhu[1], ameñocajtech
mimeñocajhu, mimeñocajtech
imeñocajhu, ymeñocajtech
quimeñocajhù, quimeñocajtech
mimeñocajhach l. *mimeñocajhactech*
meñolacajhu l. *meñolacajtech*

Ynfinitivo

ameñocajte, mimeñocajte, ymeñocajte, quimeñocajte, mimeñocajhacte,
meñolacajte[2]

Preterito:
ameñocay cotnap, mimeño°cay·cotnap &.

Futuro:
ameñocajlam

Participios

Presente:
ameñoccanco[3] l. *ameñocajhuch[4]*

Prétérito:
ameñoccay°ynco[3]

Futuro:
ameñoccajtan[3]°ynco

Gerundios

ameñoccajlamhe[3] l. *ameñoccajtehe[3]* &.
ablativo: *meñoccajhe[3]* l. *meñoccajap[3]*

---

[1]   *-meñoca-*: <ol·c>.
[2]   *meñocajacajte*: {-ca}, {j+}<l>.
[3]   *-meñoca-*: <ol·c>.
[4]   *ameñoajhuch*: <ol·c>.

[fol. 73] Supinos

ameñoccajlamhe[1] l. *ameñoccajtehe*[1] &c.
ameñocaj-jo

Con el mismo infinitivo ô imperativo, ynterpuesta la letra *y* entre el y la final, se compone otro v<u>er</u>bo que significa "reiterar la accion" de su simple. Vg. *meñoc-i* y *an*. Y para la perfecta pronunciacion: la *c* del ymperativo se haze *q*, y assi dize: *ameñoquian*: vuelvo â querer. Y·se conjuga en la manera siguiente:

ameñocquian[2]: yo buelvo â querer
ameñoquian, mimeñocquian[2]*, ymeñocquian*[2]*, quimeñoquian, mimeñohaquian, meñolaquian*

Prete<u>rit</u>os:
ameñoquiay, mimeñoquiay, ymeñoquiay, quimeñoquiay, mimeñohaquiay, meñolaquiay
ameñoquiayiê, mimeñoquiayiê, ymeñoquiayiê, quimeñoquiayiê, mimeñohaquiayiê, meñolaquiayiê

Fut<u>ur</u>o ymperf<u>ect</u>o:
ameñoquiajtan[3]*, mimeñoquiajtan, ymeñoquiajtan, quimeñoquiajtan, mimeñoha-quiajtan, meñolaquiajtan*

Futuro perf<u>ect</u>o:
ameñoquiaî actan, mimeñoquiai[4] *mectan* &c.

[fol.74] Ymperativo

meñoquiaj l. *mimeñoquiaj-ji*
meñoquiajhe
quimeñoquiajte
mimeñohaquiaj-ji
meñolaquiajhe

Obtativo

Presente ê ymperf<u>ect</u>o:
ameñoquiaj-joque   l. *ameñoquiajteque*
mimeñoquiaj-joq<u>ue</u>   l. *mimeñoquiajteq<u>ue</u>*

---

[1]   *-meñoca-*: <ol·*c*>.
[2]   *-meñoquian*: <ol·*c*>.
[3]   *meñoquijtan*: <*A*>, <ol·*a*>.
[4]   *mimeñoquian*: {*n*+}<*i*>.

ymeñoquiaj-joque   l. *ymeñquiajteque*
quimeñoquiaj-joque   l. *quimeñoquiajteque*
mimeñohaquiaj-joque   l. *mimeñohaquiajteque*
meñolaquiaj-joque   l. *meñolaquiajteque*

Preterito perfecto *et* plusquamperfecto:
oʼssi, ojala yo aya, huviera,   : *ocᵒmoc ameñoquiajteʼcot* l.
huviesse &c.   *ameñoquiaj[te]mocʼcot*
llano   : *ameñoquiai cottoque* &c.

Subjuntivo

ameñoquiajhu, mimeñoquiajhu, ymeñoquiajhu, quimeñoquiajhu,
mimeñohaquiajhu, meñolaquiajhu

Segundo Subjuntivo:
ameñoᵒquiajtech, mimeñoquiajtech, ymeñoquiajtech, quimeñoquiajtech,
mimeñohaquiajtech[1], meñolaquiajtech

Ynfinitivo

ameñoquiajte &.
ameñoquiai cotnap
ameñoquiajlam
ameñoquiajlamhe l. *ameñoquiajtehe* [fol. 75]
meñoquiajhe
meñoquiajhennap[2]
meñoquiajnap

alluan: yr

Presente:
yo voy: *alluan, milluan, llahuan, quilluan, milluihan, yllahuan[3]*

Preteritos:
alluy   l. *alluen*
millui   l. *milluen*
llavi   l. *llaven*

---

[1]   *mimeñoquiajtech*: <olˑha>.
[2]   *meñoquiajhenap*: <olˑn>.
[3]   *yllahuan*: <ulˑll>: véase p. 46, nota 3.

quillui   l. *quilluen*
milluiha   l. *milluihan*
yllavi   l. *yllven*

Plus<u>quam</u> <u>perfecto</u>:
alluiyê, milluiyê, llauiyê, quilluiyê, milluihaque, yllauiye

Fut<u>uro</u> imp<u>erfecto</u>:
allactan, millactan, llactan, quillactan, millahactan, yllactan

Fut<u>uro</u> perf<u>ecto</u>:
allui actan, millui(-) mectan[1]*, llavi cotan* &c.

Ymperat<u>ivo</u>

llac l. *millacqui*
llac-he
quillacte
millahacqui
yllac-he

Obtat<u>ivo</u>

Liman-he allac l. *Liman allac-he°na*   : Tengo gana ô deseo ir â la sierra.
acquian
ynaham allang̃oque l. *allacteque* &c.

Perf<u>ecto</u> y Plus<u>quam</u> <u>perfecto</u>:
allui pocottoque l. *pocotteque*
millui cottoque &c.
oc°moc allacte˙cot &c.

[fol. 76] Subjuntivo

allach, millach, llach, quillach, millahach, yllach

Segun<u>do</u> Subjunt<u>ivo</u>:
alluech   l. *allactech*
milluech   l. *millactech*
llavech   l. *llactech*
quilluech   l. *quillactech*
ylluech   l. *yllactech*

---

[1]   *millui-mactan*: {*a*+}<*e*>.

Infinitivo

allacte, millacte &.
allui cotnap &c.
Allalam cotnap, añanxipan[1]   : Por averme de ir, me doy prisa.

allajan

Ynterpuesta la letra *j* entre el infinitivo y la final, se forma el verbo *allajan* que significa "llevar" y se conjuga assi:

Presente:

yo llevo	: *allajan, millajan, illajan, quillajan, millajihan, llajlan*
Preteritos	: *allaji, millaji* &c.
Futuro	: *allavojtan, millavojtan* &c.

Imperativo

llavoj l. *millavoj-ji*

Optativo

allavoj-joque	l. *allavojteque*
millavoj-joque	l. *millavojteque*
yllavoj-joque	l. [fol. 77] *yllavojteque*
quillavoj-joque	l. &.
millavojhangoque	
llavojlangoque	
oc°moc allavojte cot &.	

Subjuntivo

allavojhu, allavojtech
millavojhu l. *millavojtech* &.

Ynfinitivo

allavojte &.
allaji cotnap

---

[1]   *añansipan*: {*s*+}<*x*>.

allavojlam
millavojlam[1] *cotnap*   : por aver de llevarlo tu

Participios

allajanco &c.

Gerundios

allavojlamhe l. *allavojtehe* &c.
llavojhe, llavojap[2]

Supinos

allavojlamhe l. *allavojtehe*[3]
allavoj-jo &c.

allaquian[4]: me vuelvo, *millaquian*[4], *llacquian, quillacquian, millahaquian, yllacquian*

Los demas modos y tiempos como *ameñoquian*. Y es regla general, advirtiendo solo que se·han de llevar siempre los possessivos de su simple.

Otro verbo que tiene distintos possessivos que los antecedentes:

yo ando: *atpan, mutpan, tupan, cutpan, mutpihan, uttupan*[5]
atpi, mutpi &.
atuptan[6]
tup, mutuppi[7] [fol. 78]
atuppoque, atupteque
atuphu, atuptech
atupte
atuplamhe, atuphe
tuphe, tupnap

---

[1]   *millavajlam*: {a+}<o>.
[2]   *llavojhap*: {-h}.
[3]   *llavojtehe*: <a>.
[4]   *-llacquian*: {-c}.
[5]   *tupan*: <ol·t>.
[6]   *atupan*: <ol·t>.
[7]   *mutupi*: <ol·p>.

Este la *a* del final la muda en *e* y haze *atpen* que significa "hacer andar": yo le
hago andar:

atpen, mutpen, utupen, cutpen, mutpeihan, uttupen[1]
atpey, mutpei &c.
atpejtan, mutpejtan &c.
tupej l. *mutpej-ji* &c.
atpej-joque, atpejteque
atpejhu l. *atpe(c)htech*
atpejte, mutpejte &c.
atpey cotnap
atpejlam
atpenco
atpejlamhe l. *atpejtehe*
tupejhe, tupejhap
atpejo, mutpejo

atupian: volver [a] andar: yo vuelbo â andar:
atupian, mutupian, tupian, cutupian, mutuphaquian, uttupian[2]
atupiay, mutupiay &c.
atupiajtan &c.
tupiaj &. como *ameñoquian*

atzman[3]: saber
yo se:
atzman[4], *mitzman*[3], *zaman*[5], [fol. 79] *quitzman*[3], *mitzmouhan*[3], *ytzaman*[3]
atzmou[3], *mitzmou*[3] &c.
atzmoctan[3]
zamoc[5], *mitzmocqui*[6]
atzmonoque[3], *atzmocteque*[3]
atzmocte[3]
atzmoch[3], *atzmoctech*[4]
atzmolamhe[3], *achmoctehe*[7]
zamoche[5], *zamonnap*[5]

---

[1]   *utpen*: <ol·*u*>; *mutpeilan*: <ol·*h*>; *tupeilan*: <ol·*ut*>, {-*ilan*}<ol·*n*>. Esta corrección (*tupeilan* >
      uttupen) nos parece errónea, porque la partícula -*la*- representa la 3ᵉ pers. pl. sujeto de los ver-
      bos transitivos: c.c. *zameylan, xiqueylan* &.

[2]   *utupian*: <ol·*t*>.

[3]   (*a*)*ch*-, (*i*)*ch*-: {*c*+}<*t*>, {-*h*}<ol·*z*>.

[4]   (*a*)*ch*-: {*c*+}<*t*>, <ol·*z*>.

[5]   *cham(an)*: {-*ch*}<ol·*z*>.

[6]   *michamocqui*: {*c*+}<*t*>, {-*ha*}<ol·*z*>.

[7]   *acmoctehe*: <ol·*h*>.

atzmoccan[1]   : hazer saber
atzmoquian[2]   : vuelbo â saber

atzmen[2]: enseñar, *mitzmen*[2], *ychmen, quitzmen*[2], *michmeihan, zameylan*[3]
achmey
achmejtan
Imperativo:
zamej[4], *mitzmejhi*[2]
atzmej-joque[2]
achmejhu, achmejtech
atzmejte[5]
atzmey[2] *cotnap*
atzmej-lamhe[2]
atzmenco[2], *at[z]mey°inco*[6] &c.
atzmejlamhe[2], *atzmejtehe*[2]
zamejhe[4], *zamejhap*[3]

atzmejjian[7]   : buelbo â enseñar
atzmocquian[2]   : buelvo â saber
<*ul·atzmeccan*[8]   : hazer ense<u>ñar</u>>

axcan: yo bebo, *mixcan, yxcan, quixcan, mixquihan, xiqueilan*[9]
axquei[10]
axijtan
axij-joque &c.
axijhu &c., *axijtech* &c. [fol. 80]

axquen: hazer beber, *mixquen, yxquen, quixquen, mixqueyhan, xiqueylan*
axquey, axquejtan, xiquej, axquej-joque &.

axijian: buelvo â beber, *mixijian, yxijian, quixijian, misijhacquian, xijlaquian*
axijiay, mixijiay, yxijiay, quixijiay[11], *mixijhaquiai, xijlaquiai*

---

[1] *achmocam*: {*c+*}<*t*>, {*-h*}<ol·*z*>, <ol·*c*>, {*m+*}<*n*>.
[2] *(a)ch-, (i)ch-*: {*c+*}<*t*>, {*-h*}<ol·*z*>.
[3] *cham(an)*: <ol·*z*>.
[4] *cham(an)*: {*-ch*}<ol·*z*>.
[5] *(a)ch-, (i)ch-*: {*c+*}<*t*>, <ol·*z*>.
[6] *achmey*: {*c+*}<*t*>.
[7] *achejian*: {*c+*}<*t*>, <ol·*z*>, <ol·*mejo*>{*-o*}.
[8] *atzmejcan*: {*-j*}<ol·*c*>.
[9] *xiquilan*: <ol·*e*>.
[10] *axqui*: <ol·*e*>.
[11] *quijxijiay*: {*-j*}.

axijiajtan, mixijiajtan, yxijiajtan, quixijiajtan, mixijhaquiajtan, xijlaquiajtan
xijiaj l. *mixijiajhi*   : buelve â beber &c.
axijiaj-joque &c., *mixijiaj-joque, misijiajteque, yxijiaj-joque*[1], *quisijiajteque,*
misijiajhangoque,
sijiajlangoque
axijiajhu, axijiajtech
mixijiajhu, mixijiajtech
yxijiajhu, yxijiajtech
quixijiajhu, quixijiajtech
mixijiajhach, mixijiajhactech
xijiajlach, xijiajlactech
axijiajte &., *axijiay cotnap* &c., *axijiajlam cotnap* &.
axijianco &c.
axijiajlamhe, axijiajtehe
xijiajhe, xijiajhap

[fol. 81] *alon*: mojar con agua

yo lo mojo:
alon, milon, ylon, quilon, miloihan, loilan
aloy, miloi, yloi, quiloi, miloiha[2], *loila*
alojtan, milojtan, ilojtan, quilojtan, milojhactan, lojlactan
alojoque, alojteque
milojoque, milojteque
ilojoque, ilojteque
quilojoque, quilojteque
milojhangoque, milojhacteque
lojlangoque
alojhu, alojtech
alojte, milojte[3] &c.
aloy cotnap {-*chiptup*}
Zitup[4] *ğaloy cotnap, cama acquian*   : Por averme mojado el aguazero, estoy
                                             enfermo.

Zitup[4] *ğaloj°chin*[5] *°na quiche, azipte*[6]   : Porque no me moge el aguazero, estoy en
atgan   casa.

---

[1]   *yxiajiaj-joque*: {-*a*}.
[2]   *moloiha*: {-*o*}<ol·*i*}.
[3]   *milote*: <ol·*j*>.
[4]   *chitup*: {-*ch*}<ol·*z*>.
[5]   *ğaloj.chin*: {-*.**}.
[6]   *chipte*: {*c*+}<*A*>, <ol·*z*>.

alojcan	: hazer mojar
alojian	: bolver â mojar
alupon	: aborrecer
alupocan	: hazer aborrecer
alupojian	: bolver a aborrecer, se conjugan como los precedentes.

atzun[1]: ungir, untar

yo unto ô ungo: *atzun*[1], *mutzun*[2], *uchun, cutzun*[1], *mutzuihan*[1], *zuilan*[3] [fol. 82]

Preteritos:
atzui[1], *mutzui*[1] &.

Futuro:
atzujtan[1]

Ymperativo:
zuj[4], *mutzuj-ji*[1]

Obtativo:
atzujoque[1] &c.

atzujcan[5]	: hazer untar
atzujian[1]	: bolver â untar
Santo olio ⁹pat atzui[1]	: Ya le di el S[to] olio.
Yppoc santo oliopat atzujiai[1]	: Segunda vez le volvi â dar el S[to] olio.

[fol. 83] § 4: De·la passiva del verbo activo

La passiva del verbo activo en esta lengua se haze de dos maneras. La una: con los participios y principalmente con el de preterito con tod[a]s l[a]s [transicio-nes][6] y el verbo *actan* en la significacion de "ser", concertandolo con la persona que padece. Vg.:

Tu fuiste amado por mi   : *Amcolli mecti* l. *mecten*.

Donde la persona que haze se expressa con el possessivo de primera persona, que es *a*, y·la que padece con el possessivo de la segunda, que es *m*, interpuesta â la *a* y *colli*, que es el participio, y *mecti* en la significacion de "ser" que expressa la

---

1   *(a)chu(n)*: {c+}<t̓>, {-h}<oḻz>.
2   *-chu(n)*: {c+}<t̓>, <oḻz>.
3   *cluilan*: {-cl}<oḻz>.
4   *chuj*: {-ch}<oḻz>.
5   *achajian*: {c+}<t̓>, {-h}<oḻz>, {a+}<u>, {i+}<c>.
6   Era: todos los transitivos.

passiva y sin el haze romance activo: yo te amè. Y'en el credo: Crucifixus, mortuus et sepultus:

Fue crucificado, muerto y sepultado   : *Cruz °te llavinloula coten, g̃olen, muila°sim coten.*

La segunda manera es con la particula *itz*[1] ynterpuesta al ynfinitivo del verbo y la final *an*. Como de *alan* que significa "hazer", vg. *aloitzan*[2]: soy hecho; [fol. 84] de *ameñan* que significa "querer", *apeñoitzan*[1]: soy querido; *agollan*: amo, *acoleitzan*[1]: soy amado. Este modo de passiva no admite possessivos y solo se hacen por el romance de ympersonales passivos. Vg.:

A'la manera que en el sacramento   : *Anam baptismo sacramento°te mec* del baptismo se nos perdonan todos los   *cunutza*[3] *perdonan quioitzan*[1] *°coñ,* pecados, de la misma suerte se nos   *incomiñ penitencia sacramento°te* perdonan en el de la penitencia.   *perdonan quioit[z]an*[4] *°simall.*

Esto advertido, conjugarè un verbo passivo que servirà de exemplo para todos los demas.

acoleictzan[5]: yo soy amado [fol. 85]

Presente:

yo soy amado	: *acoleitzan*[6]
tu(e) eres amado	: *micoleichan*
aquel es amado	: *g̃oleichan*
nosotros	: *quicoleichan*
vosotros	: *micoleichihan*
aquellos	: *chicoleichan*

Preteritos:
acoleitzi[6]*, micoleichi, g̃oleichi, quicoleichi, micolehi(c)ziha*[7]*, chicoleichi*

Futuro ymperfecto:
acoleitzitan[8]*, micoleitzitan*[6]*, g̃oleitzitan*[6]*, quicoleitzitan*[6]*, micoleitzihactan*[6]*, chicoleitztan*[9]

---

[1]   *-ich-*: {c+}<ɾ>, {-h}<olˑz>.
[2]   *aoichan*: <olˑɾ>, {c+}<ɾ>, <olˑz>.
[3]   *cunucha*: {c+}<ɾ>, {-h}<olˑz>.
[4]   *quioichan*: {c+}<ɾ>.
[5]   *acoleichan*: {c+}<ɾ>, <olˑc>, <olˑz>.
[6]   *(a)coleich-*: {c+}<ɾ>, {-h}, <olˑz>.
[7]   *micoleichiha*: <olˑh>, {-h}<olˑz>.
[8]   *(a)coleich-*: {c+}<ɾ>, <olˑz>.
[9]   *chicoleichctan*: {c+}<ɾ>, <olˑz>, {-c}.

Ymperativo

coleitz[1], *g̃oleitzge*[2], *quicoleitzte*[1], *micoleitzjacqui*[3], *chicoleitzge*[2]

Optativo

acoleitzoque[4]	l. *acoleichteque*
micoleichoque	l. *micoleichteque*
g̃oleichoque	l. *g̃oleichteque*
quicoleichoque	l. *quicoleichteque*
micoleichhang̃oque	l. *micoleichhacteque*
chicoleichlang̃oque	l. *chicoleich(c)teque*

Subjuntivo

acoleitzhu[1], *micoleichhu*, *g̃oleichhu*, *quicoleichhu*[5], *micoleichhach*, *chicoleichlach*

verbo *aloitzan*[6]: ser hecho

yo soy hecho	: *aoitzan*[7] [fol. 86]
tu	: *mioitzan*[7]
aquel	: *loychan*
nosotros	: *quioichan*
vosotros	: *mioitzihan*[7]
aquellos	: *chioitzan*[8]

Preterito:
aoitzi[9]

Futuro:
aoitztan[10]

---

[1] *(a)coleich-*: {c+}<*ʅ*>, {-h}, <ol·z>.
[2] *(g̃)oleichhe*: {c+}<*ʅ*>, {-h}<ol·z>, {h+}<g>.
[3] *micoleichhacqui*: {c+}<*ʅ*>, {-h}<ol·z>, {h+}<ɟ>.
[4] *(a)coleich-*: {c+}<*ʅ*>, <ol·z>.
[5] *quioleichhu*: <ol·c>.
[6] *aoichan*: <ol·ʅ>, {c+}<*ʅ*>, {-h}<ol·z>.
[7] *(a)oich(an)*: {c+}<*ʅ*>, {-h}, <ol·z>.
[8] *-oich-*: {c+}<*ʅ*>, <ol·z>.
[9] *(a)oich(an)*: {c+}<*ʅ*>, {-h}, <ol·z>.
[10] *aichtan*: <ol·o>, {c+}<*ʅ*>, {-h}<ol·z>.

Obtativo

aoitzoque[1]

Subjuntivo

aoitzhu[2]

verbo *apeñoitzan*[2]: ser querido

yo soy quer[i]do	: *apeñoitzan*[2]
tu	: *mipeñoitzan*[2]
aquel	: *meñoitzan*[2]
nosotros	: *quipeñoitzan*[2]
vosotros	: *mipeñoitzihan*[2]
aquellos	: *chipeñoitzan*[2]

Futuro:
apeñoitzitan[2]

Optativo

apeñoitzoque[2] &.

Subjuntivo

apeñoitzhu[3], *mipeñoitzhu*[2] &c.

[fol. 87] Libro segundo: De las partes de·la oracion

Hallanse en esta lengua las ocho partes de la oracion: nombre, pronombre, verbo, participio, posposicion, adverbio, ynterjeccion y conjuncion. Dixe posposicion, porque las particulas que en latin se anteponen, las·que en esta lengua les corresponden siempre se·posponen, como se ha visto en la declinacion de·los casos de los nombres.

[1]   *-oich-*: {*c*+}<*t*>, <ol·z>.
[2]   *(a)oich(an)*: {*c*+}<*t*>, {*-h*}, <ol·z>.
[3]   *apeñichhu*: <ol·o>, {*c*+}<*t*>, <ol·z>.

Tratado 1º: Del nombre
§1º: De su division

El nombre se divide en substantivo, quasi adjetivo, verbal y compuesto. El nombre substantivo es el que significa "substancia" y se divide en proprio, apellativo y colletivo.

proprio como:

muxac	: el sol
pel	: la luna

apellativo como:

nun	: el varon
xocot	: el rio

[fol. 88] collectivo, que significa "muchedumbre", como:

kennà	: las estrellas
cotchal	: el cascajal

§2: Del uso del nombre substantivo

Vease·lo que diximos lib<u>ro</u> 1, trat<u>ado</u> 1, § 5, explicando la significacion de·las particulas de los casos y su uso.

§ 3: Del nombre quasi adjectivo

Llamole quasi adjectivo, porque en rigor de adjectivo no tiene ninguno esta lengua, como carece de articulos y terminaciones. Y·porque no significan "substancia", sino "calidad", no pueden ser substantivos. Vg.

hualiu	: cosa·fuerte
ñguñà[1]	: cosa suave
allhi	: cosa dulce
xep[2]	: ympotente ô esteril
oñchaplla[3]	: hablador ô parlero, y los semejantes.

[fol. 89] Quando se junta[n][4] con los substantivos, a·vezes se anteponen y â vezes se posponen. Vg.

---

[1]   *ñuñà*: <ul·g>.
[2]   *sep*: {s+}<x>, {-x}<ol·x>.
[3]   *omch.plla*: {m+}<ñ>, {-*.*}<ol·a>.
[4]   Era: juntas.

chel cachiu   : patituerto
ixivaj hayu   : mal hombre

Y si se˙les añade alguna particula de˙los casos, se pospone siempre.Vg.

yamcuila hayulolhe[1]   : para los hombres diligentes ô hazendosos
pal-lou lunic   : tiene buen natural
yxivaj lunic   : es de mala condicion

Donde se note que la particula *nic* suple el verbo *actan*.

aytechu hayu   : hombre pacifico
ñanzicnic, [-]uoch[2]   : trabajoso
xex˚nic   : carachoso &c.

Del nombre verbal

Llamase˙verbal, porque se deriva de verbos. Y de todos, assi substantivos como activos y neutros, se forman 4 o 5 y â˙veces mas, y todos tienen por raiz el infinitivo de cada verbo, añadiendole alguna particula y â veces el mismo ynfinitivo constituye el verbo. El infinitivo en razon de [fol. 90] tal, lo constituye la particula *te*, quitada, queda la raiz sola. Vg. de *actan* es *cot*, que solo significa "el ser" ô "essencia", como

jayu cot   : el ser del hombre

Añadiendole˙la particula *uch* forma participio de presente, equivalente â *cotanco*:

el que es   : *cottuch*[3]

Posponiendole la particula *lam*, que tambien significa "el ser" ô "estar", y junta con el nombre *ngullha*, que significa "vida", significa "el estado de vida" de cada uno.

acullha acotlam   : mi estado
casaran quii ngullha cotlam   : el estado de casado &c.

Este mismo verbal es circumloquio segundo, el participio de futuro que corresponde al latin en *rus*, que para mas especificacion se le junta *ynco*. Vg.

yo que he de ser   : *acotlam ꝫynco*
tu que has de ser   : *micotlam ꝫynco* &c.

---

[1]   *hayuhe*: <ol·*lol*>.
[2]   *ñanchic*: {-*ch*}<ol·*z*>, <ul·*uoch*>.
[3]   *cotuch*: <ol·*t*>.

Junto con la particula *je* haze los gerundios de genitivo, dativo y acusativo y el supino.

Vg. *acotlamje* l. [fol. 91] *acotteje* &c., como queda conjugado.

De˙los activos, vg. de *ameñan*: querer, sale *meñ* y *ameñolam* que significan "la volun-tad":

ameñ	: mi voluntad
mimeñ	: tu voluntad &c.
ameñolam˚pat	: por mi gusto ô gana
de *ağollan:*	
ağole l. *agolelam*	: mi amor
acoleuch[1]	: mi amador
micoleuch	: tu amador
apeñovuch	: mi queredor
mipeñovuch	: tu queredor
de *axcan*: beber:	
{*-j*} *xij, axijlam*	: la bebida
ytzac[2] *xijuch*	: bebedor de chicha

Y este modo de verbales se saca de todos los verbos, dandole â cada uno la significacion segun el˙verbo de que se deriva, como de *camatzin*[3] *acquian*: governar

camatzin[4] *quivuch*	: el governador;
de *allitten*[5]	: corregir
llittejuch[5]	: el corregidor.

Los verbales en *bilis* son los supinos en *nğo* l. *jo*. Vg. de *apul-luan*[6]: abominar

cupul-luongo(j)[7]	: abominable
de *achicnan*: temer [fol. 92]	
quiichicnonğo	: cosa formidable, temerosa

Todos estos verbales se usan con los possesivos de las personas segun los de los verbos de que se forman, como de *azchan*[8]: ver:

---

[1] *acole.ch*: {-*.*}<ol·*u*>.

[2] *ychac*: {*c*+}<*ɾ*>, {-*h*}<ol·*z*>.

[3] *camachin*: {*c*+}<*ɾ*>, <ol·*z*>.

[4] *camachin*: {*c*+}<*ɾ*>, {-*h*}<ol·*z*>.

[5] *alliten, llitejuch*: <ol·*ɾ*>.

[6] *apuluan*: <ol·*l*->.

[7] *cupuluajo*: <ol·*l*->, {*a*+}<*o*>, <*ng*><ol·*o*>, {-*o*}.

[8] *axchan*: {-*x*}<ol·*z*>.

atzacho[1], *mizacho*[2], *ytzacho*[1], *quitzacho*[1] &c. Aunque estos en la significacion dicha, su mas ordinario uso es en la 1ª persona del plural. Vg.

quitzacho[1]   : visible ô que lo podemos ver

Por este mismo supino que corresponde al segundo latino: digno de amar: *quiğolengo*, se hazen tambien romances de obligacion. Vg.

Tu tienes obligacion de ir primero   : *Axman millango mectan miva*.

Y se suple el verbo *possum* en todos los verbos. Vg.

Yo puedo comer   : *Aamonğo actan*

conjugandolo con el verbo *actan*[3] por todos los tiempos, modos y personas.

[fol. 93] Tratado segundo: Del nombre numeral
§ 1: De su division

El nombre numeral se divide en cardinal, ordinal y distributivo. Los cardinales son los diez sigu[i]entes.

anzel[4]	: uno
ypzel[5]	: dos
yszel[6]	: tres
miñipzel[4]	: quatro
quioczel[4]	: sinco
ypzoc[7]*°zel*[4]	: seis
quilixzel[4]	: siete
paczel[4]	: ocho
ocoñzel[4]	: nueve
al-lec[8]*°zel*[4]	: diez
apichac[9]	: ciento
at°guarangà	: mil

---

[1]   *atacho, ytacho, quitacho*: <ol·z>.
[2]   *mitacho*: {-t}<ol·z>.
[3]   *actac*: {c+}<n>.
[4]   *-chel*: <ol·z>.
[5]   *ypchel*: {-ch}<ol·z>.
[6]   *yssel*: {s+}<z>.
[7]   *ypchoc*: {-c}<ol·z>.
[8]   *alec*: <ol·-l>.
[9]   *apichac*: <ol·z>{-ol·z}.

Son tan diversos los numerales en esta lengua que cada cosa que se quiera contar, para conocer lo que es, se necesita algun aditamento de·particula distintiva para hablar con propriedad. Pondrè un exemplo de las cosas mas ordinarias para alguna breve noticia. [fol. 94] El exemplo puesto sirve para cosas largas y todo animal quadrupedo.

Para contar gente ô hombres es el siguiente

anzel[1], *ypta, yxta, miñip, quioc, ypzoc*[2], *quilix, pac, ocoñ, alec.*

Para cosas redondas y todo genero de aves, frutas &c. es el siguiente:

atche[3], *ypche, yxxê, miñipche, quiocche, ypzoc*[4] *°che, (l) qu[i]lixche*[4], *pacche, ocoñche, alecche.*

Para ropas, vestidos, hachas, machetes, peces &c., <ul·libros, plumas, tigeras, cuchillos, peynes, sapatos, medias>:

anchup, ypchup, yxchup[5], *miñipchup, quiocchup, ocoñchup*[6], *al-lec*[7] *°chup*

Para palabras, preceptos, mandamientos, ordena[n]zas &c.:

athil, yphil, ych-hil, miñiphil, quiochil, ypzochil[8], *quilixhil, pachil, ocoñhil, al-lechil*[9]

Para retazos, pedazos, ñudos, junturas &c.:

attuj[10], *yptuj, yxtuj, miñiptuj, {-yp} quioctuj, ypzoctuj*[11] &c.

[fol. 95] Para mitades, mendrugos &c.:

attip[12], *yptip, yxtip, miñiptip* &c.

Para cosas diversas &. y colores &c.:

alliu[13], *ypliu, ixliu* &c.

---

[1]   *anchen*: <ol·z>, {n+}<l>.
[2]   *ypchoc*: <ol·z>.
[3]   *ache*: <ol·l>.
[4]   *ypchoc*: {-ch}<ol·z>; *qulixe*: <ol·ch>.
[5]   *yxsup*: {-s}<ol·ch>.
[6]   *ocañchup*: {a+}<o>.
[7]   *alec*: <ol·-l>.
[8]   *ypchoc*: {-ch}<ol·z>.
[9]   *alec*: <ol·-l>.
[10] *atuj*: <ol·l>.
[11] *ychoctuj*: {c+}<p>, {-h}<ol·z>.
[12] *atip*: <ol·l>.
[13] *aliu*: <ol·l>.

Para vezes:

appoc[1], ypoc, ychpoc[2], miñippoc[3] &c.

Para chacaras &c.:

appuch[4], yppuch, ychpuch[2] &c.

Para haces, manojos, atados &c.:

atchan, ypchan, yxchan[5] &c.

Para bocados:

appuc[6], yppuc, ychpuc[2]

Para cielos, entre suelos, quartos de casa, divisiones, doblezes de ropa &c.:

appimoc[7], yppimoc, ychpimoc[2], miñippimoc, quiocpimoc &c.

Para tropas, compañias, exercitos, manadas &c.:

appon, yppon, ychpon[8], miñippon &c.

Para pueblos, lugares, puestos &c.:

axun, ypxun, ychxun, miñipxun, quiocxun[9]

Estos numeros se multiplican desde el diez hasta el ultimo por anteposicion y posposicion. [fol. 96] Quando el numero menor (que es desde uno hasta nueve) se antepone al major (que es diez) todo lo que vale el menor, vg. si â *al-lec[10]*, que es diez, se le antepone *miñip*, que es quatro, dirà: *miñip ᵒlec* que significa "quarenta". Y assi se van multiplicando diezes, como el numero menor fuere creciendo hasta nueve. Vg.

al-lec[10]	: diez
yplec	: veinte
yxlec	: treinta
miñiplec	: quarenta
quioclec	: cincuenta

---

[1]   *apoc: <ol·p>.*
[2]   *yx-: {-x}<ol·ch>.*
[3]   *miñipoc: <p>.*
[4]   *apuch: <ol·p>.*
[5]   *acham: <ol·t>, {m+}<n>; ypcham: {m+}<n>; yxcham: {-x}<ol·ch>, *{ol·ch+}<x>*, {m+}<n>.*
[6]   *apuc: <ol·p>.*
[7]   *apimoc: <ol·p>.*
[8]   *apom: <ol·p>, {m+}<n>; yppom: {m+}<n>; yxpom: {-x}<ol·ch>, {m+}<n>.*
[9]   *axum, ypxum, miñipxum, quiocxum: {m+}<n>; yxxum: {-x}<ol·ch>, {m+}<n>.*
[10]   *alec: <ol·-l>.*

ypzoc[1] *°lec*	: sesenta
quilix°lec	: setenta
pac°lec	: ochenta
ocoñ°lec	: noventa.

De·la misma suerte se multiplica de ciento â mil y de mil â cien mil &c. Quando el numero menor se·pospone al mayor, solo añade sobre el diez lo que en·si vale y quando assi se cuenta, se·suele posponer al num*e*ro menor esta particula *nic* que es la conjuncion de los numeros. Vg. si â *alec* le posponemos *miñip*, dira

alec miñip	: catorce.

Y tambien suelen [fol. 97] contar sin ella, como:

al-lec[2] *anzel*[3]	: once
al-lec[2] *ypta*	: doze
al-lec[2] *yxta*	: trece

Y para concluir se le añade la conjuncion:

al-lec[2] *ypzoc*[4] *°nic*	: diez y seis.

pi se junta con estos numerales y dize igualdad en accion:

Ypta°pi milohac	: Hacetlo los dos juntos.

§ 2: Del numeral ordinal

Los numeros cardinales y ordinales no tienen diferencia en esta lengua. Hazen·se los ordinales usando de este participio *cotmullanco* que se compone del infinitivo de *actan* y desta particula *mullan*, anteponiendole el numeral cardinal y posponiendole·la cosa que se cuenta segun la variedad, como queda advertido. Vg.

una palabra	: *at°hil*
el primer mandamiento	: *at°cotmullanco hil silan*
el 2°	: *yp°hil silan*
el 3°	: *ych°hil silan* &c.

Tambien se dice: *axman cot°mullanco*: el 1° y·el·que esta primero, y *at°hil silan*: el primer mandamiento.

---

[1]   *ypchoc*: <ol·z>.
[2]   *alec*: <l->.
[3]   *anchel*: <ol·z>.
[4]   *ypchoc*: <ol·z>.

[fol. 98] § 3°: Del numeral distributivo

Los numerales distributibos que corresponden a singuli, bini se forman añadiendo â los cardinales algunas particulas, segun los finales de cada numero, que se ha se repetir dos vezes ô una, segun lo pidiere la ocasion. El 1° que es *yel*[1], significa "solo", se le añade *o*. Vg.

yl-lo	: de uno en uno
yptaco iptaco	: de dos en dos
yxtaco yxtaco	: de tres en tres
miñippô[2] *miñippô*	: de quatro en quatro
quiocco quiocco	: de cinco en cinco
ypchocco ipchoco	: de seis en seis
quilixsô[3] *quilixsô*[3]	: de siete en siete
pacco pacco	: de ocho en ocho
ocoñnô[4] *ocoñnô*[4]	: de nueve en nueve
al-leccò alleccò[5]	: de diez en diez
allec anzel-lô al-lec anchellô[6]	: de onze en onze &

De esta suerte se hazen estos [fol. 99] numerales, añadiendo â los que acaban en consonante *o* y a·los que acaban en vocal *co*.

Tratado tercero: Del nombre compuesto
§ 1: De·los que se componen de participios

Todos los verbos en esta lengua tienen dos participios: el uno en *co* y el otro en *uch* l. *juch*[7], como quedan puestos en las conjugaciones dellos. Vg.

cotanco l. *cottuch*   : el que es.

Y lo mismo en los activos. Vg.

yg̃ollanco l. *g̃oleuuch*[8]   : el que ama.

Pero esta significacion le corresponde mas propriamente al primero. Y al segundo el substantivo español en "or":

---

[1]   *yl-l*: <e>, {-el-}, <ol·e>.
[2]   *miñipp*: <ol·ô>.
[3]   *quilixô*: <ol·s>.
[4]   *ocoño*: <ol·ñ>.
[5]   *alecco*: <ol·-l>; *alecco*: <ol·l>.
[6]   *alec*: <l>; *anchelô*: {-ch}<ol·z>, <ol·-l>; *alec*: <ol·-l>; *anchelô*: <ol·l>.
[7]   *huch*: {h+}<j>.
[8]   *g̃olebuch*: <ol·u>.

acolevuch[1]   : mi amador.

Con estos se componen los nombres substantivos de·los quales resulta otro substantivo español. Vg. del participio dicho y el nombre substantivo *quechuac*: el pobre, se compone:

quechuac gole[u]uch[2]   : el amador del pobre.

[fol. 100] Pero porque en castellano al "que ama el pobre" significamos con "caritativo" o "misericordioso", se dice que de aquella oracion de participio se compone este substantivo español: caritativo ô misericordioso.

Otras vezes se pone el substantivo como genitivo, vg.

aycha lluppuch[3]   : comedor de carne
axuâ lammijuch[4]   : matador de pescado,

segun lo pidiere la significacion del verbo de que sale ô se deriba el participio, como:

pal-lusayeuch[5] (l. *uch*)[6] del verbo *al-luzacquian*[7]: misericordioso ô piadoso

tuppuch[8] de *atupan*   : andariego
axuâ zappuch[9]   : pescador.

§ 2: De otras particulas con que se componen los nombres substantivos

Componense de ordinario con las particulas siguientes: *camayoc, nic* <ul·l. *nicall*>, *ziu*[10], *all, ell, quell, sall*, [fol. 101] *ll, miñ, miñapô, capoc* l. *capocall, ñanmac*, <*puch*>.

camayoc significa "el oficio" ô "cargo" del nombre con·que se compone. Vg.

vexa camayoc   : pastor de obejas
baca camayoc   : baquero
palol camayoc   : portero

---

[1] *acolebuch*: {*b*+}<*v*>.
[2] era: *golebuch*.
[3] *llupuch*: <ol·*p*>.
[4] *lamijuch*: <ol·*m*>.
[5] *paluxayevojuch*: <ol·*l*->, {-*x*}<ol·*s*>, {-*voj*}<ol·*uch*>, {-*uch*}.
[6] Como esta alternativa es la repetición de la desinencia precedente, podemos omitirla.
[7] *aluxacquian*: <ol·-*l*>, {-*x*}<ol·*z*>.
[8] *tupuch*: <ol·*p*>.
[9] *chapuch*: {-*ch*}<ol·*z*>, <ol·*p*>.
[10] *chiu*: {-*ch*}<ol·*z*>.

checho camayoc	: el que tiene el cargo de plata
sastre camayoc <ul·*pijijjuch*>	: el sastre

nic ô *nicall* pospuesta al nombre significa "exceso" ô "muchedumbre", como:

chulnic ô *chulnicall*	: mocoso
chounicall	: piojoso.

ell para los que acaban en consonante y *quell* para los que acaban en vocal, tambien significan "exceso", como:

chequell	: muy granado
moquell	: todo fruta
setcheell[1]	: cabezon
Taquell pañâ pactan	: Es camino pedragoso &.

Tambien significan "abundancia de cosas".

ziu[2] es contraria de las antecedentes, porque niega la posession [fol. 102] de·lo que el nombre, a que se junta, significa. Vg.

alê ziu[2]	: no tengo dientes.

Y con esta particula *sall* lo expressa con exageracion:

el-le sall ziu[2]	: del todo estoi desdentado
quisac sall ziu[2]	: de todo punto no tenemos que comer ô comida

ll con nombres significa lo que *solum*:

Pidote solamente plata	: *Checholl ampicen*.

Este mismo abverbio se significa tambien con *all* y *capocall*:

No quiero mas que camotes ô solamente quiero camotes.	: *[V]em*[3]°*all* l. *[V]em*[3]°*capocall ameñan*.

Con verbos en algunos tiempos significa lo mismo. Vg. en el preterito:

Solamente passamos	: *Quipalli°all*

esto es, sin detenernos, ni hazer otra cosa.

En el presente significa "continuacion de la accion" del verbo. Vg.

---

1 *seche.ll*: <ol·*t*>, {*.*+}<*e*>.
2 *chiu*: <ol·*z*>.
3 Era: *Bem*. Sin embargo, como el cholón no conoce la /b/ y b y v se escriben de la misma manera en este manuscrito, lo hemos transcrito con una v (=[w]).

Sachan°all, tell sachan, llem sachan   : Todavia chacarea ô està haziendo chacara.
Tenĝixanall[1]   : Todavia esta hilando.

La particula *yn* significa lo mismo "todavia". Vg.

lla(c)pangin[2]   : [fol. 103] todavia no se va, al presente,
  lo haze preterito: todavia no se ha ido
Zipte tonĝin[3]   : Todavia esta en casa.

Con el obtativo ô jerundio las dos *ll* significan "precission". Vg.

Qui°amocteheva, quipiipoll   : Para comer, precissamente hemos de
  trabajar.
Quixpocteheva, Dios camazin[4] *quii sil*   : Para salvarnos, necessariamente hemos
mahac quilonĝoll.   de guardar los mandamientos de Dios.

ñanmac: unas vezes haze colectivos â·los nombres de tiempo.

Nem ñanmac quiaman   : Cada dia ô todos los dias comemos.

Otras vezes singularisa. Vg.

Ñanmac hayu itzipte itzotz[5] *pahacotan*   : Cada Yndio tiene cuies en su(s) casa(s).

Con los participios de los verbos significa "cada vez". Vg.

Sayapi°te aquichejtehe alluaanco   : Cada vez que voy â pasear al monte,
ñanmac, cama acquian.   caygo enfermo.

puch junto con los numerales significa "entero" o "cabal". Vg.

al-lec[6]*°puch*   : diez enteros ô cabales

Contando los nombres de tiempo significa "todo". Vg.

Anem°pu(t)ch atpeii[7]   : Caminè todo un dia. [fol. 104]
Apelpuch puttamte atñgui[8]   : Un mes entero he estado en el pueblo.
Apotiappa apilui°puch°cho pactan[9]   : Un año entero ha que vine.

Con nombres que significan "vasos", como ollas, calabazos &c., significa "lleno" y lo mismo: costales, talegas, canastos &c.:

---

[1]   *ten ixagall*: <g̃>, {g+}<n>.
[2]   *llapanin*: <ol·c>, *<g>*.
[3]   *chipte*: <ol·z>; *ton in*: <g̃>.
[4]   *camachin*: <ol·z>.
[5]   *ichipte*: {c+}<t̂>, <ol·z>; *ichoch*: {c+}<t̂>, {-hoch}<ol·zotz>.
[6]   *alec*: <ol·-l>.
[7]   *puch*: <ol·t̂>; *atpii*: <ol·e>.
[8]   *putamte*: <ol·t̂>; *atgui*: <ol·ñ>.
[9]   *apotiap*: <pa>; *puch*: <ol·cho>.

Chapllon°man i(c)zac¹°puch telan   : La olla està llena de chicha.
Xallaman {-cup} cuca°puch luctan   : El canasto està lleno de coca.

miñ l. *miñapo* dizen igualdad entre dos nombres quantitativos. Vg.

Attellpa²°che°miñ l. *miñapo rasu muilli* : Cayô granizo tan grande como
                                                                huevo de gallina.

Y aunque no es nombre, el que se compone de ella, la pongo entre sus particulas,
porque se usa solamente con ellos.

<h3 style="text-align:center">Tratado quarto: Del modo que se forman los comparativos en esta lengua
§ unico</h3>

[fol. 105] No ay en esta lengua nombres comparativos simples, como los ay en la
latina *doctior* y española "mayor", pero tiene particulas como la latina y española: *magis*, "mas", con que propissimamente hazen sus oraciones de comparacion
y son las siguientes: *nichunic, tupat, mannap³. nichunic* corresponde â *magis*,
mas. Y assi el nombre a˙que se junta significa "excesso de comparativo":

nichunic allhi   : mas dulce
nichunic zamoch⁴   : mas sabio

Esta misma particula significa "mas en quantidad". Vg.

Quiere mas oro   : *Nichunic puillquitz⁵ imeñan*

Y se˙pone tambien en lugar de sed latina˙Vg.

No se ha contentado Dios con˙que el   : [fol. 106] *Baptismote jayû masoquiajhe°pat,*
hombre renasca en el S^(to) Bautismo,   *qui°Dios°zâ mulipitzo, nichunic°sim cunutza*
mas viendo las frequentissimas enfer-   *loc[-]he, ma atziu cama quiquingõ quecti*
medades las quales podra contraer pe-   *cotnap, tzach°he, quinanima mec g̃ama*
cando, ha instituido un remedio contra   *utupat {-at} uccullhavejo zuquiou camatzin*
todas y de˙la sangre de Christo ha he-   *quii, qui°pa Jesuchristo zoque°llapat⁶*
cho como un baño saludable para   *zamejhe, manjichoc[-]he, quisall zommec*

---

¹   *inchac:* {-nchac}<ol·czac>.
²   *atallpa:* <ol·t>, {a+}<e>.
³   *manap:* <ol·n>.
⁴   *chamoch:* <ol·z>.
⁵   *puillquich:* {c+}<t>, {-h}<ol·z>.
⁶   *atllap:* {-atllap}, <ul·llapat>.

tod[a]s[1] las llagas de nuestra alma.
Este baño es la confession sacramental

icazamojtehe[2].
: *Co llup ̊man quijcholamma*[3]
confession ̊sim cotan.

tupat y *mannap*[4]: quando la oracion se haze respectiva, esto es, mirando â otro extremo con·que se compara, forzosamente se ha de hazer con una destas dos particulas, porque son el nexo de las oraciones comparativas y se ponen en lugar del ablativo que pide el nombre comparativo en latin. Vg. Inter natos mulierum non surrexit maior Joanne Baptista:

Yla ̊tep chimsou ̊mannap[4], *San Juan*
Bautista tupat, (ni) [fol. 107] *nichunic*
ocho tapachii ̊pitzo[5].

: Entre los nacidos de mugeres no se levantò maior que San Juan Bautista.

Donde se advierta que, avnque en este exemplo se hallan las dos particulas, *tupat* solo esta como nexo y *mannap*[4] en lugar de·la preposicion inter. Advierto tambien que *tupat* admite los posessivos en esta forma:

atupat	: que yo
mutupat	
tupat	: que aquel
que Pedro	: *Pedro·tupat*
cutupat	: que nosotros
mutuhapat	: que vosotros
utupat	: que aquellos &c.

Esta misma particula significa tambien lo que *"adversum"*, "contra", y se·usa con los mismos posessivos. Vg.

Atupat xajlan
Mutupat g̃uixuan

: Habla contra mi &c.
: Se enoja contra [te][7] &c.

mannap[8] significa tambien "en quanto". Vg:

---

[1] Era: todos.
[2] *Dios â*: <*z*>; *mulipicho*: {*c*+}<*t*>, {-*h*}<ol·*z*>; *cunucha*: <*t*>, {-*ch*}<ol·*z*>; *achiu*: {*c*+}<*t*>, <ol·*z*>; *tach*: <ol·*z*>; *ucullhavejo*: <ol·*c*>; *chuquio*: {-*ch*}<ol·*z*>; *camachin*: {*c*+}<*t*>, {-*h*}<ol·*z*>; *chamejhe*: {-*ch*}<ol·*z*>; *sommec*: {*s*+}<*z*>; *icaxamojte* : <-*x*><ol·*z*>.
[3] *quijcholammâ*: {-^}.
[4]   *manap*: <ol·*n*>.
[5] *picho*: {*c*+}<*t*>, {-*h*}<ol·*z*>.
[6] Era: mi.
[7] *manap*: <ol·*n*>.

Qui°pa Jesu-Christo Dios cot°mannap¹ goli°pitzo², hayu cot°mannappall³ g̃oli.

Con *mannap¹* se·hazen de·la misma manera las oraciones respectivas. [fol. 108] Vg.:

Mimannap¹ nichunic ques Pedro cotan	: Pedro es mayor ô mas viejo que tu.
Col°mannap¹ uzavâ⁴ nichunic ixivaj cotan	: El pecado es peor ô mas malo que la muer te.
Quimta°mannap¹ quinanima⁵°vâ nichunic yupey chectan⁶.	: Nuestras almas son de mas estima que nuestros cuerpos.
Supey°mannap¹ nichunic zepan⁷	: Miente mas que el diablo.

Tratado quinto: Del modo que se forman los superlativos
§ unico

No ay en esta lengua superlativos, pero ay particulas que significan lo mismo que valde, "muy", que junta â los nombres les hazen significar "el excesso en grado superlativo" y son: *ma, patep, mamata, ma·patep, ma ocho. ma* junta con nombres significa "excesso superlativo". Vg.:

ma {-ha}hualiu	: fortissimo
ma julap	: larguissimo
[fol. 109] *ma nem°te*	: muy de dia
ma piatz l. *ma·payatz⁸*	: muy tarde
ma·majach⁹	: muy de noche
ma·nemlup	: muy â medio dia y
ma·pulcup	: muy â media noche
ma zitzall¹⁰	: muy obscuro

ocho significa "cosa grande". Juntase con *ma* y entonces significa "excesso quantitativo". Vg.:

ma ocho g̃uelou	: ha engordado mucho
ma ocho lleti¹¹	: lo mismo

---

1. *manap*: <ol·n>.
2. *picho*: {c+}<t>, <ol·z>.
3. *manall*: <ol·n>, <ol·apo>, {-manall}, <ul·mannappall>.
4. *uchavâ*: <ol·z>, {-h}.
5. *quin anima*: <a>, {-a}.
6. *cotan*: {-cotan}<ul·chectan>.
7. *sepan*: {s+}<z>.
8. *piax*: {-x}<ol·tz>; *payach*: <ol·tz>.
9. *mamahach*: {h+}<j>.
10. *chichal*: {-ch chal}<ul·zitzall>.
11. *lleyti*: {-y}.

majall tambien significa "mucho en quantidad" y "cantidad numeral". Vg.:

Majall aycha ullupan	: Come mucha carne.
Majall axuà cotman chectan[1]	: Ay muchos peces en el agua.

mamatà[2] significa lo mismo que *majall* y se usa della de la misma manera.

Mamata mumpuchnic hayu cotanco[3]	: Es hombre que tiene muchas riquezas.
mamata sac°nic	: Tiene muchissimas comidas.

patep se usa indiferente como *ma*. Aunque es general su uso assi con [fol. 110] nombres como con verbos, tambien se compone la una con la otra, ya anteponiendose, ya posponiendose y lo que ni en la lengua latina, ni española pudieramos usar sin barbarismo. Valde doctissimus: muy doctissimo, se usa sin el en esta lengua. Exemplo de todo en las oraciones siguientes:

Patep chihachan	: Hacen muchissimas chacaras.

Y con los verbales, Vg.:

patep quiğolengo[4]	: amabilissimo ô muy amable
patep quichicnonğo	: temerosissimo ô muy temeroso
patep ma pallou	: bonissimo con grande excesso
patep uccullhavejo[5]	: muy saludable

Tambien significa el mismo "excesso de comparacion" junta con las otras particulas de cantidad numeral y quantidad. Vg.:

patep mamata checho	: muchissima plata con grande excesso
patep ma·majall mech	: muy muchissimos arboles &c.

Quando estas oraciones se hazen respectivas, mirando â otro extremo [fol. 111] con·que se comparan, se forman del mismo modo que las comparativas, pero el nexo mas ordinario es *mannap*[6]. Vg. omnium doctissimus:

doctissimo entre todos ô el mas docto de todos.	: *mec°mannap*[6] *patep zamoch*[7]
fortissimo entre todos	: *mec°mannap*[6] *patep ma·hualiu*
Entre todos los animales el elefante es grandissimo	: <lm·*Mec*> *allhà°mannap*[6] *patep ma ocho* *elefante°vâ*[8] *cotan.*

---

[1] *asua*: {*s*+}<*x*>, <ol·ʼ >; *chuctan*: {-*u*}<ol·*e*>.

[2] *mamata*: <ol·ʼ >.

[3] *mumpusnic*: <ol·*u*>{-ol·*u*}, {-*s*}<ol·*ch*>; *cotan*: <ol·*co*>.

[4] *guiğolengo*: {*g*+}<*q*>.

[5] *cacullhavejo*: <*u*>, {-*uca*}, <ol·*uc*>.

[6] *manap*: <ol·*n*>.

[7] *chamoch*: {-*c*}<ol·*z*>.

[8] *elefante â*: <ol·*v*>.

Tratado de los nombres diminutivos
§ unico

Tampoco tiene esta lengua nombres diminutivos como la latina *parvulus* y española "muchachillo", tiene si particulas con·que se disminuyen todas las cosas. Estas son: *cunchu*: cosa pequeña, *chu, nichunic, ma*. Con el nombre *cunchu* y las particulas *nichunic* y *ma* se haze lo que en la española y latina:

parvus, minor, minimus: pequeño, menor, minimo	: *cunchu, nichunic cunchu, ma·cunchu*
[fol. 112] magnus, mayor, maximus	: *ocho, nichunic ocho, ma ocho*

Con *chu* disminuyen todas las cosas, como:

yla°chu	: mugercilla
nun pul°chu	: mozuelo
nun·pullup°chu	: muchachillo
ila pullup°chu	: muchachilla
nun°chu	: hombrecillo
moschu[1]	: poquito
nichunic moschu[1]	: mas poquito
ma cunchu	: muy poquito

Y yndiferentemente usan de estas particulas para racionales ê yrracionales sin distincion alguna. Vg.:

atellpa[2] *mullup°chu*	: pollito
cuchi mullup°chu	: cochinito

Tratado septimo: Del pronombre
§ 1: De su division

Trato primero del pronombre que del nombre relativo, porque su uso depende mucho del conocimiento del. [fol. 113] Los pronombres son nueve: tres primitivos, tres posessivos y tres demostrativos. Los primitivos son:

oc	: yo
mi	: tu
sa	: el:

ego, tu, ys. Declinanse como los nombres sin diferencia alguna.

---

[1]   *muxchu*: {-*ux*}<ol·*os*>.
[2]   *atallpa*: {*a*+}<*e*>.

§ 2: Del plural destos primitivos

el del primero, *oc*, es *quija*	: nosotros
el del segundo, *mi*, es *minaja*	: vosotros
y el del tercero, *sa*, es *chija*	: ellos

§ 3: De·los pronombres posessivos

En esta lengua assi los nombres como los pronombres y verbos se usan con sus possessivos, aunque en los verbos propriamente no son posessivos, sino pronombres, pero los mismos que sirven â los nombres de posessivos sirven â los verbos en algunas personas para distinguirlas. Estos posessivos son letras con que se declaran los latinos meus, tuus, suus. El que corresponde â meus es *a*. Vg.:

aczoc[1]   : mi caja.

[fol. 114] {-meus es *a*} El que corresponde â tuus, para hombre es *m*. Vg.

miczoc[1]   : tu caja,

para mugeres *p*: Vg.:

piczoc[1]   : tu caja.

Esto se note solo para el singular, que para el plural, assi para hombres como para mugeres, es sola la *m*. En lugar de suus, en los nombres se pone el genitivo de posession. Vg.:

Juan gazoc[2]   : la caxa de Juan

Plural

La primera persona se interpone entre el possessivo primitivo quiha. Vg. *quija quiczoc*[3]. Y lo mas ordinario: *quiczoc*[1] sin mas adicion : nuestra caja. La segunda persona siempre se interpone. Vg.:

miczoc-ja[4]   : vuestra caja
chic-zoc[5]   : la caja dellos

Assi este posessivo de·plural como el de 3ª de singular tienen tantas variaciones en los nombres, que no se·puede dar regla para conocerlos, solamente se sabràn con el exerci-cio.

---

[1]   *-choc*: {-*ch*}<ol·z>.
[2]   *cachoc*: {*c*+}<g>, {-*ch*}<ol·z>.
[3]   *quicchoc-ha*: <quija>, {-*ch*}<ol·z>, {-*ha*}.
[4]   *miccho-ja*: {-*ch*}<ol·z>, <ol·c>.
[5]   *-choc*: {-*ch*}<ol·z>.

Viniendo pues â·los pronombres [fol. 115] posessibos, digo que se forman de los mismos primitivos y de·la particula *alou*. Vg.:

oc alou	: mio
mi·milou	: tuyo
sa ilou	: suyo del
quiha quilou	: nuestro
minaha·(mi)milouha l.	: vuestro
mi·milouha, lo mas ordinario	
chiha loula	: suyo dellos

Esta misma particula se junta con el nombre ynterrogativo *ol* para preguntar. Vg.:

ol ilou l. *ol ilouam*[1]?	: cuyo es?
oc alou	: mio
Juan illou	: de Juan

Y no tiene otro uso.

§ 4: De·los pronombres demostrativos

Llamanse assi, porque con ellos se demuestra y señala, y son:

co	: este de aqui
ynco	: aquel de alli
pe	: aquel de aculla

Admiten los segundos possessivos en esta forma:

oc alou co°uâ[2]	: esto mio ô esto es mio
mi·milou ynco°uâ[2]	: aquello tuyo
sa ilou pe°vâ	: aquello suyo

Y ante°puestos:

Co oc alou	: esto es mio

tup se·puede contar entre los pronombres, el qual corresponde â egomet: yo mismo. [fol. 116] Usase con nombres y pronombres y siempre denota nominativo de·persona que haze. {-*O*} Vg.:

oc°tup	: yo mismo
mi°tup	: tu mismo

---

[1]   *ilovam*: {*v+*}<*u*>.

[2]   *-co â*: <ol·*u*>.

sa ᵒtup	: el mismo
quija ᵒtup	: nosotros mismos
minajatup	: vosotros mismos
chija ᵒtup	: ellos mismos
Juantup	: Juan mismo
Dios ᵒtup jayu itzmei[1]	: Dios ô Dios mismo crio al hombre &c.

Despues del obtativo de·los verbos significa "pues". Vg.:

Como te conocerè, pues no te·puedo ver	: *Entoñam ampacoctan, amiachpacna*[2] *cotto ᵒtup.*

al-lum[3] tambien se pued[e] contar entre los pronombres y significa "los otros" ô "algunos". Carece de singular como ambo, pero este se·haze tambien con los numerales. Vg.:

Anzel[4] *ᵒsim*	: Es otro.
Ache ipman tonliî	: Posô en otra casa.

ambo tambien lo componen con los numerales y la particula·*pi*. Vg.:

Pedro y Juan, ambos â dos van juntos	: *Pedro Juan ᵒnic ypta ᵖpi illahuan.*
Tres hombres juntos passaron de mañana	: *Yxta jayu atemmê chipalli.*
Ambos [fol. 117] â dos estan comiendo carne	: *Ypta ᵖpi aycha llupilan. Ypta ᵖpi aycha lluphe*[5] *iton. Ypta ᵖpi zep*[6] *llupilan.*

§ 5º: De algunas particulas que se usan con los pronombres primitivos

Usanse con los dichos pronombres y tambien con otros nombres las siguientes particulas: *ach, ch, chin.*

ach junta con los que acaban en consonante y *ch* con los que acaban en vocal, significan lo mismo que la diccion española "diz·que".

oc ᵒach	: diz·que yo
mich	: diz·que tu
{-*saas*} *sach*	: diz·que el

---

[1] *ichmei*: <ol·*tz*>.
[2] *amiaspacna*: {-*s*}<ol·*ch*>.
[3] *alum*: <*l*->.
[4] *anchel*: <ol·*z*>{-*ch*}.
[5] *llupphe*: {-*p*}.
[6] *ypta azep*: <ol·*pi*>, {-*a*}.

quihach	: diz·que n<u>o</u>sotros
minahach	: diz·que vo<u>so</u>tros
chihach	: diz·que ellos
Fiscaltupach icxaixtanna l. *he,* *Estevan quian*	: Estevan dize que el fiscal nos ha de azotar.

Añadiendoles la particula *ge*[1] y pospuestas â estas particulas: *yncoñ, peñ* que significan "assi", dizen: "assi dize que es" o "assi dizen que es". Vg. *Yncoñachge*[1], *peñachge*[1]

chin[2] significa con los pron[o]mbres[3] y nombres lo mismo que "quizas":

Oc°chin asepan	: Quizas yo miento.
Michin mijinziui[4]	: Quizas tu hablaste.
Pedro°chin cotan	: Quizas es Pedro.
Capi nem°chin nantan	: [fol. 118] Quizas vendrà oy.

Tambien se dice:

oc°achge[1]	: dice que yo ô dicen que yo
michge[1]	: dice que tu
sachge[1]	: dize que el &c.

Tratado octavo: Del nombre relativo ê interrogativo
§ 1: De los relativos ê interrogativos que ay en esta lengua

Hallanse en esta lengua los relativos siguientes:

quis, quien	: *ol* vel *olam*
quid, que cosa	: *ynchâ* vel *ynchâm*
quisquis, quilibet, qual ô qualquiera	: *yntonco*[5] l. *yntoncopit*[5], *yntoncom*[5]
quicumque, qualquiera·que	: *olpit, entoncopit*
quodcumq<u>ue</u>, qualquiera cosa que	: *ynchapit*

Del uso destos relativos

ol, olam, con esta se pregunta siempre (como con quis), pregunta de·persona:

Quien viene?	: *Ol* l. *olam mipzan?*[6]

---

[1]   *-he*: {*h*+}<*g*>.
[2]   *chim*: {*m*+}<*n*>.
[3]   Era: pronambres.
[4]   *mijinchiui*: {*-ch*}<ol·*z*>.
[5]   *ento-*: <*y*>{*-e*}.
[6]   *michan*: {*c*+}<*p*>, {*-h*}<ol·*z*>.

Math. C. 12 : Qu<u>ae</u> est mater mea? Et qui sunt fratres mei?:

Apangâ olam, axottâ ol-lolam   : Quien es mi madre y quienes son mis
chectanpit[1]   hermanos? [fol. 119]

yntonco[2] l. *yntoncom*[2]: qualis, qual, con este se·hazen preguntas de persona y tambien de cosas. Vg.:

Entonco l. *entoncom llactan?*	: Qual irâ?
Yntonco[2] *ziptem*[3] *ñectan*	: En qual casa dormirâ?
Yntoncotepit[4] *llac-he*	: Vaya qualquiera?
Yntonco[2] *zip*[5]*°manpit tonlec-he*	: Posse en qualquiera casa.

ynchà l. *yncham* : con este se pregunta por cosas.

Ynchàm ynco°uâ[6]*?*	: Que es esso?
Ma	: Nada.
Yncham maccotan[7]	: Que tienes?
Ynchapit mâ l. *yncha°chupit*[8] l.	: No tengo nada.
yncha·yupit·mâ acotpan.	
Ynchamma?	: Que dices ô que quieres hombre?
Ynchampa?	: Que dices ô que quieres muger?

mec, chu, yu se·juntan con *yncha*. *mec* que significa lo que omnis se·le antepone:

mec·incha	: toda la cosa
ynchachu	: cosa pequeña

yu significa "qualidad":

Yncha·yuam co°â?	: Que ô de que calidad es esto?

ol y *entonco* se pluralizan:

Ol-lolam?	: Quienes?
Entoncololam?	: Quales?

ynchà se duplica para pluralizarla:

---

[1]   *axotâ*: <t>; *chectan*: <pit>.

[2]   *ento-*: <y>{-e}.

[3]   *chip-*: {-ch}<ol·z>.

[4]   *entoncopit*: <y>{-e}, <ol·te>.

[5]   *chip-*: {-ch}<ol·z>.

[6]   *inco â*: <ol·u>.

[7]   *macotan*: <ol·c>.

[8]   *inchach chupit*: {-ch}.

mec yncha·yncha	: todas las cosas
[fol. 120] *mec yncha·incha* l. *mec ynchu·ynchupit*	: todas las cosas minimas
mec incha·yncha·yu	: todo genero y calidad de cosas

Para "cosas de quantidad" ô "cantidad" se pregunta con *ynto·mecam*[1] que significa "quanto" y en oraciones de correspondencia es su correlativo *pe·mec*:

Ynto·mec[2] *mimojllan, pe·mec mimixtocan*[3]	: Quanto hallas, tanto pierdes.
Ynto·mec[2] *inchà maccotan, mec yncha°pit mipñejlactan*[4].	: Quanto tienes, todo te·lo quitaràn.
Ynto·mec[2] *maeng̃oque, pe·mec amectan*	: Quanto me dieres, tanto te darè.

co·mec, ynco·mec, pa·mec tambien son correlativas de *ento·mec* y corresponde[n] â tantus:

Ynto·mecam[2]?	: Quanto?
Ynto·mec[5] *°chin*	: No·se quanto.
Co·mecall	: Tanto como esto, no mas.
Mi, oc mec mectan	: Tu eres de mi estatura ô tamaño.

ynto·mec[2] significa tambien quam, quan:

Ynto·mec[2] *pallou Dios cotan* l. *ento·mec pallou cotan Dios °zâ*[6].	: Quan bueno es Dios.
Ynto·mec[2] *mac-jaí mectan*	: [fol. 121] Quan dichoso eres.
Ynto·mec[2] *ixivaj cotan sepec°câ*[7]	: Quan mala es la mentira.

Junta con la particula *tenom* significa "menos":

ynto·mec[2] *tenom*	: tanto menos

Y con la particula *pit* significa "quanto quiera" y "quanto quiera que":

ynto·mec°pit. ynto·mec[2] *nichunic*	: quanto mas
Ynto·mec[2] *nichunic axua mitzappoque*[8], *nichunic pallou cottan.*	: Quanto mas pescado cogieras, serà mejor.

---

[1] *entome.cam*: <*y*>{-*e*}, {-*.*}.

[2] *ento-*: <*y*>{-*e*}.

[3] *mimistocan*: {*s*+}<*x*>.

[4] *macotan*: <ol·*c*>; *yncha*: <ol·*pit*>.

[5] *entomec*: <*y*>.

[6] *Dios â*: <*z*>.

[7] *sepec â*: <ol·*c*>.

[8] *michapoque*: {*c*+}<*f*>, <ol·*z*>, <ol·*p*>.

Ynto·mec¹ cothepit, ynto·mec cothupit	: A·lo mas mas.
Yntoñapam¹?	: De que tamaño?
Coññap, coñappo²	: Deste tamaño.
{-cop} coñapall	: Deste tamaño, no mas.
Peñapall	: De aquel(l) tamaño solamente

Para preguntas de qualidad de personas y cosas se usa de *yncha·yû*, como:

Yncha·yu hayuam ynco°â?	: De que especie, laya, condicion, suerte ô calidad es esse hombre?
Chechle, zal³°le?	: Es blanco ô negro?
Lolxec⁴°sim	: Es español.
Zamoch⁵ cotan	: Es sabio.
Hualiu jayu°sim	: Es hombre fuerte.
[fol. 122] *Xal-am jayu°sim*	: Es floxo, perezoso.
Yxivaj jayu°sim	: Es hombre malo &c.
Ñal-loc⁶ hayu°sim	: Es Indio ordinario.

para cosas: vg.:

Yncha·yu caballum ynco°uâ⁷?	: De que laya ô color es esse caballo?
Zal⁸-le? Chiñ°le?	: Es negro ô tordillo?
Pucala°te°vâ yncha·yu peyam pactan?	: Como es la tierra de Pucara?
Zal⁹ pey pactan	: Es [tierra] negra.
Llaca·pey pactan	: Es tierra colorada.
Pull·pey°sim	: Es tierra amarilla.
Yncha·yu°chem co°uâ¹⁰	: Que grano ô huevo es este?
Cach chê°sim	: Es grano de maiz.
Llû chê°sim	: Es huevo de paujil.

Quando la pregunta es de cosas de cantidad numeral, se haze con *anna·meccam?¹¹* que significa "quantos en numero", añadiendole el de que se pregunta, segun la variedad dellos. Vg.

---

1. *ento-:* <*y*>{-*e*}.
2. *coñap:* <ol·*ñ*>; *coñapo:* <ol·*p*>.
3. *chaluch:* {-*ch*}<ol·*z*>{-*uch*}.
4. *lolse:* {*s+*}<*x*>.
5. *chamoch:* {-*ch*}<ol·*z*>.
6. *ñaloc:* <ol·*l*->.
7. *caballom:* {-*o*}<ol·*u*>; *ynco â:* <ol·*u*>.
8. *chan:* {-*ch*}<ol·*z*>, {*n+*}<*l*->.
9. *chal:* {-*ch*}<ol·*z*>.
10. *co â:* <ol·*u*>.
11. *anameccam:* <ol·*n*>.

Ana·mecam[1] *jayu chectan*	: Quantos hombres son ô estan?
Ana·mecam illactan?	: Quantos iran?
Annazel mecham?[2]	: Quantos arboles?
Ana·mec xiptetam[3]	: Quantas anonas?
Ana·mec ochaauam[4]	: Quantos caymitos?
Ana·mec [fol. 123] *atellpachem*[5]?	: Quantos huevos de gallina?
Anachem atellpa?[5]	: Quantas gallinas?
Anachem zipnic puttam°mâ cotan?[6]	: Quantas casas tiene el·pueblo?
Annachupam axua chipillte chepulli?[7]	: Quantos pezes cayeron en la nasa?
Anachupam menextec matton[8]?	: Quantos vestidos tienes?
Annapucham mihachnic mectan[9]	: Quantas hachas tienes?
{*-anamecchupam mucuchillunic*}.	
Ana·mecchupam mucuchillu°nic	: Quanto[s] cuchillos tienes?
Dios camatzin quii sil	: Quantos son los mandamientos de Dios?
anna·mecjilam?[10]	
Allec°jil-all[11]	: Solamente diez.
Anna·mec[12]*°tipam aycha mullupi?*	: Quantos pedazos de carne comiste?
Annatujam[12]?	: Quantos ñudos ô junturas?
Anna·mectujam[12] *mimta maccotan*[13]?	: Quantas junturas tiene tu cuerpo?
Annaliuuam menextec°câ[14]	: De quantos colores es tu vestido?
Ñappâ[15] *analiuaam chectan*	: Quantas especies ay de papagayos?
Ana·meclivam chectan tua°â[16]	: Quantas castas ay de loros?
[fol. 124] *Annapocam*[12] *munutza*[17] *milou?*	: Quantas vezes has pecado?

---

[1]   *anameccam*: {*-c*}
[2]   *anachel*: <ol·n>, {*-ch*}<ol·z>; *mecham*: <h>{*-h*}.
[3]   *xipteptam*: {*p+*}<ɾ>, {*-t*}.
[4]   *ochavam*: <a>, <ol·u>{*-vaum*}<ul·uam>.
[5]   *atallpa*: {*a+*}<e>.
[6]   *chipnic*: {*-ch*}<ol·z>; *putam â*: <ol·ɾ>, <ol·m>.
[7]   *anapucham*: <ol·n>; *asua*: {*s+*}<x>; *sipillte*: {*-s*}<ol·ch>; *chupuilli*: {*-u*}<ol·e>, {*-i*}.
[8]   *menestec*: <ol·x>; *maton*: <ol·ɾ>.
[9]   *anachupam*: <ol·n>, {*-c*}, {*h+*}<p>, {*-p*}<ol·ch>; *mihacham*: {*-am*}<ol·nic>.
[10] *camachin*: {*c+*}<ɾ>, <ol·z>; *anamechilam*: <ol·n>, {*h+*}<j>.
[11] *alec*: <ɾ>; *hil-all*: {*h+*}<j>.
[12] *ana-*: <ol·n>.
[13] *hacotan*: {*-h*}<ol·m>, <ol·c>.
[14] *analiuam*: <ol·n>, <ol·u>; *men.stec â*: {*.*.+*}<e>, {*s+*}<x>, <ol·c>.
[15] *ñapâ*: <p>.
[16] *tua vâ*: {*-v*}.
[17] *munucha*: {*-ch*}<ol·tz>.

Ynto᛫mec[1]	: Tantas vezes.
Majall᛫poc	: Muchas vezes
mamata᛫poc[2]	
Piliu ñanmac {-ana} ana ͻpucham[3]	: Quantas chacaras hazeis cada año?
mihachouhan?	
Mahall puch	: Muchas.
Cach ͻpuch	
Peim ͻpuch	: De mani.
Am ͻpuch	: De todo genero de comidas.
Annac[4] *chağam candela ᵛâ?*	: Quantos mazos ay de velas?
Ana᛫mec ͦchagam veyiâ[5] *mumchan*	: Quantas haszes has puesto de leña?
Achchan[6]	: Uno.
Ypcham[7]	: Dos.
Anna᛫mec[8] ͻ*pucam menğlejtan?*	: Quantos vocados tragaràs?
Appuc[9]	: Un vocado &.
Anna᛫mec[8] ͻ*pimocam menextec*	: Quantas ropas vistes?
memel-lan?	
Annapimoc[8] ͦ*nic mizip ͻpâ*[10]	: Quantos quartos tiene su casa?
Annapimocam[8] *zentà chectan*[11]	: Quantos cielos ay?
Annapong̃am[8] *quetâ ͦâ mipoichi*[12]*?*	: Quantas manadas ô tropas de jabalies has visto?
Apon ͻpat illach apoichi	: Los vi ir de tropa.
[fol. 125] *Anna᛫mec*[8] ͦ*suğam*	: Por quantos pueblos haveis passado?
putam ͦnaime mipalliha?	
Ana᛫puttamtem mectija[13]*?*	: En quantos pueblos estubisteis?
Anna᛫mec[14] *xocotam mulumchiquiha*	: Quantos rios aveis passado en el camino?
pana ͦte ᵛâ?	

---

[1]   *entomec:* <y>{-e}.
[2]   *mamata:* <poc>.
[3]   *anamec pucham:* {-mec}.
[4]   *anamecl:* <ol·n>, {-me}, {-l}.
[5]   *cham:* <ol·ga>; *veyâ:* <ol·i>.
[6]   *acham:* <ol·ch>, {m+}<n>.
[7]   *ypchan:* {n+}<m>.
[8]   *ana-:* <ol·n>.
[9]   *apuc:* <p>.
[10] *michip â:* {-ch}<ol·z>, <p>.
[11] *iton:* {-iton}<ul·chectan>.
[12] *quetâ uâ:* {-u}; *mipaichi:* {a+}<o>.
[13] *anaputamtem:* <ol·t>; *metguiha:* {-tguih}<ol·ctija>
[14] *aname.:* <ol·n>, {-*.*}<ol·c>.

Anna·llom[1]*?*   : Quantas quebradas?
Anna·mec[1] *ꟲxumg̃am mimmollayha*[2]*?* : Quantos montones aveis juntado?
Axxum[3]   : Uno.
Anna·xam[4]*?*   : Quantos pares?
Anna·mec[1] *iel*[5]*-lom illactan?*   : De quantos en quantos iran?
yel[6]*-lo iel-lo*[5]*, yel*[7]*-loll iel*[5]*-loll,* : Cada uno de por si.
{-il} yel-tell[8] *iel-tell*[8]*, yel*[8]*-pat iel*[5]*-(l-)pat, yel*[8]*-patall {-il} iel*[8]*-patall.*
Yptaco iptaco   : De dos en dos.
Yññanmacco anzel palantu   : Dales â cada uno un platano.
mipoecqui[9]
Mamonte mamonte   : Uno tras otro.

§ 2: Del modo de usar y suplir â qui, qu<u>ae</u>, quod
Precepto 1°

Todas las vezes que quis l. qui [fol. 126] hace relacion de nombre substantivo
â·quien no se·le antepone alguno de·los pronombres ille, iste, ipse, en lugar del
relativo qui se ha de poner en la lengua el pronombre demostrativo *co*. Vg. en el
credo:

Y en Jesu-<u>Christ</u>o, su unico hijo,   : *Jesu-Christo sa mulall*[10] *quinapû ꟲte ꟲpit,*
el qual se hizo hombre por obra del   *cosim Espiritu Santo itzmey*[11] *ꟲtep jayu quii.*
Espiritu S^(to)

Precepto 2°

Quando el relativo qui haze relacion de alguno de los pronombres ille, iste, ipse,
se ha de usar en la lengua, en lugar del, de los relativos *ol, yntonco*[12]. Ioan. C. 21:

---

[1] *ana-*: <ol·*n*>.
[2] *mimolayha*: <ol·*m*>, <ol·*l*>.
[3] *axum*: <ol·*x*>.
[4] *anasam*: <ol·*n*>, {*s*+}<*x*>.
[5] *iil-*: {*i*+}<*e*>.
[6] *yil*: <ol·*e*>.
[7] *yil-*: {*i*+}<*e*>.
[8] *yil-l-, iil-l-*: {*i*+}<*e*>, {-*l*}.
[9] *yñanmaco*: <ol·*ñ*>, <ol·*c*>; *anchel*: <ol·*z*>.
[10] *mullal*: {-*l*}, <*l*>.
[11] <ul·*itzmey*>.
[12] *ento-*: {-*e*}<*y*>.

Vidit illum discipulum, quem diligebat Iesus, sequentem, qui recubuit in coena (Domini)[1] super pectus e[i]us[2]:

Ynco nallô, ol l. *yntonco*[3] *Jesus iğolli*	: Vio â aquel dicipulo, â quien amaba Jesus,
nai mitzju izchi[4], *co°sim majach*[5]	que le seguia, el qual se recostò sobre su
[fol. 127] *lamolam°te luchel°ñante*	pecho en la cena.
milmojnou	

Donde el primer quem, que haze relacion de illum, se dice con *yntonco*[3] l. *ol* y el segundo qui, que haze relacion de sequentem, se dice con el pronombre *co*.

Estos dos preceptos son generales en quanto al uso de *co, ol* ê *yntonco*[3]. Pero, en quanto al hazerse siempre por ellos estas oraciones relativas, no tanto, porque podria aver algunas que mas propriamente se hiziessen por el participio. Ioan C. 1:

Ipse est qui post me venturus est, qui ante me factus est:

Acot°pechap°in cotiinco[6], *sap°sim*	: El mismo es, el que vendrà despues
cotan[7], *anay nantan°ynco*	de mi, el qual fue antes que yo fuesse.

Donde ambos relativos se suplen. El primero por el participio de futuro *nantan°ynco* y el segundo por el participio de preterito *cotiinco*[6]. Lo mismo Math. C. 2: Occidit [omnes][8] pueros, qui erant in Bethl[eh]em:

Mec uğa Belen°te itoğui°inco,	: Mato todos [fol. 128] los niños de leche que
molammi[9].	estavan en Belen.

Donde el qui erant, que haze relacion de pueros, se buelve por el participio de preterito *ytoğui*, lo qual·se tendrà in promptu para usar, ya de un modo, ya de otro, segun pidiere la propriedad de las oraciones.

§ 3: Prosigue la propia materia

Quando el relativo quis l. qui se pone absolutamente, como: el·que, la·que, lo que, se suple siempre por el participio del verbo con quien se junta. Esta regla es

---

[1]　Esta palabra no figura en el texto de la Vulgata y en cholón no se traduce. Proponemos omitirla.

[2]　Era: ejus.

[3]　*ento-*: {-*e*}<*y*>.

[4]　*michhu*: {*c*+}<*t*>, {-*h*}<ol·*z*>, {-*h*}<ul·*j*>; *ischi*: {*s*+}<*z*>.

[5]　*payach*: {*c*+}<*t*>, <ol·*z*>, {-*payatz*}, <ul·*majach*>.

[6]　*cotanco*: <ol·*i*>{-*a*}<ol·*i*>.

[7]　*cotan*: <ol·*t*>{-ol·*t*}.

[8]　Era: multos, pero omnes en la Vulgata y como la traducción *mec* expresa "universalidad", optamos por omnes.

[9]　*itonğui*: {-*n*}; *moc lehi*: {*h*+}<*g*>, {-*moc legi*}<ol·*inco*><ul·*molammi*>.

sin excepcion. La dificultad conciste en saber quando se ha de suplir por el participio de presente, quando por el de preterito ô quando por el de futuro y para·que no aya dificultad se·ponen los dos preceptos siguientes.

Precepto 1°

Todas las vezes que el relativo qui es nominativo como: el que, la que, lo que, siempre se·haze·la oracion [fol. 129] por los participios, segun el tiempo que fuere: si de presente por el de presente, si de preterito por el de preterito y si de futuro por el de futuro. Exemplos en el Santo Evangelio deste precepto:

Presente: Ioan. C. 4 <ol·v. 10>: Qui dicit tibi:

Da mihi bibere   : *Axijlam ec ymanco*[1].
El que te dice, dame de beber.

<lm·Luc. 2 v. 15>: Et {-Luc. C. 2} videamus hoc verbum, quod factus est:

Co jil loitzi, quizaxte[2]   : Veamos esta palabra que fue hecha.

Preterito ymperfecto: Math. C. 2: que explicamos a·lo ultimo del §. antecedente.

Preterito perfecto: Luc. C. 2: Omnes qui audierunt, mirati sunt:

Mec sinnaylâynco[3]*, ichicnejnou*   : Todos los que oyeron, se admiraron.

Preterito plusquam perfecto: Ioan. C. 11: Statim prodiit qui fuerat mortuus:

g̃oliyêinco ojomall matiei[4]   : Al punto salio el que avia estado muerto.

[fol. 130]Futuro: Luc. C. 1: Quod nascetur ex te santum:

Pimannap[5] *santo masoctanynco*   : Lo que nacerà de ti santo.

Subjuntivo: Math. 2: Ex te enim exiet dux, qui regat populum meum Isr(r)ael:

Pimannap°sim camatzin quio[h]uch[6]   : De ti saldrà el capitan o gobernador, que
matectan, aputtam Isr(r)ael   rija mi pueblo de Ysrra[e]l.
ig̃alloctehe[7]

La razon desta version es, porque qui, que haze relacion de dux, en latin pudiera ser ut: ut regat: para·que rija ô govie[r]ne, y·este mismo sentido haze en la lengua

---

1   *axquejna ymanco*: <ol·ijlam>, <ol·ec>.
2   *loichchi coten*: {c+}<t>, {-hchi}<ol·zi>, {-coten}; *quitaste*: {-t}<ol·z>, {s+}<x>.
3   *sinaylâynco*: <ol·n>.
4   *matii*: {i+}<e>, <i>.
5   *pimanap*: <ol·n>{-ol·n}, <ol·n>.
6   Era: *quiobuch*.
7   *pimanap*: <ol·n>; *camachin*: {c+}<t>, {-h}<ol·z>; *âputam*: {-^}, <ol·t>.

regido del verbo *apatian* por "salir". Y tambien està traducida esta oracion segun la primera regla del subjuntivo, fol. 61. Et Ioan. 8: Est qui quaerat, et iudicet:

g̃uelchejuch, unutzavejuch°pit cotan[1]   : Ay quien busque y juzgue.

Futuro: Mat. (26) [23 *v.* 12]: Qui autem se exaltaverit, humiliabitur: et qui se humiliaverit, [fol. 131] exaltabitur:

Nonasna quianco, hacol-loitztan[2], *hacol quianco, ochò quictan.*	: Empero el que se engrandeciera, serà humillado y el que se humillare, se engrandecerà.

Precepto 2°

Quando el relativo qui es acusativo ô caso de˙verbo, se haze la oracion en la lengua por los mismos participios como en el precepto 1°, sin diferencia. Exemplo en el S^to Evange-lio:

Presente: Luc. C. 10 *v.* (<ol·24>) [23]: Beati oculi qui vident quae vos videtis:

Yncha yncha mipoychihanco, chipoichanco ñachelol°lâ[3], *pe˙mec macjai chectan.*	: Bienaventurados los ojos que ven las cosas que vosotros veis.

Preterito perfecto: <Luc. 11 *v.* 27>: Beatus venter qui te portavit et ubera quae suxisti:

Ymsahi chup°pâ, ñô, mipoxqueî°pit pe˙mec macjai chectan[4]	: Bienaventurado el vientre que te tuvo en si y los pechos que mamaste.

Preterito plusquam perfecto: Luc. C. 2 <*v.* 20>: Laudantes Deum in omnibus quae audierant et viderant:

Mec yncha chipohinaiye°te, chipoitziyete[5]*°pit, Dios muchan loc[-]he*	: Alabando â Dios [fol. 132] en todas las cosas que avian oido y visto.

Futuro: Math. C. 26: Quemcumque osculatus fuero, ipse est, tenete eum:

Yntonco°pit muchan aloctanynco, sap°sim cotan, mitzaphacqui[6]	: A˙qualquiera˙que besare, el mismo es, prendedle.

---

[1] *g̃uellchehuch*: {-*l*}, {*h*+}<*j*>; *unuchavejuch*: <ol·*t*>{-*ch*}<ol·*z*>.

[2] *hacol-loichtan*: {*c*+}<*t*>, {-*h*}<ol·*z*>.

[3] *mipochilanhanco*: <ol·*y*>, {-*lan*}; *ñache vâ*: <ol·*loll*>.

[4] *chup â*: <*p*>; *miposqueî*: {*s*+}<*x*>; *mamacjai*: {-*ma*}.

[5] *chipoichiyete*: {*c*+}<*t*>, {-*h*}<ol·*z*>.

[6] *entonco*: {*e*+}<*y*>; *michaphacqui*: {*c*+}<*t*>, {-*h*}<ol·*z*>.

Adviertase que los tiempos de futuro, donde el relativo *qui* es acusativo, se pue-
dan hazer con la misma propriedad por el participio de futuro en *lam*. Y assi
se·podra decir:

quemcumque osculatus fuero   : *Muchan alolamynco, mitzaphacqui,*
                                             sap°sim cotan[1].

En donde mas se debe usar deste participio en *lam*, es en los romances en rus.
Math. C. 20: Potestis bibere calicem, quem ego bibiturus sum:

Caliz axijlamynco mixijhan͠gole   : Podeis beber el caliz que yo tengo de
mectihan?   beber?

§ 4: Suplemento al participio

[fol. 133] De lo dicho en los §§ antecedentes consta el modo de usar de·los participios, de suerte que el participio de presente sirve solo para el presente, el de
preterito sirve al preterito perfecto y añadiendole la particula *ye* ô *vê* tambien
para el plusquam perfecto, los de futuro para los futuros. Notese que como en la
lengua latina y española ay participial: amator: amador, tambien le ay en esta:
acole[v]uch[2]. Formanse de los infinitivos de los verbos con la particula *uch* l.
[v]uch[2], como de

axpen   : salvar:
axpejuch   : mi salvador;
anutzaven[3]   : jusgar:
anutzavejuch[3]   : mi juez ô jusgador;
pallou alan: hago bien:
pallou ao[v]uch[4]   : mi bienhechor.

Declinanse con los pronombres posessivos, segun los verbos de que salen. Vg.:

Anutzavejuch[3] *mectan*   : Eres mi juez.
Pallou ao[v]uch[4] *cotan*   : Es mi bien°echor
Miquiymejuch cotan Dios°sâ[5]   : Dios es tu criador
Quixpejuch quinapu Jesu-Christo   : Nuestro salvador es N.S. Jesu-Christo.
cotan

---

1   *mucham*: {*-m*}<ol·*n*>; *michaphacqui*: {*c+*}<*t*>, {*-h*}<ol *z*>.
2   Era: *acolebuch, buch.*
3   *anucha-*: {*c+*}<*t*>, {*-h*}<ol·*z*>.
4   Era: *aobuch.*
5   *miymejuch*: <ol·*qui*>; *Dios â*: <*s*>.

Con los demas participios se hazen [fol. 134] oraciones deste mismo modo, pero en lugar de·los posessivos se ponen las transiciones:

Amcollanco actan   : Yo soy el que te amo.

Tratado 9: De los romances de circumloquio
§ 1: Del circumloquio en rus

Formance en castellano con la particula "de" y en la lengua con el·participio en *lam* con los posessivos y transiciones, segun el verbo de que se formare, como se verà en los exemplos siguientes: Quod facturus es[t], fac citius[1]:

Milolam l. *milolamynco, xipnall* l.   : Lo que has de hazer, haslo presto.
ojomall loc[2] l. *milocqui.*
Math. C. 20: Podeis beber el caliz   : *Caliz axijlamynco, mixijhangole mectihàn?*[3]
que yo he de ô tengo de beber?
Enseñame lo que he de creer   : *Amehena acquilam, aymej.*
Dime lo que he de hazer   : *Alolam atun.*
Muestrame donde he de posar ô   : *Atonlelam aychoj.*
aposentarme
Dame lo que me has de dar   : *Maelam, ec.*

[fol. 135] Con los verbos de "tener" significa "tener que hazer" lo que en si sicnifica:

Quilolam mahall cappactan[4]   : Tenemos mucho que hazer.
Alolam accotpan[5]   : No tengo que hazer.

Con los verbos substantivos en tercera persona significa "deber" ô "tener obligacion":

Pojò atmolle[6] *yglesia°te quillalam*   : Pasa(n)do mañana tenemos que ir â la
pactan l. *cotan*   iglesia ô debemos &c.

Otras vezes se pone como verbal:

Culuvolam mapactan   : No ay de que tener pesadumbre.

Este mismo participio, declinandolo con los posessivos y transiciones y el verbo *actan* en todas las personas, modos y tiempos, haze dos romances. El·1°: de, de, regidos destos verbos: suelo, tengo costumbre. Vg.:

---

[1]   Era: cicius.
[2]   *sipnall*: {*s*+}<*x*>; *ajomall*: {*a*+}<*o*>.
[3]   *asijlamynco, misijhangole*: {*s*+}<*x*>.
[4]   *capactan*: <ol·*p*>.
[5]   *acotpan*: <ol·*c*>.
[6]   *pohòu*: {*h*+}<*j*>, {-*u*}; *atmol*: <*le*>.

Anutza[1] alolam actan : Yo suelo ô tengo costumbre de pecar.
Tu solias ô tenias costumbre de hurtar : *Meetzolam[2] mecti* &c.

El 2° es: suplirse con el el verbo possum: poder:

Quillalam quectan : Nosotros podemos ir.
Millahalam : Vosotros podeis ir.

Pero este modo se‑haze mas clara y frequentemente por el supino [fol. 136] en *to, ño* l. *jo, chô*, como:

Acotto[3] actan : Yo puedo ser.
Allaquiajo actan : Yo me puedo bolver.
Atzacho[4] actan : Yo puedo ver.
Allaño actan : Yo puedo ir &c.

Tambien se‑hazen con este participio romances condicionales, regidos de las "si", como:

Si tubiere que hazer, lo hare : *Alolam cothu°uâ[5], aloctan*
Si tuviere que comer, comerè : *Aamolam cothu°â, âamoctan*
Si tuvieres que confessar, confiessate : *Confessan miquilam cothu°uâ[6], confessan quic.*

§ 2°: Del circunloquio en dus

Correspondele en la lengua el 2° supino y se‑hazen con el en ella varios romances muy usados. Solo advierto que es activo su uso en la lengua, aunque el romance latino sea passivo. Si bien, se‑puede tambien poner por passivo quando lo pidiere la propriedad de la locucion. Usase siempre con los possessivos y transiciones, y lo primero se hazen por el los romances de obligacion, [fol. 137] poniendo el verbo *actan* en tercera persona de singular del tiempo que fuere la oracion. Vg.: Deus amandus est nobis:

Dios deve ser amado por nosotros, dirà : *Dios quigoleño cotan.*
Juan te debe pagar : *Juan pagalan {-cotan} imooño cotan.*
Tu debes dar â Juan quatro reales : *Miñipche[7] real Juan milengo cotan.*

---

[1] *anucha-*: {c+}<ɾ>, {-h}<olˑz>.
[2] *meecholam*: {c+}<ɾ>, {-h}<olˑz>.
[3] *acoto*: <olˑɾ>.
[4] *atacho*: <olˑz>.
[5] *cothu . â*: {-*.*}, <u>.
[6] *cothu â*: <u>.
[7] *miñiphe*: <olˑc>.

Hazense por el los romances de 'dignus', concertando con la·persona que es digna ô merecedora el verbo *actan*. Vg.

Eres digno ô mereces que te lo agradescamos	: *Quimtesajo mectan.*
Mereces que te azoten	: *Mixaichlango*[1] *mectan.*

Con el verbo ympersonal *pactan* significa "el tiempo de hazer" la cosa que el verbo, de que se compone, significa. Vg.:

Quiamongo mittacho pactan[2]	: Ya es tiempo de comer.

La qual significacion le viene por la particula *cho*.

Tambien se suple por el, con mas frequencia que con el·participio en *lam*, el verbo 'possum' de·la manera·que queda advertido en las conjugaciones de los verbos. Solo advierto aqui que en el futuro ymperfecto "yo sere" [fol. 138] no se coge el mismo tiempo *acottan*, sino que en lugar del se pone *acotto*. Vg.:

Yo podre enseñarte	: *Amaymejo acotto.*
Como te podrè conocer Dios mio, pues no te puedo ver?	: *A Dios, entoñam ampacongo acotto, amyachpacna*[3] *acotto°tup?*

Este mismo supino tambien es verbal en bilis. Vg.:

Todos los hombres somos mortales	: *Mec jayu quicol-lo*[4] *quectan.*

§ 3°: De los romances de me, te, se

Estos romances en esta lengua se hazen con interposicion de la particula *na* entre el infinitivo y final del verbo, como:

acolenan	: yo me amo
micolenan	: tu te amas
ngolenan[5]	: aquel se ama
quicolenan	: nosotros nos amamos
micolenouhan	: vosotros os amais
chicolenan	: aquellos se aman
yupey aonan	: yo me estimo
yupey mionan	: tu te estimas

---

[1]   *misaichlango*: {*s+*}<*x*>.
[2]   *cho*: <ol·*mitta*>.
[3]   *amiaspana*: {*i+*}<*y*>, {*-s*}<ul·*ch*>, <ol·*c*>.
[4]   *quicolo*: <ol·*l*->.
[5]   *colenan*: <ol·*n*>, {*c+*}<*g*>.

yupey lonan	: aquel se estima
yupey quionan	: nosotros nos estimamos
yupey mionouhan	
yupey chionan	: aquellos se estiman

Esta misma composicion admiten [fol. 139] algunos verbos neutros como

ayojnan	: purgar el vientre

Aunque otros sin la dicha particula tienen esta significacion en si mismos, como:

azcan[1]	: me rio
muzcan[2]	: te ries
uscan[3]	: se rie
cuscan	: nos reimos
muzquihan[4]	: vosotros os reis
zuquilan[4]	: aquellos se rien
yosill acquian	: me hago mesquino

Con los verbos que no admiten en su romance las dichas voces me, te, se, monta la dicha particula lo que mihi, como:

ayiponan	: yo hago casa para mi
miyiponan	: tu hazes casa para ti
ajachonan	: yo hago chacara para mi
mijachonan	: tu hazes chacara para ti

Este modo se usa poco en esta lengua y es la razon porque los possessivos, con que siempre se conjugan los verbos, expresan suficientemente esta significacion, como:

ajachan	: hago mi chacara
ayipan[5]	: ago mi casa
miyipan	: hazes tu casa &c.

§ 4º: Romances del modo potencial

Estas oraciones con este romance "que he de", "que es posible que", que [fol. 140] los gramaticos llaman del modo potencial, se·hazen en esta lengua por el

---

1 *axcan*: {-x}, <ol·*.*><-ol·*.*>, <ol·z>.
2 *muxcan*: <ol·z>.
3 *uxcan*: <ol·s>.
4 *musquihan, suquilan*: {s+}<z>.
5 *ayipam*: {m+}<n>.

futuro ymperfecto, anteponiendole estas particulas *añiu ynajam* y posponiendole alguna destas ynterjeciones: *ychi* de temor, *uchû* de calor, *aleû* de frio u otras, segun lo pidiere la ocasion. Vg.:

Que todos hemos de morir?	: *Añiû ynajam mec quicoltan ychi?*
Que es possible que he de ir â▸la sierra?	: *Añiu ynajam limante amojtan aleu?*
Es possible que me he de condenar?	: *Añiu ynajam ampe▸puttamman apattan uchû?*[1]
Que me han de açotar?	: *Añiû ynajam axaix°lactan allau?*

§ 5º: Romances de "estando para"

Los romances de "estando para" se hazen con el infinitivo de los verbos, añadiendoles esta particula *miñ*, poniendo el verbo *actan* en gerundio de ablativo ô en subjuntivo, segun fuere el supuesto de▸la oracion. Vg.:

Estando para morir, pario	: *g̃ol°miñchô cothe, ychei*[2]
Estando para [fol. 141] parir la puerca, la matamos	: *Ychan°miñ°chô cothu cuchi°vâ, quilammi*[3].
Dexaron el arbol estando para caer	: *Mech lix°miñ°chô cothû, zammolli°lâ*[4].

Romances impersonales, § 6

Usan estos romances con la voz activa en todos los verbos, assi activos como neutros, como:

trabajan	: *chipiypan*
duermen	: *chian*
dicen	: *chiquian* <§ l. *chijlan, etzeitzian*>
vanse	: *yllahuan*
buelvense	: *yllaquian*

Los romances de obligacion se hazen con el supino segundo. Vg.:

Todos tenemos obligacion de amar â Dios	: *Mec°tup Diosza*[5] *quig̃oleng̃o cotan*

como tengo muchas vezes advertido.

---

[1] *añiû*: {-^}; *ampeputam*: <ol·t̂>; *apatan*: <ol·man>, <ol·t̂>.

[2] *ychi*: <ol·e>.

[3] *quilami*: <ol·m>.

[4] *lism*: {s+}<x>, {-m}; *chamnolli*: <ol·z>, {-n}<ol·m>.

[5] *Dios*: <ol·za>.

§ 7° y ultimo: Del uso del infinitivo

Ay tanta variedad en el uso del ynfinitivo desta lengua para corresponderlo con el de la latina y española, que es bien dificultoso su correspondencia, pero, para·que se tenga la noticia possible, pongo las reglas siguientes.

[fol. 142] Precepto 1°

Quando el infinitivo se rige de verbo[s] de "dolerse", "pesarle", "holgarse", "maravillarse", "espantarse" y semejantes, que en latin se·pueden hazer las oraciones por infinitivo ô la dicion quod, se hazen en la lengua por los participios, segun el tiemp(i)o que fuere: si presente por el participio de presente, si de preterito por el de preterito y si de futuro por el de futuro, añadiendoles esta particula *ge* l. *gena*. Gen. C. 6: P[o]enitet me fecisse eos:

Apopsajige l. *gena*[1] *alusacquian*	: Pesame que los hize.
Y si fuera presente:	
Pesame que los hago, dira	: *Apopsajancoge*[1] *aluvan.*
Y si fuera futuro:	
Pesame que ha de hazer ô harâ esto	: *Co iloctangena*[1] *alusacquian.*

Lo mismo es, aunque estas oraciones traygan la voz de "aver". Vg.:

Pesame de aver pecado	: *Anutza*[2] *alouge*[1] *alusacquian.*
Me espanto ô maravillo de que seas malo	: *Yxivaj*[3] *mectancogena*[1] *achicnejnan.*
Alegraste te de que cai	: *Apuilli°gena*[1] *mac-mihacquii.*

Precepto 2°

Quando el ynfinitivo se rige de [fol. 143] verbos de "convenir", "vedar", "prohibir", que en latin se puede hazer la oracion por infinitivo ô subjuntivo con la particula ut, en la lengua se haze poniendo el verbo en ynfinitivo con la negacion *pacna* y *actan*, concertandolo con la persona que no le es licito ô està prohibida la accion del verbo. Ioan. C. (1)5: Non licet tibi tollere l. ut tollas gra[b]atum[4] tuum:

Millavojpacna mectan miyelam°mâ[5]   : No te es licito que lleves tu cama.

---

[1]   *-he, -hena*: {h+}<g>.
[2]   *anucha*: {c+}<t>, {-h}<ol·z>.
[3]   *ysivaj*: {s+}<x>.
[4]   Era: gravatum.
[5]   *millavpacna*: <ol·oj>; *miyelam â*: <ol·m>.

Por este modo se suple el verbo licet quando trae negacion, pero sin ella se suple por el supino que le corresponde. Vg.:

Los domingos y fiestas no nos es licito trabajar, pero los demas dias nos es licito	: *Domingololte, fiestaloltepit quipiippacna quectan, al-lum nem ⁀mâ*[1] *ampec quipiippo quectan.*

Y por otro modo muy usado entre españoles dixera: Los domingos y fiestas no ᵛpodemos trabajar, pero los demas dias bien podemos. Con lo qual queda enseñado como se suple el verbo licet y possum, como ya tengo advertido.

[fol. 144] *mana alan* significa "vedar" ô "prohibir". Quando el infinitivo se rige del, se haze tambien por negacion y la particula *na*. Vg.:

Mandele ô dixele que no fuesse	: *Llacchin*[2] ⁀*na alou.*
Digo le que no	: *Mana alan.*

Pero quando el ynfinitivo se rige de verbos de "mandar", se ᵛhaze la oracion por el gerundio de dativo. Marc(i). C. (15) [13]: Janitori pr[a]ecepit, ut vigilaret:

Palol camayoc tepjoctegena ingallou[3]	: Mandò al portero que velase.
Mandale que no vaya	: *Llacchin*[4] ⁀*na in̄allan*[5].

Precepto 3º

Quando el ynfinitivo se rige de ᵛverbos de movimiento se ᵛhaze siempre la oracion por el primer supino ô gerundio de acusativo (que es lo mismo) del verbo, que es infinitivo. Vg.: Luc. C. 9: Mis(s)it illos pr[a]edicare [regnum Dei], et sanare infirmos: Embiolos que predicassen el ᵛreyno de ᵛDios y que sanasen los enfermos. Y mejor:

Embiolos â predicar y â sanar los enfermos	: *Dios capac cot chippazzolamhe, {-cap} cama ⁀pit chipotzu*[6] *quiovolamhe, mopilmi.*

[fol. 145] Precepto 4º

Quando el infinitivo se rige de verbos de "hazer", que se componen con la particula *j* l. *k* ynterpuesta â la raiz y final de los verbos: vg.

---

[1]   *fiestalol pit*: <te>; *quipiipacna*: <p>; *alum*: <ol·l->; *nem â*: <m>.
[2]   *llachin na*: <ol·c>, <ol·m>{-ol.m}.
[3]   *tepoctehena* : <ol·j>, {h+}<g>; *igallou*: <ol·n>, <ol·ll>: véase p. 46, nota 3.
[4]   *llachin*: <ol·c>.
[5]   *iḡallan*: <ol·n>, <ol·ll>: véase p. 46, nota 3.
[6]   *mazollalamhe*: <ol·chippz>, {-lla}; *chipochu*: {c+}<t>, {-h}<ol·z>.

ajinnaquen[1]   : hazer oir
ajil-laquen   : hazer hablar,

se haze la oracion por el tiempo del verbo que rige. Marc(i). C. 7: Surdos fecit
audire, et mut[u]os loqui:

Opeylol mojinacqueî, mojil-lacquei°pit: Hizo que oyessen los sordos y que
hablassen los mudos.

Precepto 5°

Quando el infinitivo se rige de˙verbos de "dezir", "referir", se haze la oracion en
el tiempo del infinitivo en que està el verbo por el modo de indicativo, añadiendo
al romance que era en latin ynfinitivo, en la lengua la particula *achge*[2] si acabare
en consonante y *ch* si acabare en vocal. Vg.: Luc. 24: Venerunt, dicentes se etiam
visionem angelorum vidisse, qui dicunt eum vivere:

Vinieron las Marias, diciendo que ellas	: [fol. 146] *Marialol chini,*
tambien avian visto angeles,	*chiha°simall°achge*[2]*angel chipoichina*
los quales dicen que vive	*quic[-]he, cololachge*[2] *Jesuchristo quinja*[3]
Jesu-Christo.	*cotan°na chiquian.*

Et dixit angelus: Nolite timere:

Y el angel les dixo que no temiessen	: *Angel°pit moxleynachhe,*
	chicnoumuchhe°namohilvey[4].

Estas particulas (como ya dexo advertido) sirven tambien â nombres. Vg.:

Quando sea tiempo de comer,	: *Quiamongo cothuâ, quiamocte°chô.*
comaremos	
Dize que falta poco	: *Cuñchuall°chochge*[5]. *Nichuall°chochge*[6].
	Payam°chochge[7].

---

[1] *ajinaquen*: <ol·*n*>.

[2] *achhe*: {*h*+}<*g*>.

[3] *ğuinha*: {g̃+}<*q*>, {*h*+}<*j*>.

[4] *moxleynache*: {*e*+}<*h*>, <*e*>; *chicnoumuchhe mopilvey*: <*na*>.

[5] *choachhe*: {-*a*}, {-ol*.*.*}, <ol·*ch*>, {-*ch*}, {*h*+}<*g*>.

[6] *choachhe*: {*h*+}<*g*>, {-*achge*}, <*chge*>.

[7] *choachhe*: {-*a*}, {*h*+}<*g*>.

Precepto 6°

Quando el infinitivo se rige del verbo videor, videris, se haze la oracion por el tiempo y persona de·verbo, posponiendole la particula *na* y el·verbo *aschan* que significa "parecer" y "ver". Vg.:

Pareceme que amas â Dios	: *Dios miğollanna*[1] *amaichan.*
Antes pareciome que eres bueno,	: *Ampal pallou hayu mectina amaichi,*
pero aora veo que eres malo	*capi°vâ°cho*[2] *ixivaj mectanna amaichan.*

[fol. 147] Con el verbo *alupactan* que significa "pensar" tambien se hacen estas oraciones de "parecer". Vg.:

Pareceme ô pienso que te mueres	: *Meclan°na alupactan.*
Parecete que morira?	: *ğoltan°na mulupactan?*
Si, jusgo, imagino, pienso, sospecho,	: *εey, ğoltanna ajacquian.*
a lo que me pareze, morirà.	
Assi me parece que es	: *Peñpixan*[3] *°na ajacquian.*

aschan con la significacion de "ver": el infinitivo se·haze por subjuntivo. Vg.:

Vilos estar ô que estaban en casa	: *Ytzip°te ittonhu*[4], *apoichi.*
Vistelos ir?	: *Yllach*[5], *mipoichile?*
Si, vilos ir â sus chacras	: *Heey, chihach°te illach*[5] *apoichi.*

Y assi por todos los tiempos:

ğolhu mitaxtan[6]	: Lo veras morir.
Jul-l·ec, ğolhu mitaxte[7]	: Dale piña y veras como se muere.

Precepto 7°

Los verbos de voluntad se suelen explicar con el verbo *acquian* y entonces el infinitivo que rigen se ha de poner en el presente. Vg.:

Quiero comer	: *Aamocte acquian.*

Lo mismo con su proprio verbo:

Quiero irme	: *Allacte ameñan.*

---

1   *miğollna*: <ol·*ll*> (véase p. 46, nota 3), <ol·*an*>.
2   *ixivaj*: <ol·*cho*>.
3   *peñpisan*: {*s*+}<*x*>.
4   *ychip*: {*c*+}<*t*>, {-*h*}<ol·*z*>; *itonhu*: <ol·*t*>.
5   *yllach, illach*: <ol·*ll*>: véase p. 46, nota 3.
6   *mitastan*: <ol·*x*>.
7   *mitaste*: {*s*+}<*x*>.

Quando el i[n]finitivo, regido de estos verbos, es romance de "que", como "quiero que [fol. 148] comas", se haze la oracion por los gerundios de dativo. Vg.:

Quiero ô pretendo ô gusto que vayas   : *Millalamje* l. *millactege ameñan.*
Quiero que vaya   : *Llactege* l. *llalamje ameñan.*

En otros verbos este infinitivo sincategorematico, precedente, como "hablar", "reir", "beber" &., si se rige de·verbos de "hazer" ô "dar", como "dar de beber", "hazer beber", se expressa suficientemente con las transiciones de dichos verbos. Vg.:

Math. C. [25][1]: Esurivi, et dedistis mihi manducare sitivi, et dedistis mihi bibere:

Acolpat acquiî, macolvouha, anexii   : Tube ambre y me distes de comer, tube
maxqueiha[2]   sed y me distes de beber.

Pero quando este ynfinitivo se rige del verbo *atzman*[3], que significa "saber", se ha de hazer por el segundo supino en *o* l. *jo.* Vg.:

Sabe·hazer ollas   : *Chapllon*[4] *ilinğo zaman*[5].
Como siendo bestia ô animal del   : *Xayapique allja cotto* °*tup* °*pit llix* °*â*
monte el mono sabe comer pan.   *entoñam tanta ilanğo zaman*[5].
Sabes ya ir â la sierra?   : [fol. 149] *Liman* °*te millango* °*chô*
                                        mitzmanle[3]*?*

Precepto 8

Es particular frase en esta lengua suplir los verbos de "poder" y "facilitar" con el supino en *nğo* l. *jo* &c., que yncluyen en si·mismos ynfinitivo sincategorematico. Vg.:

Puedo hablar   : *Ajinzingo*[6] *actan.*
Puedes ô te es facil hablar   : *Mijinzingo*[7] *mectan.* &c.,

como queda conjugado. Y para significar "facilidad" ô "frequencia" suelen añadirle la·particula *ll.* Vg.:

Vase frequentemente ô facilmente   : *Llanğoll cotan.*

---

[1]   Era: 24.
[2]   *masqueiha*: {-*s*}<ol·*x*>.
[3]   -*chman*: {*c*+}<*t*>, {-*h*}<ol·*z*>.
[4]   *chap.llon*: {-*.*.*.*}.
[5]   *chaman*: {-*ch*}<ol·*z*>.
[6]   *ajinchingo*: <ol·*z*>.
[7]   *mijinchingo*: {-*ch*}<ol·*z*>.

Por su negativo se hazen del mismo modo. Vg.:

No podemos vajar : *Quipahatpacna quectan.*

Y para significar "ympossibilidad" le anteponen esta particula *entoñ.* Vg.:

Es impossible comer ô que lo comamos : *Entoñ quiamopacna.*

Y este modo lo tienen todos los verbos.

El ynfinitivo que se rige de los verbos "suelo" ô "tengo costumbre" se hazen por el participio de futuro en *lam* y tambien por los supinos en *nǧo* con el verbo *actan*, declinandolo por todas las personas y tiempos:

Suelo aborrecer [fol. 150] o tengo : *Alupojlam actan.*
costumbre de aborrecer.

Tienen costumbre de aborrecerse : *Chumlupojo chectan.*
ad invicem

Pero por estos supinos se expresa "mas frequencia" ô "mayor costumbre". Y assi:

Alupojlam actan significa : Lo suelo aborrecer de quando en quando,

pero:

Chumlupojo chectan significa : Se aborrecen muy frequentamente.

Precepto 9

Quando el "que" se rige destas dicciones "antes que", "despues que", que en latin les corresponde antequam l. priusquam, posteaquam l. postquam, si fueren los romances de infinitivo sincategorematico, se hara la oracion por el gerundio de ablativo en *ap* l. *nap*, interpuesta la particula *pe.* Vg.:

Antes que comiences â hablar, ya yo : *Mijilmullopechap alollucqui* l. *alocol-li¹ºchô*
lo avre acabado de hazer *actan.*

La diccion "despues que" se haze por el mismo gerundio sin interposicion alguna, como:

Despues·que te levantaste, amanecio : Postquam surrexisti, dies illuxit.:

Miyei·quichenap², nem pohou.

Quando el "que" se rige de las [fol. 151] dicciones "primero", "antes", que en latin le corresponde el adverbio quam, siendo tambien infinitivo sincategorema-

---

¹   *alo.....i*: <ol·c>, <ol u>; <§*alolluqui* l. *alocoli*>: <ol·c>, <ol·l->.
²   *miyiquichenap*: <ol·e>.

tico, se haze la oracion por el mismo ynfinitivo, posponiendole la particula *man-nap*[1] y en lugar de "antes" ô "primero" se pone en la lengua *axman*[2]. Vg.:

Primero quiero morir que pecar	: *Anutza aloctemannap*[3], *axman acolte ameñan.*
Primero he de morir que pecar	: *Anutza aloctemannap*[3] *acol-lo actan.*

No siendo ynfinitivo se hazen las oraciones del mismo modo por el tiempo que se hablare. Vg.:

Yo naci primero que tu	: *Mimannap oc axman amsou oc°câ*[4].
De mis hermanos yo soi el mayor ô el·primero	: *Axot°mannap, xa[h]annê*[5] *actan.*
Yo soy menor que mis hermanos ô el menor de mis hermanos.	: *Axot°mannap*[1], *ayyê*[6] *actan.*
Tu eres mayor ô mas viejo que Pedro	: *Pedro°mannap, mi°ua ques°cho mectan*[7] l. {*-ques mectan mi vâ*}.
Antes perdonô Dios que castigô â los hombres	: *Dios°tup jayu castigan moou°mannap*[1], *axman perdonan moou* l. *Dios°tup jayuyam· moou°mannap*[1], *axman moxpei.*

[fol. 152] Math. C. 18: Bonum est tibi ad vitam ingredi debilem, vel claudum, quam duas manus vel duos pedes habentem mitti in ignem aeternum:

Bien es para ti entrar al cielo flaco ô cojo que teniendo dos pies ô dos manos ser arrojados al fuego eterno	: *Ipzel michel°nic iptip(nen) minen(c)°nic micothu, tepat et°man michemiczi°mannap, mel-lti, milaxi teputtam*[8] *macjai cullha °man·miestege axman mige pallou cotan.*

mannap[1] en el tiempo presente de yndicativo se pone despues del participio y en futuro por el tiempo llano. Vg.:

Antes se olgarâ que llorarâ	: *Choyoctan°mannap*[1] *axman macsaictan*[9].
Antes llora que se alegra	: *Maacsaquianco°mannap*[1] *axman zoyan*[10].

---

[1]   *manap*: <ol·n>.

[2]   *asman*: {s+}<x>.

[3]   *anucha*: {c+}<t>, {-h}<ol·z>; *alomanap*: <ol·cte>, <ol·n>.

[4]   *mimanap*: <ol·n>; *axman*: <ol·oc>; *oc â*: <ol·c>.

[5]   *manap*: <n>; *xahanê*: {h+}<p>, <ol·n>.

[6]   *ayiê*: {i+}<y>.

[7]   *-manap*: <n>; *mi ques*: <ol·ua>; *mectan*: <ol·cho>.

[8]   *ipchel*: <ol·z>; *ip nen*: <ol·tip>; *minem*: {m+}<n><ol·c>; *michemic..i*: {-*..*}, <ol·z>; *manap*: <ol·n>; *mejetti*: <l-l>{-jet}; *milasi*: {s+}<x>; *teputam*: <ol·t>.

[9]   *macsaitan*: <ol·c>.

[10]   *choyan*: {-ch}<ol·z>.

Antes que te cases, mira lo que hazes : *Casalan miquipechap, milanco zach*[1].

mannap[2] significa tambien "demas de". Vg.:

Demas de averle mordido la vivora : *Oulum Martin ytzajii*[3] *°mannap*[2] *imon.*
â Martin, tiene calentura.

Demas de rezar, oymos misa : [fol. 153] *Rezan quiquiî °mannap*[2],
missa quisinnay[4].

Libro tercero
De otra construcion del verbo activo y de los neutros, compuestos y defectivos

Tratado primero: Del verbo transitivo
§ 1°: Que sea verbo transitivo y del numero de·las transiciones

En esta lengua todos los verbos activos, neutros y compuestos se usan siempre con las transiciones. llamance assi, porque compuestos sus romances con los pronombres ô con que se distinguen las personas de·los verbos, ya antepuestas, y°â y[n]terpuestas, las quales corresponden â los pronombres me, te, illum. Hazen primera de activa, que en la grammatica se dize transitiva, porque passa al caso del verbo. [fol. 154] Las notas, los pronombres ô particulas ô letras son: *a* de primera persona de singular; *m*[5] l. *ma* para hombre y *p* l. *pa* para mugeres de la segunda; *y, e, u* y otras de·la tercera; *q, c* de·la primera de plural; *m* l. *ma* de·la segunda; de la tercera: *pa, po, mo*, esta tiene tanta variedad que la practica sola darà su pleno conocimiento. Estas transiciones se hazen (como llevo dicho) anteponiendo el pronombre de la persona que haze ê interponiendo immediatamente â el y al verbo el de la persona que padece.

Transiciones de singular â singular:

1ª. de 1ª persona â 2ª: yo te amo : *amcollan*[6]
2ª. de 2ª â 1ª: tu me aguardas : <ol·mi°tup> *majian*
3de 3ª â 1ª: aquel me aguarda : *g̃ajian*
4de 3ª â 2ª: aquel te aguarda : *ymajian*

No ay transiciones de primera persona de singular â 1ª del mismo numero, ni de·primera de plural â plural, [fol. 155] mas se compone con el verbo compues-

---

[1] *tach*: <z>, {-t}.

[2] *manap*: <ol·n>.

[3] *ychajii*: {c+}<t>, {-h}<ol·z>.

[4] *quisinay*: <ol·n>.

[5] <ol·l.ma>, <lm·m l. ma, p l. pa, 2>.

[6] *-collan*: <ol·ll>: véase p. 46, nota 3.

to *ajiajnan*: yo me aguardo. Y esta composicion se haze de·los ynfinitivos de los verbos, interponiendo entre ellos y el final *an* la letra *n*. Y assi se dize con toda propriedad:

nosotros nos amamos	: *quicolenan*[1]
nosotros nos aguardamos	: *quijiajnan*
yo me amo	: *acolenan*
tu te amas	: *micolenan*[2]

Transiciones de plural â plural:

1ª. de 1ª persona â segunda: nosotros os·esperamos: *quimajiayhan*

2ª. de 2ª â 1ª: vosotros nos esperais	: *minaha°tup quimajiayjan*[3]
3ª. de 1ª â 3ª: nosotros los esperamos	: *quipojian*
4ª. de 2ª â 3ª: vosotros los esperais	: *mipojiayjan*
5ª. de 3ª â 1ª: aquellos nos esperan	: *quijiaylan*
6.de 3ª â 2ª: aquellos os esperan	: *mijiaylajan*
7.de 3ª â 3ª: aquellos los esperan	: *chipojian*

Transiciones de singular â plural:

de 1ª â 2ª: yo os pongo	: *amupchijan*
de 1ª â 3ª: yo los pongo	: *apopchan*

de 2ª de singular â 1ª de plural:

tu nos amas	: *mitup quimcollan*[4]
a muger	: *quipcollan*

Ponese la nota *tup* despues de la·persona [fol. 156] que haze por evitar equivocacion, porque se haze del mismo modo de plural â singular:

nosotros te amamos	: *quimcollan*
4ª. de 2ª â 3ª: tu los amas	: *mipocollan*[5]
5ª. de 3ª â 3ª: aquel los ama	: *mocollan*[5]
6ª. de 3ª â 1ª: aquel nos ama	: *incollan*[5]

Transiciones de plural â singular:

de primera persona de plural â 2ª de singular:

nosotros te amamos	: *quiha°tup quimcollan*[5]

---

[1]   *quicolenam*: {-*am*}<ol·*an*>.

[2]   *micolenam*: {*m*+}<*n*>.

[3]   *quinajiayjan*: {-*n*}<ol·*m*>.

[4]   *quimcollcollam*: {-*coll*}, <ol·*ll*>: véase p. 46, nota 3; {*m*+}<*n*>.

[5]   -*collan*: <ol·*ll*>: véase p. 46, nota 3.

(1ª) de 1ª persona de singular â tercera se incluye en el mismo verbo, como quedan conjugados, que por todas las personas, assi de singular como de plural, se refieren â la tercera de singular, sin que pueda yncluyir otra, sino por transicion.

2ª. de 2ª â 1ª: vosotros me poneis   : *mapchihan*
3ª. de 3ª â 1ª: aquellos me llevan   : *allajilan*
de 3ª â 2ª: aquellos te llevan   : *millajilan*[1]

[fol. 157] § 2º
De otros verbos que tienen alguna diferencia en las transiciones

Ay en esta lengua verbos compuestos que, usados con las transiciones, no solo significan la persona que haze, sino otra que se incluye en la que padece, que podemos llamar segundo acusativo, como de *aschan*, que significa "ver", sale *atzachan*[2]: ver lo que tiene, denotando°lo por su nombre. Vg.:

Veo que˙tienes mucho aji   : *Majall much amatzacha*[2].

Transiciones de singula[r] â singular

1ª. de˙1ª persona â 2ª:
Veo que tienes mucha fruta   : *Majall pamô amatzachan*[2].
ô veote mucha fruta.

2ª. de 2ª â 1ª:
Tu me viste mucha fruta   : *Majall pamô matzachi*[2] vel *patzachi*[2].

3ª. de 3ª â 1ª: aquel, vg.
Pedro me vio mucho maiz   : *Pedro majall cach g̃atzachi*[2].

4ª. de 3ª a 2ª:
Aquel te verà tus gallinas   : *Minattellpa imatzaxtan* l. *pinatellpa ypatzaxtan*[3].

Transiciones de˙plural â plural

1ª. de˙1ª â 2ª:
Nosotros os vimos vuestras caras   : [fol. 158] *Miñantaja quimatzachijâ*[2].

2ª. de 2ª â 1ª:
Vosotros nos aveis visto nuestras chacaras.   : *Minaja°tup qui°hach quimatzachijâ*[2].

---

[1] *millajian*: \<ol·l̃\>.

[2] -*atachan, -atachi*-: \<ol·z\>.

[3] *minatallpa*: {*a*+}\<*e*\>\<ol·*at*\>, {-*a*}\<ol·*e*\>; *imataxtan*: \<ol·l̃\>{-*t*}\<ol·z\>; *pinatallpa*: {*a*+}\<*e*\>\<ol·*a*\>, \<ol·*e*\>; *ypataxtan*: \<ol·z\>.

3. de 3ª â 1ª:

Aquellos nos veran nuestras comidas   : *Qui°sac catzaxlactan*[1].

4ª. de 1ª â 3ª:

Nosotros les vimos muchos zapallos   : *Majall utz*[2] *quipajatzachi*[3].

5ª. de 2ª â 3ª:

Vosotros les vereis sus casas   : *Yzip*[4] *mipajatzachihactan*[3].

7ª. de 3ª â 3ª:

Aquellos les vieron mucho maiz   : *Majall chicach chipajatzachî*[3.]

6ª. de 3ª â 2ª:

Aquellos os veran vuestras casas   : *Mizipja*[4] *matzachlajactan*[5].

Transiciones de singular â plural por el verbo *apuchan*, compuesto de *amchan* que significa "poner".

1ª. de▾1ª persona de singular â 2ª de plural:

Yo os pongo la comida   : *Misac-ja*[6] *amapuchihan.*

2ª. de 1ª â 3ª:

Yo les pongo su comida   : *Ysac apahapuchan*

3ª. de 2ª â 1ª:

Tu nos pones nuestra comida   : *Quisac quimapucchan.*

4. de 2ª â 3ª:

Tu les pones su comida   : [fol. 159] *Ysac mipajapuchan.*

5. de 3ª â 1ª:

Aquel nos pone nuestra comida   : *Quisac icapuchan.*

6. de 3ª â 2ª:

Aquel os pone vuestra comida   : *Misac-ja imapuchijan.*

7. de 3ª â 3ª:

Aquel les pone su comida   : *Ysac majappuchjan*[7].

---

[1]   *cataxlactan*: <ol·z>.

[2]   *uch*: {-ch}<ol·tz>.

[5]   *-atachan, -atachi-*: <ol·z>.

[4]   *ychip, michipja*: {-ch}<ol·z>.

[5]   *mataxlajactan*: <ol·z>, {-x}<ol·ch>.

[6]   *mijach*: {j+}<s>, <->, <ol·j>, <a>.

[7]   *mapajapuchijan*: {-pa}, <ol·p>, {-i}.

Transiciones de·plural â singular

1ª. de 3ª persona de·plural â primera de singular:
Aquellos me ponen mi comida : *Asac apuchilan.*

2ª. de 2ª â 1ª:
Vosotros me poneis la comida : *Asac mapuchihan.*

3ª. de 3ª â 2ª:
Aquellos te·ponen tu comida : *Misac mapuchilan* l. *Pisac papuchilan.*

4ª. de 3ª â 3ª:
Aquellos le ponen su comida : *Sac hapuchilan.*

Estas son las transiciones que tiene esta lengua y esta es la practica de usar de ellas en todos los modos y tiempos. Solo en el ymperativo tiene alguna diferencia. Y para·que no aya alguna dificultad pondre [fol. 160] exemplos del, como en los demas tiempos.

Transiciones de ymperativo de singular â singular

1ª. de 2ª â 1ª: amame tu : *acolec* l. *macolecqui*
2ª. de 3ª â 1ª: ameme aquel : *g̃acolec-he*
3ª. de 3ª â 2ª: amete aquel : *ymcolec-he* l. *ipcolec-he*

Transiciones de plural â plural

1ª. de·1ª â 2ª: nosotros os amemos : *quimcolehacte*
2ª. de 1ª â 3ª: amemos â aquellos : *quipocolec-he*
3ª. de 2ª â 1ª: amad°nos vosotros : *quimcolehacqui*
4. de 2ª â 3ª: amad vosotros â aquellos : *mipocolehacqui*[1]
5. de 3ª â 1ª: amen°nos aquellos : *quicolelac-he*
4. de 3ª â 2ª: amen°os aquellos : *micolelahac-he*
4. de 3ª â 3ª: amense aquellos entre si : *chipocolec-ge*[2]

Transiciones de singular â plural

1ª. de·1ª â 2ª: ame°os yo : *amcolehacte*[3]
2ª. de·1ª â 3ª: ame°los yo : *apocolec-he*
3ª. de 2ª â 1ª: ama°nos tu : *quimcolecqui*[4] l. <ol·mitup> *quimcolec*
4ª. de 2ª â 3ª: amalos tu : *mipocolecqui*[4]
5ª. de 3ª â 2ª: ameos aquel : *ymcolehac-he*

---

[1] *mipocolehaqui*: <ol·c>.
[2] *chimolelac-he*: {m+}<p>, <ol·co>, <c><ul·ge>, {h+}<g>, {-lac-ge}.
[3] *amcolihacte*: {i+}<e>.
[4] *-colequi*: <ol·c>.

6ª. de 3ª â 1ª: amenos aquel   : *iccolec-he*
7ª. de 3ª â 3ª: ame°los aquel   : *mocolec-he*[1]

[fol. 161] Transicion de plural â singular

1ª. de⸱1ª â 2ª: amemos°te nosotros   : *quimcolecte*
2ª. de 2ª â 1ª: amadme vosotros   : *macolehacqui*
de 3ª â 1ª: amen°me aquellos   : *{-micolelac-he}* *acolelac-he*
de 3ª â 2ª: amente aquellos   : *micolelac-he*

Nota

Ya dexo advertido que los verbos, segun van conjugados, se refieren siempre â⸱la tercera persona de singular, sin que se pueda expressar otra. Sacase desta regla todos los que se componen con la particula *n* que se refieren â la misma persona. Vg.:

yo me mato   : *alamijnan*
yo me aborresco   : *alupojnan*

Porque estos tienen en si, con esta composicion, la transicion. Para los demas, que precissamente se han de usar con transicion para hablar con perfeccion, todos mudan ô pierden alguna letra, que es la que immediatamente sigue a⸱la⸱que distingue las personas de los tiempos. Vg. *alan*: la letra que denota la persona es *a*: "yo" de la primera y⸱la que le sig[u]e, *l*, que se pierde, como constarà con este exemplo:

yo.1 te.2 hago.3   : *a.1-ma.2-an.3*
a muger: yo.1 te.2 hago.3   : *a.1-pa.2-an.3*
tu.1 me.2 hazes.3   : *m.1-a.2-an.3*
a muger   : *p.1-a.2-an.3*

[fol. 162] Otros mudan la *m* en *p*. Vg. *amajatan* significa: "traer de arriba". Vg.:

De.1 la sierra.2 te.3 he.4 traido.5   : *Liman.2°nap.1 caxà.6 a.4-ma.3-ppajatti.5*[2]
agujas.6
ameñan   : quiero
yo.1 te.2 quiero.3   : *a.1-m.2-peñan.3*

Quando se sigue *p* no se muda: *apeñan*: codicio. Vg.:

Tu.1 me.2 codicias.3 mi.4 plata.5   : *A.4-chechò.5 m.1-a.2-peñan[3]*[3]
apenchijnan[4]   : jurar

---

[1]   *mocolelac-he*: <ol·c>, {-lac}.
[2]   *liman ap*: <ol·n>; *pajati*: <p>, <ol·t>.
[3]   Era: 5.
[4]   *apechan*: <ol·n>, <ol·ijn>.

Yo.1 juro.3 te.2 por Dios.4 que.5 te.6   : *Ache.8 attel-lpa mullup.9*
darè.7 un.8 pollo.9   *amectan.7[+6]°na.5 Diospat.4*
     a.1-ma.2-penchijnan.3[1]

Otros las *ll* y *tz*[2] mudan en *y*, como *allan* q̲u̲e̲ significa "dar":

Yo.1 te.2 doy.[3][3] pan.[4]   : *Tanta.4 a.1-ma.2-yan.[3]*
atzmen[4]: enseñar. Vg.
Tu.1 me.2 enseñas.3 a·rezar.4   : *Resan aquictehe.4 m.1-a.2-ymen.3*

Aunque de los que doblan la *l*, hallo que *allajan*, que significa "llevar", no las pierde. Vg.:

Pedro te lleva tu hijo   : *Pedro°tup mupllup ymallajan*[5].
No dejarà de aver otros.

Otros mudan la *s* en jota, como *asinnan*[6] q̲u̲e̲ significa "oir":

no te oygo   : *amjinajpan*
asettan[7]   : desatàr
Vg. Quod cumque ligaveris super terra,   : *Yncha°pit pey ñante michantanynco, te*
erit solutum et in c̲a̲e̲lis   *sentâlolpit mipochg̃ui* [fol. 163] *cottan,*
     ynchapit pey ñantê mipojetan°ynco, te
     sentalol°te mipojeti cottan°simall.

La guturacion *ng̃o* del verbo *angollan* se muda en *co*, como patet de los exemplos puestos en este §. Con esto, que se tenga advertido, se facilitaran todas las demas transiciones. Pero, porque nada quede de dificultad, pondre tambien las de infinitivo, participios, gerundios y supinos.

Modo infinitivo

yo quiero amarte   : *amcolecte ameñan*
tu quieres amar me   : *macolecte mimeñan*
yo quiero amar â aq̲u̲e̲l   : *ang̃olecte ameñan*
el quiere amarme   : *ng̃oacolecte imeñan*
queremos amar â Dios   : *Dios qui-ng̃olecte quimeñan*

---

[1]   *atal-lpa*: <ol·t̃>, {*a*+}<*e*>; *a-mectan*: {*a*-+}<*a*>; *Diospit*: {*i*+}<*a*>; *penchan*: <ol·ijn>.
[2]   *ch*: <ol·tz>.
[3]   Era: 4.
[4]   *achmen*: {*c*+}<*t̃*>, {-*h*}<ol·z>.
[5]   *Pedro mupllup*: <ol·*tup*>; *ymallallajan*: {-*lla*}.
[6]   *asinan*: <ol·*n*>.
[7]   *asetan*: <ol·t̃>.

Dios nos quiere amar	: *Diostup iccolecte ymeñan*
queremos amarte	: *quimcolecte quimeñan*
tu nos quieres amar	: *quimcolecte mimeñan*
nosotros os queremos amar	: *quimcolehacte quimeñan*
vosotros nos quereis amar	: *quimcolehacte mimeñouhan*
queremos amarlos	: *quipocolecte quimeñan*
ellos quieren amarnos	: *{-mi} quicolelacte[1] meñoulan*
vosotros quereis amarlos	: *mipocolehacte mimeñouhan*
aquellos â vosotros	: *micolelâhacte {-mime} meñoulan*
ellos me quieren amar	: *acolelacte meñoulan*
aquellos te quieren amar	: *micolelacte meñoulan*
yo los quiero amar	: *apocolecte ameñan*
tu los quieres amar	: *mipocolecte mimeñan*

[fol. 164] Preteritos:

porque te amo	: *amcollanco cotnap*
porque me amaste	: *macolli cotnap*
porque nos esta amando	: *quicolec[-]he cotanco cotnap*
porque me estan amando	: *acolec[-]he chectanco cotnap[2]*
porque te estaban amando	: *micolec[-]he checti cotnap*

Futuro:

aver de amarle yo	: *ağolelam*
aver de amarme tu	: *macolelam*
aver de amarte yo	: *amcolelam*
aver de amarme aquel	: *nğacolelam*
aver de amarlos tu	: *mipocolelam*

Participios

yo que te amo	: *amcollanco*
yo soy el que te amo	: *amcollanco* l. *apcollanco actan*
los que nos amaron	: *quicollila* l. *quicollilaynco*
Tu eres mi criador	: *Apsavojhuch[3] mectan.*
Tu(e) eres nuestro criador	: *Quipsavojhuch[3] mectan.*
Christo nuestro Señor es nuestro Redemptor	: *Quinapu Jesu-Christo quixpejhuch[4] cotan.*

---

[1] *quipocolelacte*: {-*po*}.
[2] *acolecce*: {c+}<h>; *nap*: <ol·cot>.
[3] -*msavojhuch*: {m+}<p>.
[4] *quipejhuch*: <ol·x>.

Eres mi bien°hechor	: *Pallou aovuch mectan.*
Yo soy tu bien°hechor	: *Pallou miovuch actan.*
Aquel es tu bien°hechor	: *Pallou miovuch cotan.*
Tu eras su bien°hechor	: *Pallou lovuch[1] mectan.*
Tu eres mi amador	: *Acoleuch mectan.*
Aquellos son mis amadores	: *Acoleuch chectan.*
Yo soy vuestro amador	: *Micolehauch[2] actan.*
Tu eres su amador de ellos	: *Chicoleuch mectan.*

[fol. 165] de Futuro:

tu que los amarâs	: *mipocolectan ˀynco*
yo que os amarê	: *amcolehactan ˀynco*
vosotros que me amareis	: *macolehactan ˀynco*
aquel que nos amarâ	: *yccolectan ˀynco*
el·que me amarâ	: *nğacolectan ˀynco*
los que me amarân	: *acolelactan ˀynco*

Gerundios

genitivo:

Vengo de la sierra de traerte tu acha	: *Mijachà amapahat(to)lamge[3] liman ˀnap apa(t)ja[t]tan.*

dativo:

Quiero el pescado para comer	: *Axua alluptege ameñan[4].*

acusativo:

Queiro ir a·la sierra	: *Limàn allacteje ameñan*

de ablativo:

yo·te estoy amando	: *micoleche actan*
yo le estoy amando	: *nğocoleche actan*
yo os estoy amando	: *micolejache[5] actan*
yo los estoy amando	: *pocoleche actan*
vosotros me estais amando	: *acoleche mectihan*
aquellos me estan amando	: *acoleche chectan*
aquellos te estan amando	: *micoleche chectan*

---

[1]   *loluch*: {*l+*}<*v*>.
[2]   *micohehavch*: {*h+*}<*l*>, {*v+*}<*u*>.
[3]   *miacha*: <ol·*j*>, <ol· ` >; *amapahatlamge*: <ol·*to*>.
[4]   *alluptege*: <ol·*axua*>; *axua ameñan*: {-*axua*}.
[5]   *micolejacge*: {-*g*}<ol·*h*>.

aquellos le estan amando	: *nğocoleche*[1] *chectan*
aquellos nos estan amando	: *quicoleche*[2] *chectan*
aquellos se estan amando, ad invicem	: *chimcoleche*[3] *chectan*
[fol. 166] vosotros os estais amando, ad in[v]icem[4]	: *macolejache mectihàn*

Segundo Gerundio

En ayudandome â hazer esto, te iràs en amandote, amandote, en amadote, quando te ame	: *Co aloctege mallemzappap*[5], *millactan* : *amcolenap*
amandome, en aviendome amado, como, quando tu me ames	: *m[a]colenap*[6]
Amando Dios ô amandome Dios, sere dichoso	: *Dios nğacolenap, mac-jai acottan*[7].

Los demas como *agollan*.

Supinos

Vengo de darte granadillas	: *Pacuplleu amectege anan*[8].
Voy â la sierra â comprarte arina de trigo	: *Trigo pum amiztege amojnan.*
Voy â comprarte pan	: *Tanta amapiztege alluan.*
Dios mio, tu eres digno que yo te ame	: *A°Dios, amcolenğo mectan.*

La passiva de estos romances transitivos se haze de·la misma manera que se ha dicho del verbo activo.

[fol. 167] Tratado segundo del verbo neutro

El verbo neutro es el que tiene accion y no passion, tiene(n) todos los tiempos y modos que los activos: participios, gerundios y tiempos compuestos. Su conjugacion es como la de *acotan, aton* y *apactan* que ya dexo conjugados, pero para mayor facilidad conjugarè otro.

---

[1]   *coleche*: <ol·*n*>, {*c*+}<*g*>.
[2]   *quicolege*: {-*ge*}<*che*>.
[3]   *chimcolehe*: <ul·*c*>.
[4]   Era: *inbicem.*
[5]   *mallemchapnap*: {-*ch*}<ol·*z*>, {*n*+}<*p*>.
[6]   Era: *micolenap.*
[7]   *acotan*: <ol·*t*>.
[8]   *aanan*: {-*a*}.

allahuan[1]: vaseme como pollo, perro, enfermedad, &c.

Presente:

vaseme	: *allahuan*[2]
vase°te	: *mallahuan*[1]
vasele	: *hallahuan*[1]
vasenos	: *callahuan*[1]
vaseos	: *mallaviihan*[3]
va°se°les	: *pahallauan*[4]

Preteritos:

fue°se°me : *allavi*[1], *mallavii*[1], *hallavi*[1], &c.

Plusquam perfecto:

avia°se°me ido : *allaviyè, mallaviye, hallaviye*[1], *callaviye*[1],
mallavihaque, pahallaviye[1]

Futuros:

yraseme : *allavitan, mallavitan, hallavitan, callavitan,
mallavihactan, pahallavitan*

[fol. 168] Perfecto:

avrase°me ido : *allavi actan, mallavi mectan, hallavi
cotan,&c.*

Ymperativo

vaya°se°te : *mallavec-ge, jallavec[-]he, callavec[-]he,
mallaveyhacte, pahallavec-ge*[5]

Obtativo

vayaseme :*allavecte*[6], *mallavecte*[6], *hallavecte*[7],
callavecte[7], *mallaviihacte*[8], *pallavecte*[6]

---

[1]   *-alla(huan)*: <ol·*ll*>: véase p. 46, nota 3.
[2]   *allahuan*: <ol·*l*>: véase p. 46, nota 3.
[3]   *mallavihan*: <ol·*ll*>: véase p. 46, nota 3; <ol·*i*>.
[4]   *pahallanuan*: <ol·*ll*>: véase p. 46, nota 3; {*-n*}.
[5]   *mavec-he*: <ol·*lllla*>: véase p. 46, nota 3, {*h+*}<*g*>; *hallaveche*: {*h+*}<*j*>, <ol·*ll*>: véase p. 46,
      nota 3; *callavechete*: <ol·*ll*>: véase p. 46, nota 3, {*-te*}; *mallavec-hacte*: <ol·*ll*>: véase p. 46,
      nota 3, <ol·*ey*>, {*-c-*}; *pahallavec-he*: <ol·*ll*>: véase p. 46, nota 3, {*h+*}<*g*>.
[6]   *-alla-*: <ol·*ll*>: véase p. 46, nota 3.
[7]   *-alla-*: <ol·*l*>: véase p. 46, nota 3.
[8]   *mallavecte*: {*e+*}<*i*>, {*c+*}<*i*>, {*-te*}, <*hacte*>.

Preterito ymperfecto:
fueraseme, yriaseme y fuesseme

: *allang̃oque*[1]   l. *allvecteque*
mallang̃oque[1]   l. *mallavecteque*[1]
hallang̃oque[1]   l. *hallavecteque*[1]
callang̃oque[1]   l. *callavecteque*[1]
mallahang̃oque[1]   l. *mallahavecteque*[1]
pahallangoque[1]   l. *pahallacteque*[1]

Preterito perfecto y plusquamperfecto:
o si, ojala se me aya, huviera,
avria y huviesse ido

2ª

3.

plural: 1.

2ª

3ª

: *oc°moc allavecte*[1] *cot* l.
allavecte[1] *°mo[c]˙cot*
: *mimoc mallavecte*[2] *cot* l.
mallavecte°mo[c]˙cot[3]
: *pe°moc hallavecte*[1] *cot* l.
hallavecte°mo[c]˙cot
: *quiha°moc callavecte cot* l.
callavecte°mo[c˙]cot
: *minaja°moc mallavehacte cot* l.
mallavehacte°moc˙cot
: *chihamoc pahallavecte cot* l. &c.

[fol. 169] Estos mismos tiempos llanos compuestos:

a˙mi se haya, huviera, avria y huviesse
ido

: *allavi pocottoque* l. *pocotteque*[4]
mallavei[5] *cottoque* l. *coteque*

Subjuntivo

en yendoseme, yendoseme &.

: *allach*[1], *mallach*[1], *hallach*[1],
callach[1], *malla-hach*, *pahallach*[1]

2º Subjuntivo
de suerte que, de forma que, de
manera˙que se me vaya

: *allavech, mallavech, hallavech,*
callavech, mallavihach[6], *{-palla}*
pahallavech

---

[1]   *-alla-*: <ol·*ll*>: véase p. 46, nota 3.
[2]   *-alla-*: <ol·*l*>: véase p. 46, nota 3.
[3]   *mocot*: <ol·*c*>.
[4]   *pocotoque, pocoteque*: <ol·*t*>.
[5]   *mallavi*: <ol·*ll*>: véase p. 46, nota 3, <ol·*e*>.
[6]   *mallavechha*: {*e*+}<*i*>, {*-ch*}, <ol·*ch*>.

Ynfinitivo

yrseme   : *allavecte, mallavecte, hallavecte, callavecte,*
                                          mallavi-hacte[1], pahallavecte &c.

A(a)dmiten las transiciones, como los activos, en todos los modos y tiempos.
Vg.:

[Antes][2] dias os vi muchas comidas,   : *Ampalla majall misacja amatzachiha,[3]*
pero aora menos os veo   *capi ᵛa tenom* amaichihan.

Componese con nombres, como [de] *atiquian* con el nombre *camà*, que significa
"enfermedad", se compone el verbo *camà atticquian[4]*: me cae enfermo, como el
hijo, la muger &c. Vg.:

Azlâ cama atticquian[4]   : Me cae enferma mi muger.
missê[5] significa "frio". Vg.:
Achel [fol. 170] *mise hatiquian*   : Se ᐧle enfria la pierna.
llaca cattiquian[6]   : se nos haze ô vuelbe colorado
zizall mattiquiihan[7]   : se os haze ô buelve negro
quizna pahattiquian[8]   : se les buelve azul
pullall attiquian[9]   : se me buelve amarillo &c.
muchan atticquian[4]   : i[n]terceder

Tratado tercero: Del verbo compuesto y derivativo
§ 1: Qual sea y de quantas maneras se componga

El verbo compuesto puede ser activo y neutro. Activo, el que significa "accion"
y "passion". Neutro, que significa "passion" y no admite passiva como el passivo. Componense los unos y los otros de muchas maneras. Lo primero con nombres y esta la ᐧadmite hasta el substantivo *actan* y se haze activo. *ñg̃ullha* significa "vida", conjugandolo con sus possessivos con el dicho verbo significa
"vivir".

---

[1] *mallavec-hacte*: {*e*+}<*i*>, {-*c*}.
[2] Era: aora.
[3] *ampal majall*: <olᐧ*la*>; *amatachiha*: <olᐧ*z*>.
[4] *atiquian*: <olᐧ*t*>, <olᐧ*c*>.
[5] *misê*: <olᐧ*s*>.
[6] *catiquian*: <olᐧ*t*>.
[7] *chichall*: {-*ch*}<olᐧ*z*>, {-*ch*}<olᐧ*z*>; *matiquiihan*: <olᐧ*t*>.
[8] *quisna*: {*s*+}<*z*>; *pahatiquian*: <olᐧ*t*>.
[9] *pullam*: {*m*+}<*ll*>; *atiquiam*: <olᐧ*t*>, {*m*+}<*n*>.

acullha·actan[1]   : yo vivo
mucullha mectan
nğullha cotan
cucullha quectan
mucullhaha[2] *mectihan*
[fol. 171] *chucullha chectan*

Assi los demas modos y tiempos, como queda conjugado. *capac acullha actan* significa "reynar", conjugase del mismo modo. El verbo *acquian*, que significa "hazerse", "dezir", demas de esta significacion se compone con muchos nombres y con ellos significa la accion del nombre. Vg.:

cama àcquian   : estoy enfermo
misse acquian   : tengo frio
ziu[3] *acquian*   : tengo necessidad, carencia desto ô del otro &.
uchuaj acquian[4]   : tengo calor
oyna acquian   : estoy con salud
lloc acquian   : estoy desnudo
quez[5] *acquian*   : cresco &c.

En la significacion de "hazerse" tambien significa la accion del nombre. Vg.:

yosill acquian   : hagome mezquino
jùlum[6] *acquian*   : engordo ô hagome gordo
jayu quii   : hizose hombre

Tambien significa "dezir", "mandar", "ordenar". Vg.:

eeýna chiquian   : dicen que si
Jesu-Christo N.S. ordenò todos los   : *Qui ᵖa Jesu-Christo mec sacramento cama-*
sacramentos   *tzin*[7] *quii.*
Todo lo que Dios manda   : *Mec yncha Dios camatzin*[7] *quiancò*[8]

[fol. 172] Tambien significa otras muchas cosas. Conjugase desta manera:

Presente:
acquian, miquian, quian, quiquian, miquijan, chiquian

---

[1]   *acullhactan*: <ol·a>.
[2]   *mucullhaha*: <ol·n>{-ol·n}.
[3]   *chiu*: <ol·z>, {-ch}.
[4]   *acquien*: {-e}<ol·a>.
[5]   *ques*: {s+}<z>.
[6]   *jàlum*: {à+}<ù>.
[7]   *camachin*: {c+}<t>, {-h}<ol·z>.
[8]   *quianco*: <ol· `>.

Preteritos:
acquii, miquii; acquiiye

Futuro ymperfecto:
acquictan, miquictan &c.

Futuro perfecto:
acquii actan &.

Ymperativo

quic l. *miquiqui, quic-he, quiquicte* &.

Obtativo

aquin͠oque l. *aquicteque* &.

Infinitivo

acquicte, micquicte[1], *quicte*

Gerundios

acquictehe l. *acquilamhe, quichche*[2], *quinnap*

Declinando los nombres con sus possessivos y añadiendoles, si acaban en consonante, *an* y, si en vocal, *uan*[3], unas veces significan "hazer para si" lo que importa el nombre. Vg.:

appiupan, [-]ou, [-]poctan[4]	: hago mi puente
apnauan[5]	: hago mi camino
aniglesiauan[6]	: hago mi iglesia
[fol. 173] Tu es Petrus et super hanc	: *Mi Pedro mectan, co ta ñante*
petram [a]edificabo ecclesiam meam	*aniglesia ᵒuoctan*[7].

---

[1]   *miquecte*: {e+}<i>.

[2]   *quiche*: <ol·ch>.

[3]   *van*: {-van}<ol·uan>.

[4]   *ampyupan*: {m+}<p>, {-p}<ol·m>{-ol·m}, <bm *appiupan, ou, poctan*>.

[5]   *amnavan*: {m+}<p>, {v+}<u>.

[6]   *aniglesiavan*: {v+}<u>.

[7]   *voctan*: {v+}<u>.

aney   : mi leña
aneyan   : hago mi leña

Con los nombres *zala*[1], que significa "muger", y *mulluch*[2], que significa "mari-do", significan lo que duco y nubo latinos.

aslauan[3]   : mi caso, uxorem duco
apul-luchan[4]   : casarse·la mujer, marito nubo

Conjuganse de la manera sig[u]iente:

Pr[a]esens:
hago mi casa   : *aipan, miipan, zipan, quiipan, miiepoujan, chiipan*[5]

Preteritos:
aipou, aipouve[6] &.

Futuros:
aipoctan, miipoctan; [aipou actan][7] &.

Ymperativo

iipoc l. *miipocqui, chiipoc-he*[8] &

Op[t]ativo

aipongoque[6] l. *aipocteque*[6] &c.

Preteritos:
oc°moc aipocte[6] *cot* l. *aipoctemo[c]·cot*[9] &c.
aipou[10] *pocottoque* l. *pocotteque* &.

---

[1]   *chala*: {-*ch*}<ol·*z*>.
[2]   *muluch*: <ol·*l*>.
[3]   *aslavan*: {*v*+}<*u*>.
[4]   *apuluchan*: <ol·*l*->.
[5]   *achipan, michipan, quichipan*: {-*ch*}; *chipan*: {-*chi*}<ol·*zi*>; *michipouhan*: {-*ch*}, <ol·*e*>; *ychipan*: {-*y*}, <ol·*i*>.
[6]   *(a)chipo*-: {-*ch*}.
[7]   *achipoctan, michipoctan*: {-*ch*}; *achipouactan*: {-*ch*}, {-*uac*}<ol·*c*>: esta corrección nos parece errónea.
[8]   *chipoc*: {-*ch*}, <ol·*i*>; *michipoqui*: {-*ch*}, <ol·*c*>; *chipoc-he*: <ol·*i*>.
[9]   *achipoctemococ*: {-*ch*}, {*c*+}<*t*>.
[10] *achipou*: {-*ch*}, {-*u*}<ol·*u*>.

Subjuntivo

aipoch[1], *miipoch*[1] &c.

Ynfinitivo

aipocte[1]

Gerundios

aipoctehe[1] l. *aipolamge*[1], *chipoche, ziponnap*[2].

Assi los demas, atendiendo siempre aᵛlos [fol. 174] possessivos de los nombres conᵛque se componen. Estos mismos nombres se suelen componer con otros verbos, como con *amnaychan* que significa "aguaitar" o

"vigiar camino" : *amnaychi, amnaioctan*[3].

Con el nombre *liu* que significa "la pintura" ô "la letra", junto con el verbo *alven* significa "pintar" ô "escrivir":

liu alven : yo escribo ô pinto

A este nombre *checho*, que significa "plata", añadiendole *ven* se forma

achechouen[4] : yo plateo

Y tambien [de] *puillquitz*[5], que significa "oro", se compone *apuillquitzuan*[6]: yo doro, llevando siempre en su conjugacion los possessivos de las personas.

Otros, juntos con el verbo *alluan*, que significa "ir", significan "volverse" ô "convertirse" en lo que el nombre significa. Vg.:

Pey alluan : Me convierto ô buelvo tierra.
Ta milluan : Te buelves piedra.
Leu uxus llahuan : El gusano se buelve mariposa.
Utzauch[7] *quectiye, santo quilluan* : De pecadores que eramos, nos hazemos santos.

---

[1]   *(a)chipo-*: {*-ch*}.
[2]   *chiponap*: {*-ch*}<ol·*z*>, <ol·*n*>.
[3]   *amnaiatan*: {*a+*}<*o*>, <ol·*c*>.
[4]   *achechoven*: {*v+*}<*u*>.
[5]   *puillquich*: {*c+*}<*t*>, {*-h*}<ol·*z*>.
[6]   *apuillquichvan*: {*c+*}<*t*>, <ol·*z*>, {*v+*}<*u*>.
[7]   *uchauch*: {*c+*}<*t*>, {*-h*}<ol·*z*>.

Javey milluijan   : Os bolveis palos incorruptibles.
Santo illahuan[1]   : Se buelven santos.

Con nombres de cosas que se liquidan significa "derritirse", añadiendole el nombre *cot* que significa "agua". Vg.:

Yel-l cot llahu[a]n[2]   : La sal se derrite ô haze agua &c.

[fol. 175] El verbo *acq[u]ian* tambien tiene esta significacion. Vg.:

De pan que avia sido ô que antes era,   : *Tanta cotiye, consegraci[o]n jilᵒpat*
con las palabra[s] de la consegracion   *Christo mata quii.*
se convirtio en cuerpo de Christo.
Camà hallaviᵒcho   : Ya se·le quito el mal.

Añadiendo despues de·los ynfinitivos de quasi todos los verbos estas particulas *e* l. *c* l. *que* les hazen significar "hazer hazer" la accion de·los verbos de que se derivan. Vg.: *ayoyan*: yo lloro, *miyoyan, choyan, quiyoyan, miyoyoujan, chiyoyan.*

Preterito:
ayoyou &.

Futuro:
ayoyoctan &

Imperativo

llora tu   : *yoyoc.*

Poniendo en lugar de·la *c* ultima una *n*, que es la con·que finalizan todos los verbos en el·presente de yndicativo y futuro ymperfecto, anteponiendole el posessivo, se forma:

atzoyen: yo le hago llorar, *mitzoyen, ytzoyen, quitzoyen, mitzoyeihan, zoyeilan*[3]

Preterito:
atzoyey[4] &c.

Futuro:
atzoyejtan[4]

---

[1] *illahuan*: <ol·*ll*>: véase p. 46, nota 3.
[2] *llahan*: {a+}<u>.
[3] *ayoyen, miyoyen*: {-y}<ol·tz>; *ychoyen*: {c+}<t>, <ol·z>; *quichoyen, michoyeihan*: {c+}<t>,
      {-h}<ol·z>; *choyeilan*: {-ch}<ol·z>.
[4] *achoy-*: {c+}<t>, {-h}<ol·z>.

Ymperativo:

zoyej l. *mitzoyej-ji*[1]

allùpan[2]   : como carne, pescado, maiz, mani y otras
                                               cosas

yo como carne: *allupan*[2], *mulluppan, ullupan, culluppan, mullupihan*[2], *llupilan*[2]

Preterito:
allupi[2] &c.

[fol. 176] Futuro: *alluptan*

Ymperativo:

llup[2]

Añadiendole *en* se forma *allupen*[2]: hagole comer carne ô doyle â comer carne.

Presente:
alluppen: hagole que coma carne, *mullup[en], ulluppen, culluppen, mulluppey-
han, lluppeylan*[3]

Preterito:
alluppey &.

Futuro:
alluppejtan

Ymperativo:

lluppej &c.

A·otros se les pone *a* sin perder letra del ymperativo. Vg. *nǧolec* de *aǧollan* por
"amar": *aǧoleccan*[4], *meñoc* de *ameñan* por "querer":

ameñoccan[4]   : hagole que lo quiera,
loc de *alan*: hago,
aloccan[4]   : hagole que lo haga

Y estos se conjugan desta manera:

---

[1]   *choyej*: {-*ch*}<ol·*z*>, <*l. mitzoyej-ji*>.
[2]   (*a*)*llupp*(-*an*, -*i*): {-*p*}.
[3]   *llupeylan*: <ol·*p*>.
[4]   -*can*, -*cayjan*, -*caylan*, -*caj*-: <ol·*c*>.

Presente:
aloccan[1], *miloccan*[1], *yloccan*[1], *quiloccan*[1], *miloccayjan*[1], *loccaylan*[1]

Pret<u>eri</u>to:
aloccajtan[1]

Ymperativo:

loccaj[2] l. *milocajhi* &.

alan se junta tambien con nombres y con ellas haze distinctas y muchas significacion[es]:

pallou alan   : cuydolo ô tengo cuydado del.

Tambien significa "dezir":

Pittec°all amaan[3]   : Digote la verdad.

[fol. 177] Otro modo de compuestos
Tratado tercero del verbo compuesto y deribativo:
Qual sea y de quantas maneras se componga

Modo primero

El verbo compuesto es activo y neutro, componese primeramente con nombres.
Vg. *cullja*: la vida, antepuesto este nombre â los verbos substantivos, declinandole con los pronombres y posessibos de ᷂las personas, los haze activos. Vg.:

aculja actan vel *acullja acotpon*	: yo estoy vivo ô vivo
mu l. *pucullja mectan micotpon*	: tu vives
ñgullja cotan l. *cotpon*	: aq<u>ue</u>l vive
cucullja quectan l. *quicotpon*	
mucullja mectihan l. *micotpoyjan*	
chucullja chectan l. *chicotpon*	
capac acullja actan	: reyno
capac mucullja mectan	: tu reynas &c.
acquian	: hazerse, dezir &c.
cama aquian	: estoy enfermo

---

[1]   *-can, -cayjan, -caylan, -caj-*: <ol·c>.
[2]   *-caj-*: <ol·c>.
[3]   *pitec*: <ol·t>; *amaan*: <ol·all>.

oyna micquian	: estàs con salud
missè quian	: tiene frio
uchuaj quiquian	: tenemos calor
ziu·micquieijan[1]	: estais pobres necessitados
lloc chiquian	: estan desnudos
ques acquian	: creci ô he crecido
yosill miquii	: te hiziste ô [fol. 178] volbiste misero,
	: mesquino
hayu quii	: se hizo hombre
camatzin[2] *aquian*	: mando, ordeno
Qui ꝑa Jesu-Christo mec sacramento camatzin[2] *quii.*	: N.S. Jesu-Christo ordeno, ynstituyò todos los sacramentos.
Mec yncha Dios camatzin[2] *quianco*	: Todo lo que Dios manda.
Ynchanam[3] *chiquian?*	: Que dicen?
Heeyna chiquian, concediendo	: Dicen que si.

Tambien significa "convertir":

La hostia de pan, que avia sido ô que era antes, con las palabras de la consegracion se convirtio en el cuerpo de Christo.	: *Hostia tanta cotiye, consagracion jil ꝑat, qui ꝑa Jesu-Christo matâ quii.*

alluan: voyme. Vg.:

Voy al pueblo	: *Putam ꝋte alluan.*
Quando te iras?	: *Anapim millactan?*

Los nombres que·se·le anteponen significan: convertir en ellos lo que significan. Vg.

pey alluan	: me convierto ô vuelbo tierra
Memento(ho) quia·pulvis es et in pulverem reverteris	: *Lupocot jayu, yopunne mectan ꝋhe, yopum mallpit millactan*[4].
te vuelbes piedra	: *ta milluan*
El gusano se convierte en mariposa	: *Leu uxus llahuan.*
De pecadores que somos, haziendo verdadera penitencia, nos [fol. 179]	: *Utzauch*[5] *quectanco ꝋtep, ychamme penitencia lonap, santo quillactan*

---

1 *chiumiquijan*: {-*ch*}<ol·*z*>, <ol·*ei*>.
2 *camachin*: {*c+*}<*ꞇ*>, {-*h*}<ol·*z*>.
3 *yncham*: <ol·*na*>.
4 *yopun*: <ol·*ne*>; *yopumpit*: <lm·*mall*>.
5 *uchauch*: <ol·*tz*>.

volbemos santos.

Os volvereis palos incorruptibles	: *Javey millajactan.*
Javey millajapectan	: No os volvereis palos incorruptibles.
Los gusanos se convierten en mariposas	: *Paleu uxux illahuan.*

Con nombres de cosas que se liquidan significa "derritirse", añadiendo el nombre *cot* que significa "agua". Vg.:

| La sal se derrita ô vuelbe agua | : *Yl-l cot llahuan.* |
| *Uñep cot llavi* | : La cera se derritio. |

Otro modo

Todos los verbos tienen dos ymperativos, uno absoluto y otro con el pronombre demonstrativo de la segunda persona de singular. Añadiendo ô posponiendo â este la particula *an*, se forman de el y ellos verbos compuestos que significan "reiterar" la accion del verbo simple de que se derivan. Vg.: *actan*: yo soy,

| *(a)cot* vel *micotti* | : se tu, |

añadiendole *an* se forma el verbo:

| *acottian* | : yo vuelbo â ser, |

micottian, cottian, quicottian, micottiijan, chicottian.

de *agollan*	: yo le amo,
ngolec l. *migolecqui*	: amale tu,
ağolecquian	: yo le vuelbo â amar,

miğolecquian, yğolecquian, quiğolecquian, miğolecquiayjan, nğolelacquian

de *atzmen*[1]	: le enseño,
zamej[2], *mitzmehji*[3]	: enseñale tu,
atzmejian[3]	: yo le vuelbo â enseñar,

mitzmejian[4], *itzmejian*[1], *quitzmejian*[5], [fol. 180] *michmejiayhan, zamejiaylan*[2]

alan	: hagolo,
loc l. *milocqui*	: haslo tu
alocquian	: vuelbo â hazerlo,

milocquian, iloquian, quilocquian, milocquiayhan, loccajlacquian[6]

---

1 *ach-, -ich-*: {*c+*}<*t*>, {*-h*}<ol·*z*>.
2 *cham-*: <ol·*z*>.
3 *ach-, -ich-*: {*c+*}<*t*>, <ol·*z*>.
4 *michejian*: {*c+*}<*t*>, <ol·*zm*>.
5 *ach-, -ich-*: {*c+*}<*t*>, <ol·*z*>.
6 {*-locquiajylan*}<*loccajlacquian*>.

alon	: mojar,
loj l. *miloji*	: mojalo tu
alojian	: yo le vuelvo â mojar,

milojian, ilojian, quilojian, milojiayhan, lojlajian[1]

allupan	: como carne, pescado &c.,
llup l. *millupi*	: come tu
allupian	: yo vuelbo â comer carne &c.,

mullupian, ullupian, cullupian, mullupiayhan, llupiaylan

ayoyan	: lloro,
yoyoc l. *miyoyocqui*[2]	: llora tu
ayoyoquian	: vuelvo â llorar,

miyoyoquian, zoyoquian[3], *quiyoyoquian, miyoyoquiayhan, chiyoyoquian*

Pret<u>e</u>rito:

ayoyoquiay &c.

allan	: le doy,
lec l. *milecqui*	: dale tu
alecquian	: vuelvo â darle lo que me dio, vuelbole lo que me dio y tambien restituyole lo que es suyo.

Vg.:

Volviste lo que hurtaste â su dueño?   : *Meetzouynco, ñanmitto milequiay⁊le*[4]*?*

Este modo de composiciones corresponde a·lo·que en latin y castellano se hazen con "re":

siembro, reciembro	: *aman, [a]migian*

Otro modo

Declinando los nombres con sus posessivos y, si acaban en consonante, posponiendoles *an* y, si en vocal, *uan*[5] significa "hazer" [fol. 181] lo que el nom<u>bre</u> significa. Vg.:

puyup	: puente
apyyupan	: hago mi puente,

mipyupan, pupyupan, cupyupan, mipyupouhan, chupyupan

---

[1]   *loylajian*: <ol·*j*>.
[2]   *miyoyoqui*: <ol·*c*>.
[3]   *choyoquian*: {-*ch*}<ol·*z*>.
[4]   *meechouynco*: {*c*+}<*t*>, {-*h*}<ol·*z*>; *ñanmito*: <ol·*t*>; *milecquiay* : {-*c*}.
[5]   *-van*: {*v*+}<*u*>.

panâ	: camino
amnauan[1]	: hago mi camino,
mimnavan, imnavan, quimnavan, mimnavouhan, chimnavan	
extec	: vestido
anextecuan[2]	: hago mi vestido,
menextecvan, nextecvan, quenextecvan, menextecvouhan, nextecvoulan	
hago mi yglesia	: *aniglesiauan*[2]

Tu(e) es Petrus et super han[c] petram <u>ae</u>dificabo ecclesiam meam

Tu eres Pedro y sobre esta piedra	: *Mi Pedro mectan, co ta ñante aniglesiauoc*
edificarè mi iglesia	*tan*[2].
ney	: leña
aneyan	: hago mi leña
zala[3]	: muger
muluch	: marido
azlavan[4]	: me caso, uxorem duco
apuluchan	: marito, nubo
mislavan	: tu te casas
zalavan[3], *quislavan, misla[v]ou(l)han*[5], *ytzalavan*[6]	
apuluchan	: yo, muger, me caso
pupuluchan, muluchan[7], *cupulucchan,*	: tu te casas, aquella se casa &c.
mupuluchouhan, cupuluchan.	
azipan[8]	: hago me casa
mitzipan[9]	: hazes &c.

Con otros nom<u>bres</u> se junta el nom<u>bre</u> con verbo. Vg.:

annaychan[10]	: exploro ô vigio camino,
mimnaychan[10], *manaychan*[10], *quimnaychan*[10], *mimnaychihan*[10], *chimnaychan*[10]	
amnaychi[10], *amnayc[h]tan*	
liu	: libro, escrito, pintura, junto con el verbo
	alven significa "pintar", "escrivir". [fol. 182]

---

[1]   *-van*: {*v*+}<*u*>.

[2]   *-van, -voctan*: {*v*+}<*u*>.

[3]   *chala-*: {*-ch*}<ol·*z*>.

[4]   *axlavan*: {*-x*}<ol·*z*>.

[5]   *mislavolhan*: {*-vo*}<ol·*ou*>.

[6]   *ychalavan*: {*c*+}<*t*>, {*-h*}<ol·*z*>.

[7]   *mulupchan*: {*-p*}.

[8]   *achipan*: {*-ch*}<ol·*z*>.

[9]   *michipan*: {*c*+}<*t*>, <ol·*z*>.

[10]   *-naychchan, -naychchi-*: {*-ch*}.

liu alven   : pinto,
milven, ilven, quilven, milveyhan, liveylan
ylvey, quilvehtan &c.
checho   : plata
achechovan   : plateo,
michechovan, chechovan, quichechovan, michechovouhan, ychechovan
achechovou, achechovoctan &.
puillquitz[1]   : oro
apuillquitzuan[2]   : yo doro,
mipuillquitzuan[3], *puillquitzuan*[3], *quipuillquitzuan*[3], *mipuillquitzuouhan*[3],
chipuillquitzuan[4] &c.

Otro modo de compuestos

Añadiendo despues del ymperativo absoluto de algunas la misma particula *an* se componen verbos que significan "mandar" ô "hazer hazer" lo que significa el verbo simple de quien se deriva. Vg.:

alan   : agolo
loc   : hazlo tu

posponiendole *an* y anteponiendole los pronombres se forma:

alocan   : hago que lo haga o mando que lo haga,
milocan, ylocan, quilocan, milocayhan, locaylan
ameñan   : lo quiero
meñoc   : quierelo tu
ameñocan[5]   : hago que lo quiera,
mimeñocan, quimeñocan, mimenocayhan, menocaylan

A otros se les pospone *en* y la *c* en que finalizan la convie[r]ten[6] en *q* por [fol. 183] pronunciacion. Vg.:

axcan   : bebo
axquen   : doyle de beber ô mamar,
mixquen, ixquen, quixquen, mixqueyhan, xiqueylan

---

[1]   *puillquich*: {c+}<f>, {-h}<ol·z>.
[2]   -*quichvan*: {c+}<f>, {-h}<ol·z>, {v+}<u>.
[3]   -*quichvan*, -*quichvouhan*: {c+}<f>, {-h}<ol·z>, {v+}<u>.
[4]   *chipuillquichvan*: {c+}<f>, <ol·z>, {v+}<u>.
[5]   *ameñocam*: {m+}<n>.
[6]   Era: convienten.

Y estos mas parece que se forman del presente, mudando el *an* en *en*. Vg.:

axacan	: me embriago
axaquen	: embriago â otro,
mixaquen, ixaquen, quixaquen, mixaqueyhan, xaqueylan	
allupan	: como carne, pescado &c.
allupen	: doyle â comer carne, pescado &c.,
mullupen, ullupen, cullupen, mullupeyhan, llupeylan	
atupan	: ando
atpen	: hago le andar,
mutupan, utpan, cutupan, mutupihan, tupilan	
mutpen, utpen, cutpen, mutpeyhan, tupeylan	
ahlan	: hablo
asinzivecan[1]	: <ol·hazer burla>,
mi(n)sinzivecan[1], *ysinzivecan*[1], *quisinchivecan, misinzivecayhan*[1], *sinzivecaylan*[1]	
aaman	: como,
miaman, laman, quiaman, miamouhan, chiaman	
alammen[2]	: hagole comer,
milamen[3], *ilamen, quilamen, milameyhan, lameylan*	

<*anğoluan, angolvey, angolvectan*>[4]

alamman	: matole, maltratole, aporreole,
milamman, ylamman, quilaman, milamihan, lammilan[5]	
alammacan	: mandar ô hazerle matar,
milammacan, ilammacan, quilammacan, milammacayhan, lammacaylan[6]	
[fol. 184] *anğlehan*[7]	: le mato ô hago morir,
menğlehan[8], *enğlehan, quinğlehan, miğlejihan, (e)nğ[o]lejilan* <*ol·golejilan*>	
ayoyan	: lloro,
miyoyan, zoyan[9], *quiyoyan, miyoyouhan, chiyoyan*	
atzoyen[10]	: hagole llorar,
mitzoyen, ytzoyen, quitzoyen[11], *[mitzoyeyhan], zoyeylan*[9]	

---

[1] *-sinchivec-*: <ol·z>.
[2] *alamen*: <ol·m>.
[3] *milaben*: <ol·m>.
[4] La traducción de estas tres formas, escritas en una letra distinta, podría decir: yo lo mato, yo lo maté, yo lo mataré. Véase más abajo: *anğlehan*, etc.
[5] *alaman, milaman,ylaman, lamilan*: <ol·m>.
[6] *-lamacan, -lamacayhan, -lamacaylan*: <ol·m>.
[7] c.c. las formas intercaladas arriba: *anğoluan*, etc.
[8] *minğlehan*: {i+}<e>.
[9] *choy-*: <ol·z>.
[10] *achoyen, michoyen, ychoyen*: {c+}<t>, {-h}<ol·z>.
[11] *quichoyeyhan*: {c+}<t>, {-h}<ol·z>, {-yha}.

at[z]oyegtan[1]*, choyeg, mitzoiieghi*[2]

atzoyegjian[3] : otra vez le hago llorar,

michoyegjian, ychoyejian[4]

anexteconan : yo me visto

anextecan : yo le visto,

menextecan[5]*, nextecan* &c.

anextecquehtan, nextecqueh l. *menextecqueh-ji*

Quinto modo de compuestos

p ynterpuesta â los pronom<u>bre</u>s y verbos haze otro modo de composicion que general y ordinariamente significan lo mismo que·los simples, aunque algunas vezes tambien significan otras cosas. Vg. reciprocacion, *ad invicem*:

asinnan[6] : oygole

aphinnan : lo mismo

quiphinnan : nos oimos los unos a·los otros.

Y esta misma composicion se haze con la misma interposicion de·la *m*.

quimcollan[7] : nos amamos

chimmeñan[8] : se quieren *ad invicem*

apialpan : recojo ô junto para·mi,

mipialpan &.

allajan : llevo

apllahan : llevo para·mi

allavohtan, llavoj l. *millavohji*

§ segundo: Sexto modo de composicion con algunas particulas

[fol. 185] *allan*[9] : le doy

alequian : le torno â dar

alecan : le hago ô mando dar

---

[1] *achoyegtan*: {c+}<t>.

[2] *michoighi*: {c+}<t>, <ol·z>, <ol·ie>.

[3] *achoyegjian*: {c+}<t>, <ol·z>.

[4] *ychoyegjian*: {-g}.

[5] *menxtecan*: <ol·e>.

[6] *asinan, aphinan, quiphinan*: <ol·n>.

[7] *quimcollan*: <ol·ll>: véase p. 46, nota 3.

[8] *chimpeñan*: <ol·m>.

[9] *allan*: <ol·ll>: véase p. 46, nota 3.

aenan   : me doy, me entrego, me ofresco,
mienan, lenan, quienan, &c. <ol·mienoujan, cheenan>.

Con este modo se suplen las transiciones y los romances de me, te, se como dixe
arriba, <fol. 154, 155, 138>

mullan despues del pronombre y emperativo de los verbos significa "principiar
la accion". Vg.:

alomullan	: empiezo ô comienzo â hazerlo
axihmullan	: empiezo â beber
axinahmullan[1]	: comienzo â oir
ameñomullan	: empi[e]zo â quererle
sehmullan	: empi[e]za â nacer lo sembrado

col-lan[2] pospuesta del mismo modo significa "concluir" ô "acabar" de·hacer la
accion. Vg.:

alocol-lan[2]	: acabo de hazerlo,
milocolan, ilocolan, quilocolan, milocolihan, locolilan	
aloclo(c)[h]tan[3]	
axihcolan	: acabo de beberlo
asinahcolan	: acabo de oirlo
Mec ytzzac quixihcolliicho[4]	: Ya acabamos de beber toda·la chicha.
pitzan[5]	: haze significa la accion de "passada"
	ô â la "propartida".
atzachpitzan[6]	: lo veo de passada
atunpitzan[5]	: le digo â·la despedida ô propartida
axihpitzan[5]	: bebo de·passada
asinahpitzan[5]	: oygole de pasada,
misinahpitzan[5], *ysinahpitzan*[5]	
asihpitzi, misihpit[z]i[7] &c.	
Paleche, atzachpitzan[6]	: Passando lo acabo de ver.

[fol. 186] *xipen* con los mismos y[m]perativos significa "hazer casi" ô "por
poco" la accion del verbo. Vg.:

---

[1]   *asinahmullan*: {s+}<x>.
[2]   *-colan*: <ol·l->.
[3]   *alohloctan*: <ol·c>.
[4]   *ychac*: {c+}<t>, {-h}<ol·z>, <ol·z>; *quixihcolicho*: <ol·l>, <i>.
[5]   *-pichan*: {c+}<t>, <ol·z>.
[6]   *atachpichan*: <ol·z>, {c+}<t>, <ol·z>.
[7]   *asihpichi*: {c+}<t>, <ol·z>; *misihpichi*: {c+}<t>.

atzapxipen[1]	: casi ô por poco lo cojo,
atzapxipey	
atzachxipen[2]	: casi lo veo
asinnahxipen[3]	: casi lo oygo

patzan[4] pospuesta â los subjuntivos haze que signifique "continuacion de·la accion por espacio de un dia". Vg.

Azipte atonhu·patzan[5]	: Hasta la noche estoy en mi casa ô todo el dia.
[*atonhupachi, atonhupachactan*][6]	
apxavoch·patzan[7]	: todo el dia ê estado hilando
miyech·patzan[8]	: todo el dia duermes

masan pospuesta â·los mismos subjuntivos significa "continuacion de toda una noche".

Aluvoch·masan	: Toda la noche estoy triste y pesaroso.
Yelmu agullech·masan[9]	: Toda la noche â estado acostado sin dormir.
Quiyepacna[10] *quitonhu·masan*	: Estamos sin poder dormir toda la noche.
(*atonhu·patzi, atonhu·patzactan, miyech·patzan*[11]: duerme tu todo el dia)[12]	

patzaquian[13] pospuesta â los mismos subjuntivos les haze continuar la accion sin intermission. Vg.:

alech pachaquian	: le doy continuamente
atzachju·patzaquian[14]	: lo veo frequentamente
amiachju·patzaquian[13]	: te veo continuamente
mayachju·patzaquian[13]	: me ves frequentamente
acullha acothu·patzaquian[15]	: vivo siempre

---

[1] *achapxipen*: {*c*+}<*t̕*>, {-*h*}<ol·*z*>.
[2] *atachxipen*: <ol·*z*>.
[3] *asinahxipen*: <ol·*n*>.
[4] *pachan*: {*c*+}<*t̕*>, {-*h*}<ol·*z*>.
[5] *achipte*: <ol·*z*>; *atonhupachan*: {*c*+}<*t̕*>, <ol·*z*>.
[6] Intercalación de formas mencionadas abajo, véase nota 12.
[7] *apsavochpachan*: {*s*+}<*x*>, {*c*+}<*t̕*>, <ol·*z*>.
[8] *miyechpachan*: {*c*+}<*t̕*>, <ol·*z*>, y véase nota 12.
[9] *yilmu*: <ol·*e*>; *aycullechmasan*: <ol·*agu*>.
[10] *quiyepa.na*: {-*.*} <ol·*c*>.
[11] *miyechpacha.*: {*c*+}<*t̕*>, {-*h*}<ol·*z*>, <ol·*n*>.
[12] Repetición a omitir: véase arriba.
[13] -*pachaqui(an)*: {*c*+}<*t̕*>, <ol·*z*>.
[14] *atachjupachaquian*: <ol·*z*>, {*c*+}<*t̕*>, <ol·*z*>.
[15] *cothupachaquian*: <ol·*a*>, {*c*+}<*t̕*>, {-*h*}<ol·*z*>.

capac acullha acothu [fol. 187]   : reyno siempre
patzaquian[1]
capac nğuinha cothu patzaquiaytan[1] : reynara para siempre
cunutza[2] *quiloch·patzaquian*[1]   : continuamente pecamos
achasoch·pat[z]aquian[3]   : siempre, continuamente juego

chupan pospuesta a·los ymperativos haze disminuir la accion. Vg.:

agolechupan   : le amo tiernamente, hagole amoritos
ameñochupan   : lo quiero con ternura
alochupan   : lo hago con gusto
asinahchupan   : lo oygo un poquito
ağolechùpan, migolechùpan, ygolechùpan, migolechùpouhan, nğolelachùpan
ağolechupoctan, ngolechùpoc l. *migolechùpocqui*[4]

atan[5]: este·verbo pospuesto â muchos nombres significa "la accion" de ellos y con ellos se hazen muchos verbos. Vg.:

ayelam atan[5]   : hago la cama
messa atan[5]   : pongo la messa
cot attan   : traigo agua
{*-ques attan*}   : le crio
anextec attan   : hago ô compongo mi vestido
zip[6] *atan*[5]   : hagole ô compongole su casa
Conjugase: *attan, mattan, ettan, quettan, metihan*[7], *hattilan*
attactan
tac l. *mittacqui*
Dios muchan attan   : Ruego por el â Dios, le encomiendo â Dios.
Dios muchan amattan   : Te encomiendo â Dios.
Dios muchan {*-amattihan*} l.   : Os encomiendo â Dios.
amattiquihan
Dios muchan apahattiquian   : Ruego por ellos &c.
Dios muchan quimattan   : Rogamos por·ti.
Dios muchan nğattan   : Aquel ruega por mi[8].

---

[1]   *-pachaqui(an)*: {*c+*}<*t*>, <ol·*z*>.
[2]   *cunucha*: {*c+*}<*t*>, {*-h*}<ol·*z*>.
[3]   *achasochpachaquian*: {*c+*}<*t*>.
[4]   *migolechùpoqui*: <ol·*c*>.
[5]   *attan*: {*-t*}.
[6]   *chip*: {*-ch*}<ol·*z*>.
[7]   *mettihan*: {*-t*}.
[8]   Era: ti.

muchan imattan	: {-aquel} por [ti]
muchan icattan	: aquel por nos[o]tros[1]
[fol. 188] *imattiquijan*[2]	: aquel por vosotros
muchan mahattiquian	: aquel por aquellos
muchan quimattoctan	: rogaremos por ti
muchan quettoctan	: por aquel
muchan quimattohactan	: por vosotros
muchan quipahattoctan	: por aquellos
muchan aticquian	: ruego, intercedo por el
ahlan	: hablo
athilan	: intercedo
atnan	: digole,

mutnan, utnan, cutnan, mutnihan, tuneilan[3]

Estas significaciones se hazen con la interposicion de ˙la *t*.

Para mas clara intelligencia de los verbos compuestos pongo el verbo *alan* conjugado con todos sus compuestos:

alan	: yo le hago,

milan, ylan, quilan, milouhan, loulan

Preteritos ymperferfecto y plusquamperfecto:

alou	: yo le hacia, hize &.
alouve	: le havia hecho

Futuros:

aloctan	: le harê
alou˙actan	: le avrè hecho

Ymperativo

loc vel *milocqui*	: hazlo tu
alocte l. *alocge*	: agalo yo

Obtativo

alonão˚que l. *alocteque*	: yo lo hiziera, haria y hiziesse

Preterito plusquamperfecto:

alou cottoque l. *cotteque*	: yo lo huviera, avria y huviesse hecho

---

[1]   Era: nosatros.
[2]   *imattiquian*: <ol·j>.
[3]   *tunilan*: <ol·e>.

Subjunt<u>iv</u>o

aloch   : haziendolo, aviendolo hecho, quando lo
                                         haga, en haziendolo &c.

Infinit<u>iv</u>o

alocte   : hazerle
alou cotnap   : por haver lo hecho
alolam   : aver de hazerlo
alolam cotnap   : por aver de hacerlo

Participios

yo que˅lo hago   : alou l. alouinco
yo que˅lo hize   : alouve l. {-a} alouveinco[1]
[fol. 189] yo que˅lo avia hecho
aloctan˚ynco   : yo que˅lo hare
alolamynco   : yo que lo he de hazer

Gerund<u>ios</u>

aloctehe l. alolamhe   : para hazerlo, de hazerlo y â ha[ce]rlo yo &c.
lochche[2]   : haziendolo, en haziendolo &c.
lonnap[3]   : aviendo ô en aviendolo hecho
alonǧo   : factible ô lo que yo puedo hazer

El mismo verbo con las negaciones:

alopan   : no lo hago
aloupitzo[4], alouvepitzo[5]
alopectan, aloupitzo[4] actan
loumu l. milacnic l. milochin, alopecte, alopecge
alopacnaque l. alopecteque, aloupitzo[4] cottoque l. cotteque
alopech
alopecte

---

[1]   alove: {v+}<u>, <ol·v>; alouveinco: <ol·*1*>.
[2]   loche: <ol·che>.
[3]   lonap: <ol·n>.
[4]   -picho: {c+}<t>, {-h}<ol·z>.
[5]   -picho: {c+}<t>, <ol·z>.

alopelamhe l. *alopectehe, lochche °pit[z]o*[1]*, lopennap*[2]
quilopacna

pasiva:
aloitzan[3]   : yo soy hecho
miloitzan[4]*, loitzan*[4]*, quiloichan, miloitzihan*[3]*, loitzilan*[4]
aloichi, aloichiye
aloichtan, aloichi actan
loich, aloichte, aloiche
aloichoque, aloichteque, aloichi cottoque l. *coteque*
aloich
loichte
l[o]ich[5]
aloichlamhe l. *aloichge, loitzenap*[3]

aloccan[6]   : hazer que lo haga, mandarlo hazer
milocan, ylocan, quilocan, milocayhan, locaylan
alocai, alocayye, milocayye, ylocayye, quilocayye,
milocayhaque, locaylaque
alocahtan, alocay actan
locah l. *milocajgi, alocahte, alocahge*
alocahjoque, alocahteque, alocquiay[7] *cottoque* l. *cotteque*[8]
alocahju
alocahte
alocahlamge, alocahtehe, locahge, (locahge)[9]*, locahgenap*
quilocahjo
locahjuch

alocquian[10]   : rehazerlo, bolver â hazerlo
milocquian[11]*,* [fol. 190] *ylocquian*[10]*, quilocquiayhan*[10]*, lolaquian*

---

1   *loche:* <ch>; *picho:* {c+}<t>.
2   *lopenap:* <ol·n>.
3   *-loich-:* {c+}<t>, {-h}<ol·z>.
4   *-loich-:* {c+}<t>, <ol·z>.
5   Era: *laich.*
6   *alocan:* <ol·c>.
7   *aloahteque, aloquiay:* <ol·c>.
8   *cotoque:* <ol·t>, {o+}<e>.
9   Repetición de la forma precedente.
10 *-loqui(an):* <ol·c>.
11 *miloquia:* <ol·c>, <ol·n>.

aloquiay, aloquiayye
aloquiahtan, aloquiay actan
loquiah l·*miloquiahji, aloquiahte, aloquiahge*
aloquiahjoque, aloquiahteque, aloquiay cottoque l. *cotteque*
aloquiahju
aloquiahte
aloquiahlamhe, aloquiahtehe, lolaquiahge, lolaquiahgenap

Dios muchan alanco[1]   : reverencio, venero y adoro â Dios,
milanco, ilanco, quilanco, milouhanco, loulanco[2]
alouinco[3]
aloctan[4]
No tiene mas tiempos.

aonan   : me·hago
pallou mionan   : te hazes bueno
yxivah lonan   : se·hace malo
quionan, mionouhan, chionan
aonou, aonouve
aonoctan, aonou actan
aononoque, aonocteque, aonou cottoque l. *cot(q)teque*
aonocge, onoc l. *mionocqui*
aonocte
aonoch
aonolamhe, aonoctehe, onoc[-]he, ononnap[5]
alocol-lan[6]   : concluir ô acabar de hazer lo comenzado
milocollan[7], *ilocol-lan*[7], *quiloc[ol]lan, milocolihan, lo(lol)colilan*[7]
alocoli

aloclohtan[8]
aloclojhoque[9], *aloclohteque, alocoli cottoque* l. *cotteque*
aloclojju[10] &

---

[1]   *aloang:* {*-oan*}<ol·*anco*>.
[2]   *miloang, iloang, quiloang:* {*-o*}, <ol·*co*>; *milouhanang:* {*-ang*}<ol·*co*>; *loulaang:* {*-ang*}<ol·*nco*>.
[3]   *alouang:* {*-ang*}<ol·*inco*>.
[4]   *aloctanga:* {*-ga*}.
[5]   *ononap:* <ol·*n*>.
[6]   *alocolan:* <ol·*l-*>.
[7]   *milocan:* {*a+*}<*o*>, <ol·*lla*>; *ilocan:* {*a+*}<*o*>, <ol·*l-la*>; *loccolilan:* {*-c*}<ol·*lol*>.
[8]   *alo.lohtan:* {*-*.**}<ol·*c*>.
[9]   *aloclojhoque:* {*-c*}<ol·*c*>.
[10] *aloclohju:* {*h+*}<*j*>.

alochùpan   : hagole poquito
milochùpan, ylochupan, quilochupan, milochupouhan, lochupoulan
alochupou, alochupouve
alochupoctan, alochùpou actan
lochupoc, milochupocqui, alochupocte[1], alochupocge[1]
alochupoñõ°que[1] l. alochupocteque[1], alochupou [fol. 191]
cottoque l. cotteque
alochupoch
alochupocte
alochupolamge l. alochupoct[e]he, lochupoc[-]he, lochuponap

alupon[2]   : es lo mismo que su simple,
mulupon[3]: tu·lo hazes, *ylupon[2], quilopon, milopoyhan, lopoylan*
alupoy[2], alupoyye[2]
alopohtan, alopoy actan
lopoh l. mulupohji[4], alopohte, alopohge
alopohjoque l. alopohteque, alopoy cottoque l. cotteque, alopohju
alopohte
alopohlamhe l. alopohtehe &c.

alomullan   : comienzo ô empiezo â hazerlo
milomullan, ylomullan, quilomullan, milomullouhan, lolamullan
alomullou, alomullouve
alomulloctan, alomullou actan
lomulloc l. milomullocqui[5], alomullocte, alomullocge
alomulloñõque l. alomullocteque, alomullou cottoque l. cotteque
alomulloch
alomullocte
alomullolamhe[6] l. alomulloctehe {-alomullongo}
alomullocge[7], alomullonap
alomullovuch

alollucan   : concluyo, acabo de hacerlo
milollucan, ylollucan, quilollucan, milolluquihan, lolallucan

---

1   *aluchup-: {u+}<o>.*
2   *-lopon, -lopoy: <ol·u>.*
3   *milopon: <ol·u>, <ol·u>.*
4   *milopohji: <ol·u>, {o+}<u>.*
5   *mimulomullocqui: {-mu}.*
6   *alomullochelamhe: {-che}.*
7   *alomulloche: {h+}<g>.*

alolluqui, alolluquiye
alollucohtan[1], *alolluqui actan*
lolluco[h][2] l. *milollucohji, alollucohte, alollocohge*
alollucohjoque, alollucohteque, alolluqui cottoque l. *cotteque*
alollucojju[3]
alollucohte
alollucohlamhe[4] l. *alollucohte[ge]*[5]
alollucohjo
lollucohge, lollucohgenap
lollucovuch

[fol. 192] *alopul-lan*[6]   : descanso, ceso ô dexo de hazerlo
milopul-lan[6], *ylopulan, quilopulan, milopulihan, lolapulan, {-quilopulan}*
alopuli, alopuliye
alopultan, alopuli actan
lopul, milopul-li[6]
alopuloque, alopulteque, alopuli cottoque l. *cotteque*
alopulte, alopulhe, alopulhu
alopulte
alopul-lamhe[6], *alopultehe, lopulhe, lupul-lennap*[7]

alochen   : lo ando haziendo
milochen, ylochen, quilochen, milocheyhan, lolachen
alochey, alocheyye
alochehtan, alochey actan
locheh l. *milocheji, alochehte, alochehge*
alochehjoque, alochehteque, alochey cottoque
alochehju
alochehte
alochehlamhe, alochehtehe
alochehjo
lochehge, lochehgennap[8]
lochehjuch

---

[1]   *alollacohtan*: {*a+*}<*u*>.
[2]   *lollucoh*: {*-h*}: esta corrección nos parece errónea.
[3]   *alollucoch*: <ol·*j*>{*-ch*}<ol·*ju*>.
[4]   *alollocohlamhe*: {*-o*}<ol·*u*>.
[5]   Era: *alollucohteque.*
[6]   *-pulan, -puli, -pulamhe* : <ol·*l*->.
[7]   *lupulenap*: <ol·*l*->, <ol·*n*>.
[8]   *lochehgenap*: <ol·*n*>.

alopitzan[1] : hagolo de passado ô â·la despedida
milopitzan[2], *ylopitzan*[1], *quilopitzan*[1], *milopitzihan*[2], *lolapichan*
alopichi, alopichiye
alopitztan[3], *alopichi actan*
lo(c)pich[4], l. *milo(c)pitzi*[5], *alo(c)pixte*[4], *alopichge*
alo(c)pitzoque[5] l. *alo(c)pixteque*[4], *alopichi cottoque* l. *cotteque*
alo(c)pitz[5]
alo(c)pichlamhe[4], *alopi(x)[tz]tehe*
alopicho
alopitzge[1], *alopitzennap*[6],
lo(c)pichjuch[4]

alopaleq[u]ian : lo ando haziendo de aqui para alli
milopalequian, ylopalequian, quilopalequian,
milopalequiayhan, [fol. 193] *lolapalequian*
alopalequiay, alopalequiaiye
alopalequiajtan, alopalequiay actan
lopalequiaj l. *milopalequiahji, alopalequiahte, alopalequiahge*
alopalequiahjoque, alopalequiahteque, alopalequiay[7] *cottoque* l. *cotteque*
alopalequiahju[8]
alopalequiahte
alopalequiahlamhe l. *alopalequiahtehe*
alopalequiahjo
lopalequiahge, lopalequiahgennap[9]
lopalequiahjuch

aloclojian : concluyo ô acabo de reazerlo
miloclohjian, yloclohjian, quiloclohjian, miloclohjiayhan,
loclohjiaylan
aloclohjiay, aloclohjiayye
aloclohjiaytan, aloclojjiay actan
loclojjiah l. *miloclohjiahji, aloclohjiahte, aloclohjiahge*

[1] *-pichan:* {*c*+}<*t*>, {*-h*}<ol·*z*>.
[2] *-pich(ih)an:* {*c*+}<*t*>, <ol·*z*>.
[3] *alopixtan:* {*-x*}<ol·*tz*>.
[4] *-lopich-, alopixte-:* <ol·*c*>.
[5] *-lopich-:* <ol·*c*>, {*c*+}<*t*>, <ol·*z*>.
[6] *alopichenap:* {*c*+}<*t*>, {*-h*}<ol·*z*>, <*n*>.
[7] *alopalequian:* {*n*+}<*y*>.
[8] *alopalequahju:* <ol·*i*>.
[9] *-genap:* <ol·*n*>.

aloclohjiahjoque, aloclojjiahteque, aloclohjiay cottoque l. *cotteque*
aloclohjiahju
aloclohjiahte
aloclohjiahlamge[1], *aloclohjiahtehe*
aloclohjiahjo
loclohjiahge, loclohjiahgennap[2]
loclohjiahjuch

aloch·patzaquian[3]   : lo hago continua<u>mente</u>
miloch·patzaquian, yloch·patzaquian, quiloch·patzaquian,
miloch·patzaquiayhan, lolach·patzaquian
aloch·patzaquiay, aloch·patzaquiayye
aloch·patzaquiaytan, aloch·patzaquiay actan
loch·patzaquiah l. *miloch·pachaquiahji, aloch·pachaquiahte, aloch·patza-
quiahge*
aloch·patzaquiahjoque, aloch·[fol. 194]*pachaquiahteque,*
aloch·pachaquiay cottoque l. *cotteque*
aloch·pachaquiahjú
aloch·pachaquiahte
aloch·pachaquiahlamhe, aloc[h]·pachaquiahtehe
aloch·pachaquiahjo
iloch·pachaquiahge, iloch·pachaquiahgenap &.

aloch·patzan[4]   : lo hago todo el dia
miloch·patzan[5]*, yloch·patzan*[4]*, quiloch patzan*[5]*, miloch·patzihan*[5]*,*
lolach·pachan
aloch·patzi, aloch·patziye[6]
aloch·pachactan, aloch·pachi·actan
loch·pachac l. *miloch·pachacqui*[7]*, aloch·pachacte, aloch·pachacge*
aloch·pachangoque, aloch·pachacteque, aloch·pachi cottoque l. *cotteque*
aloch·patzach[8]
aloch·pachacte
aloch·pachac-lamhe, aloch·pachactehe

---

[1]   *aloclohjiahlamhe:* {*h*+}<*g*>.
[2]   *-genap:* <ol·*n*>.
[3]   En el paradigma siguiente: *-patza-:* c.d. *-pacha-:* {*c*+}<*t*>, {*-h*}<ol·*z*>.
[4]   *-pacha-:* {*c*+}<*t*>, <ol·*z*>.
[5]   *-pacha-, -pachi-:* {*c*+}<*t*>, {*-h*}<ol·*z*>.
[6]   *alochiye:* {*-iye*}<ol·*patziye*>.
[7]   *milochpachaqui:* <ol·*c*>.
[8]   *-pach-:* {*c*+}<*t*>, {*-h*}<ol·*z*>.

aloch·pachan͂go[1]
loch·pachacge, loch·pachacgenap

aloch·masan   : lo hago toda la noche
miloch·massan, yloch·masan, quiloch·masan, miloch·masouhan[2]*, lolach·masan*
aloch·masou, aloch·masouve
aloch·masoctan, aloch·masou actan
loch·masoc 1. *miloch·masocqui*
aloch·mason͂oque, aloch·masocteque[3]*, (aloch·masocteque*[4]*),*
aloch·masou cottoque 1. *cotteque*
aloch·masoch, loch·masoc, miloch·masocqui
aloch·mason͂o
aloch·masocte
aloch·masolamhe, aloch·masoctehe, loch·masoc[-]he, loch·masoc[-]henap

Trtado quarto: Del verbo defectivo que ay en esta lengua

Y son estos: [fol. 195]

Chim   : Dame.
Chim menel[5]   : Dame tu yuca.
Chim mi°tanta   : Dame de tu pan.

Aunque en este modo siempre se entiende el verbo *allan*: doyle

Y assi se dice:

Chim mitanta ec 1. *maecqui*   : Dame pan.
Chim mitantaha machacqui   : Dadme de vuestro pan.
jay, jaya, enton͂pitjina, (enton͂pitjina)[6] : no se

Tambien antepuesta dicha particula â otros verbos significa otras cosas. Vg.:

chim mitongui   : estate ô sientate un poco.
chim miamocqui   : come un poco
n͂ammo quillacte <*ol·* 1. *quillacte°â*> : vamos
aquinajjâ[7]   : esperame

---

[1]   *alochpachan͂goque*: {-*que*}.
[2]   *milochmaxouhan*: {-*x*}<ol·*s*>.
[3]   *alochmasocque*: {-*que*}<ol·*te*>, <*que*> .
[4]   *alochmaxocteque*: <ol·*s*>: repetición de la forma precedente.
[5]   *minel*: {*i*+}<*e*>.
[6]   *jayach*: {-*ch*}; *enton͂pithin*: {*h*+}<*j*>, <ol·*a*>; *enton͂pijinah*: <*t*>, {-*h*}: repetición de la forma precedente.
[7]   *aquinah*: {-ol·*.**.**}, {-*ah*}<ol·*ajjâ*>.

ajuiain[1]	: espera todavia
ayte	: calla
ayteaj[2]	: callad vosotros

Los verbos que significan las mudanças de los tiempos, solo tienen las terceras personas en todos los tiempos.

misse pactan	: haze frio
muxac maichan	: haze sol
ziˑmahattan[3]	: llueve
ziˑmusan[4]	: llovizna â està lloviznando
casman(c)[5]	: ventea ô ventisca
lasuˑmuillan[6]	: n[i]eva ô graniza
cajapey[7] *matian*	: yela
pulum jilan	: truena
pachol-lan	: relampaguea
pellip llepan[8]	: lo mismo
ziysitan[9]	: escampa ô dexa de llover
paxlan	: haze verano
ziˑmitta[10] *pactan*	: tiempo de aguas
ziˑet[11]	: ybierno
paxol-let[12]	: verano
uchuah pactan	: haze calor

Y estos nombres juntos [fol. 196] con *acquian* son activos. Vg.:

misse acquian[13]	: tengo frio
uchuah acquian	: tengo calor

misse mi l. *piquian, quian, quiquian, miquiihan, chiquian*

---

[1] *aquien:* {*q+*}<*j*>, {*-en*}<olˑ*a*>, <*in*>.
[2] *ayteah:* {*h+*}<*j*>.
[3] *chimahatan:* {*-ch*}<olˑ*z*>, <olˑ*t*>.
[4] *chimuxan:* {*-ch*}<olˑ*z*>, {*-x*}<olˑ*s*>.
[5] *caxman:* {*-x*}<olˑ*s*>, <olˑ*c*>.
[6] *laxumuillan:* {*-x*}<olˑ*s*>.
[7] *caxapey:* {*-x*}<olˑ*j*>.
[8] *llipan:* {*i+*}<*e*>.
[9] *chiysitan:* <*z*>{*-ch*}, <olˑ*u*>{*-ol*ˑ*u*}.
[10] *chimita:* {*-ch*}<olˑ*z*>, <olˑ*t*>.
[11] *chilet:* <*z*>{*-ch*}.
[12] *paxolet:* <olˑ*l*->.
[13] *aquian:* <olˑ*c*>.

alon	: le mojo
ñgaloy ô *zitup*[1] *n̄galoy*	: el aguacero me mojô.
zitup[2] *im* l. *iploy*	: te mojo
zitup[2] *iloy*	: le mojô ô le llovio
zitup[2] *icloy*	: nos mojô
zitup[2] *imloyha*	: os llovio
zitup[1] *moloy*	: el aguacero los mojô.

amon: le quemo, tiene la misma construccion. Vg.:

Muxac ñgapon	: El sol me quema ô abrasa.
ymon	: le quema
ympoy	: [te][3] quemô

Tambien significa "tener calentura".

n̄gapon, ympon, ymon, icpon, impoyhan, mopon
ñgapoy, ympoy &c.

atzan	: me yelo de frio

mitzan, tazan, quitzan, mitzihan, yttassan[4]
ataztan
tas, mitazi

caz[5] *n̄gaxeposan*	: me da el viento, me ayreo

cas[6] *imxeposan*[7], *cas*[6] *yxeposan, icxeposan, ymxepozihan, moxeposan*
n̄gaxepossi, n̄gaxepostan

jay l. *jayya*[8]	: no se ô ignoro, respondiendo a·lo·que se pregunta.

axeposan: soplo el fuego, *mixeposan, xeposan, {-meseposouhan}*[9], *quixeposa[n]*[9], *mixeposijan*[9], *eseposan*[10]
aseposou, [axepossi][9]

---

[1]   *chitup*: {-*ch*}<ol·*z*>.

[2]   *chitup*: <ol·*z*>.

[3]   Era: le.

[4]   *tassan, quitssan*: {-*ss*}<ol·*z*>; *ytassan*: <ol·*t*>.

[5]   *cax*: {-*x*}<ol·*z*>.

[6]   *cax*: <ol·*s*>.

[7]   *imsseposan*: {-*ss*}<ol·*x*>.

[8]   *hay*: <*j*>{-*h*}; *hayya*: <ol·*j*>.

[9]   *mesepoxouhan*: <ol·*s*>; <ul *quixeposa, mixeposijan, Axepossi*> en una letra diferente.

[10]   *eseposan*: {-*n*}<ol·*n*>.

[fol. 197] *axepostan*[1]
xepos, <mixepossi>

amallouven   : aprovechalo ô le hago bien
mimallouven, ymallouven, quimallouven, mimalloveyhan,
chimallouven
Zuquiou[2] *ymallouvehpan*   : No le aprovecha al enfermo el remedio

Libro quarto: De·las quatro partes restantes de la oracion
De·la posposicion

No ay en esta lengua preposiciones como en la latina que rijan los casos. Ay si particulas, que equivalen a·las preposiciones y siempre se posponen, de cuyo uso y construcion se dixo en el libro 1 § 3 y 4, las quales no son constantes en regir un solo caso, pues como alli se puede ver, unas vezes rigen uno y otras otro. Vg. *te* que es posposicion de acusativo de movimiento, lo es tambien de ablativo de quietud y en este significa "en" y despues de los participios "quando". Vg.:

Palam°te alluan   : Voy a la plaza.
alonte   : a fuera
te·puttam°te[3]   : en el cielo
co putam°te   : acâ en la tierra
millavite[4]   : quando te fuiste
llaño°te   : quando se vaya
minen°te   : en tu pod[er]
Dios nen°te mec quetgan   : Todos estamos en poder ô en las manos
                                        de Dios.

Esta posposicion es generallissima en esta lengua, pues se halla en todas las partes [fol. 198] del[a] oracion, como lo vera el que con diligencia la aprendiere. Vg.:

Mahach.2°te.1 mellus.6°man.5   : 1.A·la 2.noche 3.se entro ô embarco
Pedro.4 neitzi.3[5]   4.Pedro 5.en 6.la canoa.
2.Nem°1.te°3.cho[6] *4.llavi*   : 4.Se fue 3.ya 1,2.de dia.

---

[1]   *axaposoutan:* {*a+*}<*e*>, {*-ou*}.
[2]   *chuquiou:* {*-ch*}<ol·*z*>.
[3]   *teputam:* <ol·*t*>.
[4]   *milluite:* {*u+*}<*v*><ol·*a*>.
[5]   *mellux:* {*-x*}<ol·*s*>; *neichi:* {*c+*}<*t*>, <ol·*z*>.
[6]   {*-ho*}<*cho*>.

le ô patle	: usque, tenus, hasta
liman ᵒle ô liman ᵒpatle	: hasta ᵥ la sierra
Truxillo ᵒpatle	: hasta Truxillo
acol-lo ᵒpatle	: (ô) hasta que yo me muera

Tambien se pone en lugar de donec, quantum, inquantum, dum. Vg.: dum vixerit:

mientras viva ô mientre viviere	: *nĝuinha cotto ᵒpatle*
mientra yo viva	: *aquinha acottopatle*
dum vixero	

Posponiendole dos *ll*, coarta la accion o prescrive el termino.

millanĝo ᵒpat ᵒlell	: hasta que te vayas no mas.
xocot ᵒpatlell	: no mas que hasta el rio

tep es su correlativa:

petep copatle	: de alli hasta aqui
mi ᵒtep oc ᵒpatle	: desde ti hasta mi

Con ella se señala el tiempo.

anamol ᵒpatlegem[1] milluan?	: por quantos dias te vas?
yp ᵒsemana ᵒpatle	: por dos [fol. 199] semanas
ych ᵒpel ᵒpatle	: por tres meses ô lunas
appiliu[2] ᵒpatle	: por un año
capi nem ᵒtep iptzoc ᵒmol ᵒpatle[3]	: desde oy en seis dias
pojo[4] ᵒpat at ᵒmol-le	: pasa(n)do mañana
anapel ᵒpatlem[5] miloclohtan?	: en quantos meses lo acabaras de hazer?
appel[6] ᵒpatle	: en un mes
annapatlem[7]?	: hasta quando?
anna ᵥ peltem[7]	: en quantos meses?
anna ᵥ piliutem[7]	: en quantos años?

outu: procul, peregre, lejos, se antepone y pospone, como:

outu puttamte[8] alluan	: voy â lejas tierras.
co ᵒtep outu	: lejos de aqui

---

[1]   *patlege*: <ol·*m*>.
[2]   *apiliu*: <ol·*p*>.
[3]   *ipchoc*: {*c*+}<*t*>, {-*h*}<ol·*z*>, <ol·*mol*>.
[4]   *pojou*: {-*u*}.
[5]   *patle*: <ol·*m*>.
[6]   *apel*: <ol·*p*>.
[7]   *ana-*: <ol·*n*>.
[8]   *putam-*: <ol·*t*>.

co°tep ma•outu pactan	: està muy lejos de aqui.
outup l. *outuque*	: de lexos
outu puttam°teque[1] *cotan*	: es de lexas tierras.

e despues de•consonante y *que* vel *teque* despues de•vocal, corresponde â ex l. de para significar la materia de que es la cosa, como:

puillquitz[2]*°ê cham*	: cadena de oro
chechoque pixcam	: vaso de plata
taque	: de•piedra
mech°chê[3]	: de madera ô de palo
Puillquitz[2]*°ê at°cham acotan*	: Tengo una cadena de oro.

Tambien con nombres de reynos, ciudades ô lugares significa la•patria de que cada uno es:

Limateque	: Soy de Lima.
España°teque actan	: Soy de España.
Ochanach°chê[4]	: de Ochanache
limanne	: de la sierra
Coteque actan	: Soy de aqui.
[fol. 200] *co putamteque*	: de este pueblo

Tambien se notan ô señalan con ellas los que ya son muertos, como:

Luissê Maria°que chupul	: hijo de Luis y de Maria difuntos.

ñanman: coram, delante, enfrente, en presencia, admite los possessivos y se junta con *te*:

oc•añanman°te	: delante de mi ô en mi presencia
mi°ñanman°te	: delante de ti
ñanmante, quiñanmante, miñanjamante[5]*, yñanmante*	
Atzip ñanman°te Juan zip taptan[6]	: La casa de Juan esta delante ô en°frente de la mia.

Y añadiendole *all* se haze adverbio:

ñanman°all	: presencialmente
Dios ñanman°te	: en presencia de Dios

---

[1]   *putam-*: <ol·t>.
[2]   *puillquich*: {c+}<t>, {-h}<ol·z>.
[3]   *mech ê*: <ol·ch>.
[4]   *Ochanach ê*: <ol·ch>.
[5]   *miñanmanhate*: <ol·ja>, {-ha}.
[6]   *achip*: {c+}<t>, {-h}<ol·z>; *chip*: <ol·z>{-ch}.

mon: retro, post, pone, tras ô detras: admite los posessivos y se junta con *te*, como la antecedente:

amonte	: detras de mi
mi l. *pimonte*	: detras de ti
monte mitzan[1]	: viene tras el
quimonte, mimonhate, chimonte	
Amonte (i)mohnan	: Detras de mi viene subiendo.
Monte llactan	: Yrase tras el.

Juntase con *nay*: por

Chimon·nay chipzan[2]	: Vienen por detras de ellos.
Yglesia monte Juan zip[3] *taptan*	: Detras de la iglesia està la casa de Juan.

[fol. 201] *nay*: post, per, por detras, por, admite los posesivos:

anay mitzan[1]	: viene en pos de mi ô detras de mi
minay, nay, quinay, minayha, ynay	
nay ô nayme	: per, por, per viam, por el camino
Pana°nayme Soledad°te quiantectehe,	: Para llegar â la Soledad, passamos por
Huaylillas°nayme quipallan	Huaylillas.

lumte[4], *ñante*: super, supra, sobre, encima, admiten los posessivos:

añante	: sobre mi
miñante	: sobre ti
lapan	: trepa sobre si ô se sube encima de si
mesa ñante	: sobre la mesa
quiñante	: sobre nosotros
miñanha°te	: sobre vosotros
yñante	: sobre ellos
alumte[4]	: sobre mi
mulumte[4]	: sobre ti
mech lumte[4]	: sobre el arbol o madero
culumte[5]*, mulumhate*[4]*, ulumte*[4]	
mula·lumte[4] *cutuplam pana*	: camino de mulas
quichel°pat cutup-lam pana	: camino de a·pie
Mula lumte[4] *cutuplam pana pactan*	: Ay camino de mulas.

---

[1] *michan*: {c+}<t>, {-h}<ol·z>.
[2] -*chan*: {-ch}<ol·z>.
[3] *chip*: <ol·z>.
[4] -*lun(ha)te*: {-n}<ol·m>.
[5] -*lunte*: <ol·m>.

miñ, ñ	: secundum, segun
camatzin[1] *miquii°miñ*	: segun mandaste û ordenaste
Qui°maancoñ quiloctan	: Haremos°lo segun ô como nos lo mandas.

Luca. 1: Fiat mihi secundum verbum tuum:

Mihilancoñ ate loitzge[2]	: Hagase en mi segun tu palabra.

Psalm. 50: Miserere mei, Deus, secundum magnam misericordiam tuam; Et secundum [fol. 202] multitudinem miserationum tuarum, dele iniquitatem meam:

Mallusaicqui[3], *â°pa Dios, mi°ocho*	: Ten misericordia de mi, Sr Dios, segun tu
mipcolelam°miñ; Mahall	grande misericordia; Y segun la muche-
mipcolelamiñpit, anixivah mapixtohi	dumbre de tus misericordias, destruye mi
	maldad

Tambien significa lo que instar, a semejanza ô a modo:

culma·c°ten cul°miñ	: redondo, como ovillo de algodon
Quizna[4] *cotan, zenta°miñ*	: Esta azul, como el cielo
llaczà zucu°miñ[5]	: ligerito como pajaro
{-Ech} Etz°miñ aitechu mitzan[6]	: Viene â escondidas como ladron.
(mutchan)	
Cuchillo°miñ iğñitan[7]	: Corta como cuchillo.
vide alia folio 4°.	

tu	: nota de acusativo â personas, corresponde â ad

Ascendo ad patrem meum et patrem vestrum:

A°pa°tu mipaha°tu°pit amohnan	: Asciendo â donde mi padre y vuestro padre.

Añadiendole *p* significa "de donde":

A°pa°tup aanan	: Vengo de donde mi padre.

Y en esta manera, posponiendole *pe*, significa "lo que es nuestro", "de nuestra compania, nacion, parentela". Vg.

---

1. *camachin*: {c+}<t>, {-h}<ol·z>.
2. *loichge*: {c+}<t>, {-h}<ol·z>.
3. *maluxaicqui*: <ol·l>, {-x}<ol·s>.
4. *quixna*: {-x}<ol·z>.
5. *llacxà*: {-x}<ol·z>; *chuchucu*: {-ch}<ol·z>, {-zuch}, <ol·z>.
6. *etch*: {-ch}<ol·z>; *michan*: {c+}<t>, {-h}<ol·z>; <ol·mutchan>: esta adición nos parece super-flua.
7. *iguitan*: {-u}<ol·ñ>.

Los que vienen baxando son de ▾los   : *Chipahattanco*[1] [fol. 203] *quiha ᵒtuppê*
nuestros ô de nuestra compania?   *chectan ᵒlê?*
minaha ᵒtuppe   : de vosotros
chihatuppe   : de ▾los de aquellos
oc ᵒtuppe   : son de los mios

tup, demas de ▾lo dicho lib<u>ro</u> 1 tr<u>atado</u> 1 § 4, corresponde â met:

yo mismo   : *oc ᵒtup*
tu mismo   : *mi ᵒtup*
aquel mismo   : *sa ᵒtup*

ay   : detras, postrero
ay mitzan[2]   : viene detras,
admite los posessivos ô pronombres:

anay minan   : vienes detras de mi
minay, nay, quinay, minayha, ynay
Anay {-e} cotan   : Es menor que yo.
Anay masou[3]   : Nacio despues ô postrero que yo.
ayall   : finalmente
Ayall quilocollan[4]   : Finalmente lo acabamos de ▾hazer.

xa[h]anne[5]   : el que nace primero, contrario de *ayè*
mi hermano mayor   : *axa[h]anne*[5] *axot*
mi hermano menor   : *anayye*[6] *axot*

he ô *ge*: demas de lo ya dicho, despues de ▾los verbos de "dolerse" significa "de"
ô "de ▾que":

Amquixajige aluzaquievohnan[7]   : Pesame de que te ofendi ô de haverte
                                        ofendido.

tep corresponde â a, ab, ex, de, per, propterea, post, secundum.
Dios ᵒtep   : de Dios
Dios ᵒtep quicotlam quing̃pii   : De Dios ô por virtud de Dios hemos
                                        recebido el ser.
Juan ᵒtep xeli cotan   : Esta preñada de Juan.

---

[1] *chipahatanco*: <ol·*t*>.
[2] *michan*: {-*ch*}<ol·*tz*>.
[3] *anaye*: {-*e*}; *maxou*: {-*x*}<ol·*s*>.
[4] *quilocolan*: <ol·*l*>.
[5] -*xabane*: {*b*+}<*p*>, <ol·*n*>.
[6] *anaye*: <ol·*y*>.
[7] *amguixahihe*: {*g*+}<*q*>, {*h*+}<*j*>, {*h*+}<*g*>; *aluxaquievohnan*: {-*x*}<ol·*z*>.

Camatzin[1] *miquii*°*tep, quilan*	: Hacemoslo como ô segun lo mandaste.
despues de esso, desde aqui	: *cotep*
capitep	: desde aora
capi nem°*tep*	: desde oy
Pisanatep	: [fol. 204] desde Pizana
Lima°*tep*	: desde Lima

{-llactep} *llacpat* corresponde â ob, propter, propterea, quia, quoniam, por, por causa, por amor

Dios°*llacpat*	: por amor de Dios
*mi*ꞏ*millacpat*	: por amor de ti ô por tu causa

Psalm. 50: Quoniam iniquitatem meam ego cognosco, Et pec[c]atum meum contra me est semper:

Porque conosco mi iniquidad,	: *Anixivah amacanco*°*llacpat,*
Tengo presente mi pecado siempre	*Anutza*°*pit añanman*°*nâ accotan tepat*[2].

Posponese aꞏlos participios deꞏpresente:

ymcollanco[3]°*llacpat*	: porque te ama
ycpeñanco°*llacpat*	: porque nos quiere
icjañanco°*llacpat*	: porque nos tiene cariño

En los preteritos se usa con la misma significacion del gerundio de ablativo: *cotnap* de (de) *actan*:

llavi cotnap	: porque se fue
Mitayla°*llacpat* l. *cotnap*	: Los azotan porque faltaron.
chipoxai(c)chan[4]	

Tambien tiene la misma significacion el segundo subjuntivo. Vg. la misma oracion:

Mi[tay]lach chipoxaichchan[5]	: Porque faltaron, los azotan.
(N)Ñittavoch, zepu°*man muchiila*[6]	: Porque se huyo ô por cimarron lo pusieron en el zepo.
cotnaque	: por industria, disposicion, providencia, en vez de, en lugar de

---

[1]   *camachin*: {*c*+}<*t*>, {*-h*}<olꞏ*z*>.
[2]   *anucha*: {*c*+}<*t*>, {*-h*}<olꞏ*z*>; *añanman â*: <olꞏ*n*>; *acottan*: <olꞏ*c*>, {*-t*}.
[3]   *ymcollanco* + <olꞏ*ll*>: véase p. 46, nota 3.
[4]   *chiposaihan*: {*s*+}<*x*>, <olꞏ*c*>, {*-h*}<olꞏ*ch*>.
[5]   *milahlach*: {*-lah*}, <olꞏ*ach*>{-olꞏ*ach*}; *chiposaichan*: {*s*+}<*x*>, <olꞏ*ch*>.
[6]   *nğuitavoh*: {*-g̃*}, {*-u*}<olꞏ*ñit*>, <olꞏ*c*>; *muchila*: <olꞏ*i*>.

Hazense con ella frases muy elegantes. Vg.:

[fol. 205] *Capac micotnaque,* : Por ô con tu poder, providencia, disposicion, *cazmalêpalequian zi·mitzpalequiah-* soplan por todas partes los vientos, por todas *lam*[1], *et ʔpit uccupeñohlam me ʔcot,* partes llueve, el fuego nos calienta y llenas *xocotlolpit, cochmi n͠gullha·cotlam* el mar y los rios de pezes. *mitup mumuchehpalequian.*

Mi·micotnaque oyna axua : Por tu causa ô consejo mato bastante *apolamman*[2] pescado.

Mi·micotnaque oyna amsan[3] : Por tu industria ô direccion hago buena compra.

Fierro amiztegeʔna misege-napnaque, : En lugar ô en vez de comprar fierro, compra *cinta amsan*[4] cintas y ropa.

Fierroʔcotnaque cintaʔpit, nextecpit : Pedi licencia con engaño y mentira para ir â *ymzan*[5] comprar fierro, y compre cintas[6].

Quihava quilopacnaque, minaque : Lo que nosotros no·pudieramos hazer, tu lo *milan* hazes.

Minahava milohapacnaque, ocnaque : Lo que vosotros no podeis hazer, hagolo yo. *alan*

Mihilʔnaque, ayeilan[7] : Por lo que tu hablaste ô dixiste, me riñen.

Minaque alupoylan : Por tu causa me aborrecen.

Anzel azapteʔna[8] *sepeh-geʔnaque,* : Por coger uno, coge otro ô queriendo coger *anzel ytzpan*[9] uno, coge otro.

Yncoʔte tonpeyâʔte vel *tonpacnaque* : Sin que [fol. 206] huviesse estado alli ô sin vel *toĝui pitzoʔque, ytzpectege*[10] *llavi* aver estado alli ô sin·que pudiesse estar alli, lo fue â ver.

Nuhman yuxam âzaptena·quingoque, : Pensando ô pareciendole que prendia ô cogia

---

[1]   *caxmalêpalequian:* {-*x*}<ol·*z*>; *chimichpalequiahlam:* {-*ch*}<ol·*z*>, {*c*+}<*t*>, {-*h*}<ol·*z*>.
[2]   *axua:* {-*x*}, <ol·*x*>; *apolaman:* <ol·*m*>.
[3]   *amxan:* {-*x*}<ol·*s*>.
[4]   *amixte:* {-*x*}<ol·*z*>, <ol·*ge*>; *misgepnaque:* {-*p*}, <ol·*jep*>{-ol·*jep*}, <ol·-*nap*>; *amxan:* {-*x*}<ol·*s*>.
[5]   *nextepit:* <ol·*c*>; *ymxan:* {-*x*}<ol·*z*>.
[6]   Es la traducción del ejemplo precedente y viceversa; sin embargo, *amsan* está en presente y por consiguiente no corresponde a "compré".
[7]   *apulan:* {-*pu*}<ol·*yei*>.
[8]   *anchel, achapte:* {-*ch*}<ol·*z*>.
[9]   *anchel:* {-*ch*}<ol·*z*>; *ychpan:* {*c*+}<*t*>, {-*h*}<ol·*z*>.
[10] *picho:* {*c*+}<*t*>, {-*h*}<ol·*z*>; *ychchetege:* {*c*+}<*t*>, {-*h*}<ol·*z*>, <ol·*c*>, <ul·*itzpectege*> en una letra distinta.

oulam°tup itzahi[1]	un armadillo en su cueba, le mordio una culebra.
Culuyum°pacnaque muluyummihan	: Sin‧que, ni para‧que, sin causa ni razon padeceis.
Quihilpacnaque mihlihan[2]	: Hablais lo que no se debe.
quellpac	: alrededor
aquellpac chiqui(c)chen	: andan alrededor de mi.
man	: intus, inter, intra, dentro, entre
iglesiaman	: dentro de‧la iglesia
minahaman	: entre vosotros
culuman	: intra praecordia, dentro de las entrañas
mol	: solar ô ambito de la casa
Azip[3] *molman ma‧pactan*	: No esta en el plan de mi casa.
Xâllâman luctan	: Està dentro del canasto.
mimllac[4]	: cerca
xocot mimllac[4]	: cerca del rio
Oc amimllac°te[4] *majall jill*[5] *chiquichen*	: Cerca de mi andan muchos mosquitos.
amimllacven[4]	: acercarse

miminllacven, yminllacven, quiminllacven, miminllaveyhan, minllacveylan[6]

Futuro:
aminllavehtan

pi	: azia
copi‧pitz[7]	: ven aqui ô aca
[fol. 207] *coñpi*	: como azia aqui
copi	: acia aqui
pe‧ampi	: acia alla, acia aculla
ampepi	: acia âvajo, acia lo profundo

---

[1] *achaptenaquingoque*: {-ch}<ol‧z>; *ichahi*: {c+}<t>, <ol‧z>.

[2] *mihilhan*: {-mihilhan}<ul‧mihlihan>.

[3] *achip*: {-ch}<ol‧z>.

[4] *-minllac*: {-n}<ol‧m>.

[5] *jell*: {e+}<i>.

[6] *minllaveylan*: <ol‧c>.

[7] *copipich*: {c+}<t>, {-h}<ol‧z>.

tehpi	: azia arriba
cop·ñan	: de esta parte ô banda
pep·ñan	: de·la otra parte ô banda
xocot cop·ñan	: de esta banda del rio
xocot pep·ñan	: de·la otra banda del rio
lec	: sub, subter, debajo, admite·los pronombres
alecte	: debajo de mi
milecte	: debajo de ti
messa lecman ô *lecte*	: debajo de·la messa
chapllon lec°man	: debaxo de la olla
payam	: casi ô por poco
payamcho	: ya falta poco
payam apuillxipey	: casi ô por poco me cai

xipey pospuesta significa lo mismo:

acolxipey	: casi ô por poco me mori

micolxipey, ñõolxipey, quicolxipey, micolxipeyha, chicolxipey

Tratado segundo: Del adverbio

§ 1º: De los de lugar

ubi, donde	: *ynto*[1]
unde, de donde	: *yntotep*[2]
quo, adonde	: *yntote*[2]
qua, por donde	: *yntonaymem*[3]
quorsu<u>m</u>, acia donde	: *yntotepi*[2]

[fol. 208] Pregunta se con ellos mismos, pospuesta la[s] mas vezes *m*:

Donde esta?	: *Entotem cotan?*
Respondese:	
Cote	: Aqui esta.
Yncote ton l. *cotan*	: Alli està.
Zipte ton[4]	: Esta en casa.
unde, de donde vienes?	: *yntotepam*[1] *minan?*

---

[1]   *ento-*: {*e+*}<*y*>.

[2]   *ento-*: <*y*>{*-e*}.

[3]   *entonayme*: <*y*>{*-e*}, <ol·*m*>.

[4]   *chipte*: {*-ch*}<ol·*z*>; *tom*: {*m+*}<*n*>.

De la iglesia ô de la casa de Dios	: *Yglesia ᵒtep* o *Dios zip ᵒmannap¹ anan².*
Vengo de mi chacara	: *Ahach ᵒtep anan².*
quo, a donde vas?	: *yntotem³ milluan?*
Voy al monte ô a•la montaña	: *Mech ᵒman alluan.*
Voy a•la sierra	: *Liman ᵒte alluan.*
Voy â pasear	: *Aquichehtehe alluan.*
qua, por donde volviste?	: *Yntonaymem³ metzitzziay⁴?*
por la sierra	: *liman ᵒnayme*
{-*acheichchiay*} <*ul·atzitzsian, ay, ajtan*>⁵	
quorsum, acia donde vas?	: *yntotepim³ milluan?*
Voy hacia la•puente	: *Puyuptepi alluan.*
Voy hazia â vuestro pueblo	: *Mumutamha ᵒte alluan.*
De hazia donde•vienes?	: *Yntotepipam⁶ minan?*
De hazia Pisana	: *Pisanapip anan⁷.*
de hacia Pucarà	: *Pucalatepip anan⁸.*

§ 2: De otros adverbios y modos de hablar con nombres
y verbos a•que se juntan

acû	: de amor, de cariño, de lastima
[fol. 209] *acûna•&man*	: te dice que te ama ô acaricia
tesim, atziu⁹	: continuamente, frequentamente
ñammô quillacte	: vamos
ñanmac	: cada
nem ñanmac	: cada dia
majach ñanmac	: cada noche
semana ñanmac	: cada semana
pel ñanmac	: cada mes ô cada luna
piliu ñanmac	: cada año
jay, jayah, yntoñpitjin⁶, yntoñpitjinah⁶	: de dudar, no se
nah	: ea

---

¹   *chip*: {-*ch*}<ol·*z*>; *manap*: <ol·*n*>.
²   *aanan*: {-*a*}.
³   *ento-*: {*e+*}<*y*>.
⁴   *ichchiay*: <*metz*>, {-*ch*}<ol·*tz*>, {-*ch*}<ol·*z*>.
⁵   En una letra diferente.
⁶   *ento-*: <*y*>{-*e*}.
⁷   *aanan*: {-*a*}.
⁸   *Pucalateppip*: {-*p*}; <ul·*anan*> en una letra diferente.
⁹   *achiu*: {*c+*}<*t*>, {-*h*}<ol·*z*>.

ayachon°nah	: ea mirame
acho	: empero
Juan llavi, mi°acho intotem[1] mectan?	: Juan se fue, pero tu, donde estas?
ayte	: quieto, quedo
ayte ton	: estate quieto
{-al} aytell	: quietecito
Aytell micothacqui	: Estaos quietecitos ô queditos.
ayte°chu, ayte°chuall	: a escondidas, de secreto
chu	: diminutivo
apllup²°chu	: mi hijito
ayte°chu	: de espacito
ayte°chuall	: â escondidillas, de secreto
napi	: quando
Anapim cote mitontan?	: Quando estaràs aqui?
micotto°napi	: quan[do] tu estès
anapi chiha³	
en algun tiempo	: <ul·*anna·mittatem*>
Anapipit ilopectan	: No lo hara nunca.
anapichin⁴	: no se en·que tiempo
anapipit	: nunca jamas
Anapipit alopectanallcho	: Ya nunca mas lo harè.
Annapichom⁵ yam·mi[fol. 210] *quictan?*	: Quando ô en que tiempo te has de enmendàr?
ynconapi	: entonces
te	: quando
Atem miipoctan⁶	: Quando haràs tu casa?
Annapichin⁷	: No se quando.
Jayu axunɠall chicotte°te, aipoctan⁸	: Harela, quando la gente este junta.
annatepit⁹	: cada y quando
anam	: assi como

---

1   *entotem:* {*e*+}<*i*>.
2   *abllup:* {*b*+}<*p*>.
3   *chinha:* {-*n*}.
4   *anapichim:* {-*m*}<ol·*n*>.
5   *anapichom:* <ol·*n*>.
6   *michipoctan:* {-*ch*}<ol·*z*>{-ol·*z*}.
7   {-*atechin*}<ul·*annapichin*>.
8   *axuɠal:* <ol·*n*>; *achipoctan:* {-*ch*}.
9   *ana-:* <ol·*n*>.

Sus correlativos son:

miñ, iñ, coñ, yncoñ, miñall,incoñall, incoñsimall	: de la misma suerte, modo, manera
Anam milancoñ, oc°pit aloctan	: Assi como tu lo hazes, yo tambien lo harè.
Anam Dios tupat cunutza quilou, perdon iccoctehe quimeñancoñ, incomiñsimall quihamiñ jayu cutupat unnutza loulaynco perdonan quipoongõ cotan[1].	: Assi como nosotros queremos que nos perdone Dios nuestros pecados, de la misma manera hemos de perdonar las ofensas que nos han hecho nuestros proximos.
tupat	: contra
Atupat ng̃uixuan	: Se enoja ô esta enojado contra mi.
Atupat miqui(x)xui[2] *mectan°lê?*	: Estas enojado conmigo?
[fol. 211] *lê*	: y[n]terrogativo y disyuntivo
ma	: negacion
malê nonne, main, mainlê	: todavia no, aun no
milê, oclê?	: tu ô yo?
mu, nic, chin	: de prohibir, posponense â·los ymperativos.
Lou°mu	: No lo hagas.
Munutza[3] *milac°nic*	: No peques.
{*-millachin*} *Millachin*	: No te vayas.

§ 3: Diferentes modos de preguntar y responder

P: *Annapatlem?*[4]	: Hasta quando?
R: *Annapatle*[5] *°chin*	: No se hasta quando.
R: *Annapichin*[6]	: No se quando.
P: *Anna·pocam?*[4]	: Quantas vezes?
R: *Appoc*[7] *appocge*[7]	: Algunas vezes.

---

[1]   *cunucha:* {*c*+}<*t*>, {*-h*}<ol·*z*>; *unucha:* <ol·*n*>, {*c*+}<*t*>, {*-h*}<ol·*z*>; *loulayncoñ:* {*-ñ*}; *quipo-añgõ:* {*a*+}<*o*>.
[2]   *miquixui:* <ol·*x*>.
[3]   *munucha:* {*c*+}<*t*>, {*-h*}<ol·*z*>.
[4]   *ana-:* <ol·*n*>.
[5]   *anapapatle:* <ol·*n*>, {*-pa*}.
[6]   *anapichim:* <ol·*n*>, {*m*+}<*n*>.
[7]   *apoc-:* <ol·*p*>.

Appocall[1]	: Una vez solamente.
Appoc[1]	: Una vez.
Ynto·mec[2]*°poc·mige*[3] *alupactan, inco·mec°poc Dios muchan amattan*	: Quantas vezes me acuerdo de ti, tanto u otras tantas te encomiendo â Dios.
Anna·mecam[4]*?*	: Quanto? Quantos en numero?
Ynto·mec[2]	: Tantos.
Ynto·mec°pit, ynto·mec°chin[5]	: Quanto quiera.
Ynto·mec[2]*°nic*	: Quanto mas.
Ynto·mec[2] *pallou cotan qui°Dios°sâ*	: Quan bueno es nuestro Dios y Señor.
Ynto·mec[2] *macjai*[6]*°nic mectan?*	: Quan dichoso eres?
Ynto·mec[2] *mayan, ynto·mec*[2]*°all amectan*	: Quanto me das, te dare.
[fol. 212] *Ynto·mec*[2] *ixivah cotan?*	: Tan malo ô que malo es?
Ynto·mec[2] *tenon*[7]	: Tanto menos.
Yntoñam[2]*?*	: Como?
Yntoñam ymou?	: Que te hizo?
Yntoñam[2] *maoctan*[8]*?*	: Que me haràs?
Yntoñam[2] *maoñgo?*	: Que me harias o hizieras?
P. *Yntoñapam*[2]*?*	: De que temaño?
R. *Conñap*[9]	: De este porte ô tamaño.
R. *Peññap*[10]	: Como aquel &c.
P. *Ynto*[2]*?*	: Que es de ello, donde esta?
R. *Yntoñ*[2]*°chin*	: No se donde.
R. *Yntoñ*[2]*°chin*	: No se como, dudando.
P. *Yntonco*[2]*?*	: Qual?
Entoncom cotan?	: Qual es?
R. *Yntoncopit*[2]	: Qualquiera.
P. *Yntotepam*[2] *minan?*	: De donde vienes?
R. *Yntoteque*[2]*°pit*	: De qualquiera parte.

---

[1]   *apoc-*: <ol·p>.
[2]   *ento-*: <y>{-e}.
[3]   *pocmihe*: {h+}<g>.
[4]   *ana-*: <ol·n>.
[5]   *ento:* {e+}<y>; *lhin*: {l+}<c>.
[6]   *mac...jai*: {-*...*}, <ol·nic>.
[7]   *tenom*: {m+}<n>.
[8]   *mactan*: <ol·o>.
[9]   *coñap*: <ol·n>.
[10] *peñap*: <ol·ñ>.

Yntotepam[1] *mectan?*	: De donde eres?
Ynto[1] *puttamte*[2] *°pam?*	: De que pueblo?
Yntoñam[1] *mectan? Yntoñam*[1] *miquian?*	: Como estas ô te sientes?
Yntoñchom[1] *pactan?*	: Que hora es?
Payamcho pazactan[3]	: Breve ô de aqui a·poco anochecerà.
Yntonco[1] *mimeñanco*	: Qual tu quisieres.
ajacquian	: a·mi parecer, a·lo que mi parece
quilon͠go pixan[4] *°na ajacquian*	: a·lo·que me parece que se puede hazer
ajacquii, ajacquictan	
yxxac[5]	: dificil, trabajoso
Yxxacqui[5] *°pat llucan*	: Apenas, con dificultad se acaba.
Yxxac[5] *°qui°pat cullcojjinap,*	: Aviendolo acabado con trabajo, empezò
zi·mahat[6] *°mullou*	â llover.
[fol. 213] *ampal*	: cosa antigua, de tiempo pasado
Ampal-le[7] *haju cotan*	: Es hombre de la antiguedad
ampeh	: abajo
ampetepi[8]	: hazia abaxo
ampeh	: ondo, ondura
oncxa[9] *ampeh soula*	: zanja ô pozo hondo
Ampim miquian?	: Que hazes? desvarias? loqueas?
atmol-le atmol-le	: de dia en dia, de mañana en mañana
at°mitta[10]	: una vez
Zi·mita[11] *°cho pactan*	: Ya es tiempo de aguas.
paxol·mita[12]	: verano
Capi mitta[10] *pactan*	: Aora es tiempo de pescar, de fruta &c
capill	: aora, aorita
ma capill	: en este instante

---

[1]   *ento-*: <*y*>{*-e*}.
[2]   *putamte*: <ol·*t*>.
[3]   *pachactan*: {*c+*}<*t*>, {*-t*}, {*-h*}<ol·*z*>.
[4]   *pixam*: {*m+*}<*n*>.
[5]   *yxac-*: <ol·*x*>.
[6]   *culcohjap*: <*l*>, {*-h*}, <ol·*jei*>{*-e*}, <ol·*n*>; *chimahat*: {*c+*}<*z*>, {*-h*}.
[7]   *ampale*: <ol·-*l*>.
[8]   *ampehtepi*: {*-h*}.
[9]   *onxa*: <ol·*c*>.
[10]   *mita*: <ol·*t*>.
[11]   *chimita*: {*-ch*}<ol·*z*>.
[12]   *pasolmita*: {*s+*}<*x*>.

capi·nomall[1]	: aora poco â aora no mas
capi·nom	: aora poco â
capi°tep	: desde aora
capi°teppâ[2]	: de aqui adelante
Capitep anamoltem?	: De aqui â quantos dias?
Cotep ipnemte l. *patle*	: aqui â dos dias.
capique	: cosa nueva, de nuevo
capocall	: solamente ô meramente
Alumanall, aluman°capoc°all alupacti	: En mi interior solammen te lo pense.
chiha yptapi	: ellos dos juntos
chiha yptall	: ellos dos solos, no mas
cote	: aqui
copi	: acia aqui
Copi pitz[3]	: Ven aca.
cotep	: desde aqui
cochute	: cerca
ma cochute	: muy cerca
co	: [este][4], esta, esto
cotep	: despues de esto
co·montep[5]	: demas de esto
cosillvochche[6] *cosillvochche*[6]	: andando alrededor
acosilluan[7]	: andando a·la redonda
[fol. 214] *acosillvou, acosillvoctan*[8]	
quellpac	: cerca redondando
cochutep, cochuap	: de cerca
outup ô *outuppê*[9]	: de lexos
coteque	: de aqui, de aca
comannap[10]	: despues de esto
comannap[10] *nichunic pallou*	: mas bueno que esto
coque	: de esto

---

[1] *capinomall:* <ol·m>{-ol·m}.
[2] *tepâ:* <ol p>.
[3] *pich:* {c+}<t>, {-h}<ol·z>
[4] Era: esto.
[5] *camontep:* {a+}<o>.
[6] *coxillvoche:* {-x}<ol·s>, <ol·ch>.
[7] *acoxillvan:* {-x}<ol·s>, {v+}<u>.
[8] *acoxillvou:* {-x}<ol·s>; *acoxillvoctan:* <ol·s>.
[9] *utupê:* {u+}<o>, <ol·u>, <ol·p>.
[10] *comanap:* <ol·n>.

Coque nğap	: Coge de esto.
coteppepatle	: de aqui hasta alli
copi·nom	: un poco cerca
copichu·nom	: mas cerquita ô poco mas cerca
comiñ	: como esto
coñ	: de esta manera
coñ°simall, yncoñsimall	: assi tambien, de·la misma suerte
coll·pitzosim[1]	: no esto solamente
coll·pitzosimmâ[2]	: no solo esto
collacpat	: por esto
co·mecall	: tanto como esto no mas
yntonaymem[3]?	: por d[o]nde?[4]
conayme	: por aqui
penayme	: por alli
ampehnayme	: por abaxo
tehnayme	: por arriba
culupacti°pitzo[5] *tell*	: sin pensar, de repente
genappall[6]	: casualmente
cunchu	: poquito, pequeño, pequeñito
cunchu°napit	: ni un tantito, ni un poquito
anzel°napit[7]	: ni siquiera uno
cunchu cunchuall	: un poquito no mas
nichupat	: por poquito
ma·nichu°pat	: por muy poco
Ma nichu°pat atzapxipey[8]	: Por poquito lo cogi ô agarre.
nğupeñ	: tibia, medio caliente
cot nğupepeñ	: agua tibia
nğuppeñ nom	: algo tibia
chech cot	: agua clara
[fol. 215] *pojocpat*[9] *pactan*	: està claro y manifiesto

---

[1] *-picho-*: {*c*+}<*t*>, {*-h*}<ol·*z*>.
[2] *collpichosimâ*: {*c*+}<*t*>, {*-h*}<ol·*z*>, <ol·*m*>.
[3] *entoñaymem*: <*y*>{*-e*}, {*-~*}.
[4] Era: dande.
[5] *-picho-*: {*c*+}<*t*>, {*-h*}<ol·*z*>.
[6] *genapall*: <ol·*p*>.
[7] *anchei*: {*-ch*}<ol·*z*>, {*i*+}<*t*>.
[8] *achapxipey*: {*c*+}<*t*>, {*-h*}<ol·*z*>.
[9] *pojopat*; <ol·*c*>.

patzañuetzet[1]	: al rebes
jocpat[2] *alomte*	: claramente, a᛫las claras
alom ᶜte pactan	: es publico
genapah ô henapah	: mira lo que hazes
genapâh[3]	: ya lo vez, amedrentando ô reconviniendo
genap ᶜpit, henappit, chin, jappit[4]	: quizas
ham	: mas si es
co ᶜham	: mas si es esto
nğoltan ᶜjam[5]	: mas si se morirà
nğolloquejam[6]	: mas si se muriera, muriesse
jayu acti ᶜtep	: desde que tengo ser (de) hombre
jonc[7]	: cosa ancha
jon ques cotan	: e[s]tà ancho
{-yepacall}, yejonopatall, yejonochell	: a escondidas
zamochell[8]	: sabiamente
macochell	: conocidamente, concideradamente
lupocothell[9]	: pensadamente
macjaichell[10]	: alegramente, dichosa, bienaventuradamente
pallou	: cosa buena
amallou	: mi bien ô provecho
mimallou, mallou, quimallou, mimallouha, chimallou	
pallouvall[11]	: buenamente
amallouven	: me aprovecha
allhi	: cosa alegre, contenta, dulce, sabrosa
allhiall	: dulcemente
allhiall ixcan	: bebe con gusto
allhi ᶜall llahuan	: se va con gusto ô contento
Pupuluch nani cotnap, allhi pectan	: Estas contenta, porque vino tu marido.

---

[1] *pachağuechet*: {*c+*}<*t*>, {*-h*}<ol·*z*>, {*-ğ*}<ol·*ñ*>, {*c+*}<*t*>, {*-h*}<ol·*z*>.

[2] *jo ôhopat*: <*c*>{*-ôho*}.

[3] *genatâ*: {*t+*}<*p*>, <*h*>.

[4] *happit*: {*h+*}<*j*>.

[5] *ham*: {*h+*}<*j*>.

[6] *ñgoloqueham*: {*-~*}, <ol·*l*>, {*h+*}<*j*>.

[7] *jon*: <ol·*c*>.

[8] *chamochell*: {*-ch*}<ol·*z*>.

[9] *lupocathell*: {*a+*}<*o*>.

[10] *macja.chell*: {*.*.*}<*i*>.

[11] *pallouall*: <ol·*v*>.

Mipaha limannap[1] *mahati cotnap,*   : Estais muy contentos, porque vuestro padre
ma·allhi mectihan   vino de la sierra.
[fol. 216] *allhi actan*   : estoy contento
ma allgi actan   : [estoy] muy [contento]
allhi alupactan   : estoy gustoso
mu   : sin
atzmou°pitzo[2] *actan*   : estoy sin saberlo, sin noticia, lo ignoro
baptizan {-mu} quii°mu cotan   : està sin bautismo ô sin bautisarse
patep   : de·puro
Patep Dios ngõleche, ngõli   : Muriò de·puro amor de Dios.
patep chicnoche   : de puro temor
ñanpuillhe   : de verguenza
xalmochche[3] l. *xalam*[3]*°pat*   : de floxo
Mec°tup[4] *chijilhu, coll silpan*   : Estando todos hablando, este solo no habla ô
                                             calla.

al-liu[5]   : cosa diferente, diversa
alliu[6] *cotan*   : es otra cosa, diversa, diferente
mahall liu   : muchas cosas diferentes
mayachge   : mirandose unos â otros
ojomall   : luego
xipnall   : presto
ma xipnall[7]   : muy presto
xipnall nantan   : presto vendrà
ma   : nada
maall   : nada mas
ma°all°cho   : ya no ay mas
majallnapit cunchunapit   : ni mucho, ni poco
cunchunapit mahallnapit   : ni poco, ni mucho
ninic[8]   : mas
ninicqin[9]   : aun mas
lou°mu°pit, milopacna°tup°pit   : mas que no lo hagas

---

[1]   *limanap*: <ol·*n*>.
[2]   *achmou mu*: {*c*+}<*t*>, {-*h*}<ol·*z*>, {-*mu*}<ol·*pitzo*>.
[3]   *salamquoche*: {*s*+}<*x*>, {-*a*}, {-*quoche*}<ol·*oche*><ol·*ch*>; *salam*: {*s*+}<*x*>.
[4]   *mec*: <ol·*tup*>.
[5]   *aliu*: <*l*->.
[6]   *aliu*: <ol·*l*>.
[7]   *sipnall*: {*s*+}<*x*>.
[8]   *nicnic*: {-*c*}.
[9]   *nicnicin*: {-*c*}, <ol·*q*>.

milopan°in°le?	: no lo hazes toda°via
alopan°in	: todavia no lo hago
mimeño°pacnaque°pit	: aunque no quieras
[fol. 217] {*-mitahche*} *malevojchec*[1]	: demasiadamente, excessivamente
pehchu mipahac	: apartaos un poco
mipatehac	: salid â fuera
mipatehacqui	: lo mismo
puyacca, tepuch	: adrede, de proposito
te°puchall	: adredemente
ma°ê	: falsamente
ma·pa·maê[2]	: muy falsam<u>ente</u>
capi	: aora
capi llac	: vete aora
ojomall llac	: vete luego
ma capill llac	: vete aora en este instante
ma atemme	: muy de mañana
ma ma·majach°all[3]	: muy â escuras
pojo[4]*°pechap*	: antes de amanecer
Mahall mupuch°nic l. *mamata*	: Es rico, abundante en todo.
yncha°nic cotan	
Cu(i)nchu[5] *cothupit, mahall cothupit,*	: Aya poco ô mucho, coged lo todo.
mec migaphacqui.	
Mahall cotto°tup°pit, mec quiğaptan	: Aunq<u>ue</u> aya mucho, todo lo cogeremos ô recibiremos.
mon	: detras
amon°te ymohnan	: viene subiendo detras de mi
mimonte, monte, quimonte, mimonhate, chimonte	
ma·monte ma·monte	: unos detras de otros
mon°man[6]	: detras
mol	: solar, pavimento ô espacio que ocupa una casa
zip[7] *molman*	: dentro de su casa

---

[1]   *malavohchec*: {*a+*}<*e*>, {*h+*}<*j*>.

[2]   *mamaê*: <ol·*pa*>.

[3]   *machac manall*: {*-chac man*}<ol·*majach*>

[4]   *poho*: {*h+*}<*j*>.

[5]   *cunchu*: <ol·*i*>.

[6]   *ma.*: {-*.*}<ol·*n*>.

[7]   *chip*: {*-ch*}<ol·*z*>.

yhna, <ol·*xipna*>   : apriesa, eea▾pues
yhna cathil-luch   : ea▾pues, abogada nuestra
yhna°chu   : aprisita
yhnall ihnall   : apresuradamente
ynachge   : esso ô assi dize
[fol. 218] *pe(m)[ñ]achge*[1]   : assi, de essa manera
ychamme, amehe   : de verdad
ychammell, amehequell   : verdaderamente
amehe°pat°le?   : es creible, es verdad?
ychamme   : verdad es
yncha   : algo
yncha cotpan   : nada ymporta ô no ymporta
yncham°ma?   : que dices?, preguntando al que llama ô
                                              grita

yncham°ah?[2]   : que es?
ynchapit   : qualquiera cosa
ynchachu°pit   : qualquiera cosita
yncha cotpan°le?   : ay algo de nuevo?
yncha {-qu} cotpan   : no ay nada
yncha°na silla[3] *pactan?*   : que novedad ay?
yncha asinay°pitzo[4]   : nada ê oido ô no è oido cosa
yncham mimeñan   : que quieres? que es lo que quieres?
incha▾yuam ymou   : que te hizo?
yncham amaan <ul·l. *entoñam amaan*>   : que te hago?
yncham ymasian[5]*?*   : que te duele?
yncha▾yunam amocte mimeñan?   : que quieres que te diga?
ynchachin, ynchapit°chin   : no se lo que es, no se lo que te digas
yncha°llacpatam?   : por que?
yncha°patam?   : con▾que?
ynco▾ñaloc[6]*, ynconapi*   : entonces
quicol-lam ñall-locte[7]   : en la hora de nuestra muerte

---

[1]   *peñachge:* {ñ+}<m>.
[2]   *yncham ah?:* {-m}<ol·m>.
[3]   *yncha hil:* <ol·nas>, <ol·la>.
[4]   *picho:* {c+}<t>, <ol·z>.
[5]   *ymaxian:* {-x}<ol·s>.
[6]   *yncoyaxil-loc:* {-yaxil}<ol·axi>{-axi}, <ol·ña>.
[7]   *ñal-locte:* <ol·l>.

yncha ̊tepi xoh[1] l. *mixohgi*[1]
: derramalo, viertalo ô trasiegalo en alguna cosa

yncha ̊te ̊pit much l. *muchecqui*
: ponlo en alguna cosa

yjna[2], *peñ*
: assi

yncoñña[3]
: del mismo modo, [fol. 219] manera, suerte

yjna[2] *cotan*
: assi es

yncoñ amehe, incoñ ̊sim cotan
: assi es por cierto, sin duda

yncoñ ̊simall
: assi ˙es tambien

Pahat ma pactan ̊na quii, capi ̊pit,
ma pactan ̊na quian ̊simall
: Ayer dixo que no avia ô no estava y oy tam bien dice que no ay ô que no esta.

chot, henat
: pues

ynco ̊llacpat
: por esso

ynco ̊chot, yncollacpat ̊chot
: por tanto

yncoñ[4]
: assi es

ynco˙mecall cotan
: no es mas, ni menos

yncoll
: aquello no mas, aquello solamente

ynconapip
: desde entonces

yncoquell lec l. *milecqui*
: dale de esso solamente

yncopall
: continuamente, sin cessar

yncopall extec liche mitonğui
: estate tegiendo seguidamente, sin parar

te-lê[5]
: continuamente

te-le[6] *millahacqui*
: i[d]os ô caminat sin deteneros

lumittup, tepuch
: adredemente, de intento, de proposito

lumittup quian
: lo˙dice adrede o de˙proposito

tepuch amaan
: de proposito te lo hago ô digo

lulô
: pena

lulô ̊pat nğuinha cotan
: vive penando

Mullup nğolhu zachge[7], *lulôpat nğolan*
: Se muere de pena, por ver que se muere su hijo.

Mullup hacolhu zachge[7], *luvoupat*
nğolan
: Muerese de pesar, por ver que se le muere su hijo.

nichù ̊nic
: un poco mas

---

[1]   *-soh-*: {s+}<x>.

[2]   *ynna*: {n+}<j>.

[3]   *yncoña*: <ol·ñ>.

[4]   *yncoñy*: {-y}.

[5]   *tell-lê*: {-ll}.

[6]   *tel-le*: {-l}.

[7]   *tachge*: {t+}<z>.

nichù°nic °in	: aun un poco mas
nichùnic lec l. *milecqui*	: dale un poco mas
nichù°nic tenom	: un poco menos
ninic	: mas
ma·ni°nic	: mucho mas[1]
[fol. 220] *ninic ninic*	: mas y mas
te°nom	: menos
tenom°cho	: y es menos
ampaxlen, añiu	: de lastima y compassion, de·pena ô malaya

jampit despues de verbos corresponde [a] alla lo veràs, tu lo veràs.

Amehena miquipech°châ	: Si·no lo crees, alla lo veras ô tu lo veras.
mizaxtan°hampit[2]	

Con nombres: vg.:

ocjampit	: ves aî que yo &c.
añiu	: de dezeo
aamocge añiu	: ojala comiera
allacge añiu	: ojala me fuera
Añih <ol̵. añiu> entoñam, peñ aquian,	: Que me suceda esto? Que me sucede?
entoñam coñ aquian?	
Añih entoñam coñ miquian?	: Que te acontece? ô sucede?
añih: ymper[a]tivo del verbo *añcan*	: sacamelo
ñih	: sacalo tu, <l. *miñih*>

§ 4°: Modos de hablar en castellano, reducidos â esta lengua

[fol. 221] Esta oracion: "En comparacion de estarme ocioso, elegire trabajar", se ha de reducir â: "A mas quiero trabaxar que estàr ocioso", y se haze por el modo comparativo. Vg.:

Ojompat acotto°mannap°pâ[3],	: En comparacion de que mi padre aya muerto,
ninic°sim apiiptege[4] *ameñan*	mas quisiera averme muerto yo.

---

[1]   <ul·*mani nic* mucho mas> en una letra distinta.
[2]   *miquipech â*: <ol·*ch*>; *mitaxtan*: {*t*+}<*z*>.
[3]   *manap â*: <*n*>, <*p*>.
[4]   *apiipte*: <rm·*apiiptege*>.

se ˙ha de reducir â esta:

Mas quisiera averme muerto yo, que no que mi padre aya muerto	: *Apa nğoli cotanco °mannap °pâ*[1], *ocque acli acottehe ameñongo.*

"la primera vez que" ô "una vez ˙que"

Estos romances se han de decir por los adverbios numerales *apoc, yppoc,* posponiendoles *mec* y despues el verbo en supino en *nğo, jo, to* y se les pospone *te,* y la segunda oracion segun el tiempô. Vg[a].:

La sexta vez que fui â ˙la sierra, empece â ver negros	: *Ypzoc °poc mec limante {-allan} allango °te, zaluch atzachmullou* l. *apoyachmullou*[2].

Y ˙si â dichos modos se junta algun pronombre demonstrativo "aquella", "esta", se pone en su lugar estos adverbios demonstrativos de tiempo: *capi, ynconapi, yncotup ñal-loc* que corresponde â *nunc, tunc* latinos. Vg.

Aquella fue la quarta vez que el padre me preguntò la doctrina	: [fol. 222] *Ynconapi* ô *y[n]cotup ñal-loc miñip °poc mec °te patili*[3] *doctrina nğapunnou*[4].
Esta es la primera vez que el padre me pregunto	: *Capi apoc mec °te patili*[3] *nğapunnan*[4] l *nğapunnanco pactan.*
apapat	: de parte de mi padre
apanpat	: de parte de mi madre
Apanpat cote mahall agelac[5] *chectan* l. *acotan*	: De parte de mi madre ay ô tengo aqui muchos parientes.

Oraciones que corresponden â licet, licebat

Las oraciones de licet, licebat en la significacion de "ser licito" ô "poderse" se hazen por los supinos de los verbos, que se acaban en *nğo, jo, to, cho, po* segun la calidad de sus raizes, conjugando los pronombres de todas las personas y alguno de los verbos substantivos por todos los tiempos, con advertencia que, quando

---

1 *manap â*: <n>, <p>.
2 *iphoc*: {h+}<z>; *chaluch*: {-ch}<ol·z>; *atachmullou*: <ol·z>.
3 *patele*: {e+}<i>, {e+}<i>.
4 *nğapun(ou)*: <ol·n>.
5 *ahelac*: {h+}<g>.

signific[a] "ser licita" la accion, "tener obligacion" ô "deber hazerla", el verbo substantivo se pone en tercera persona de singular del tiempo que fuere, sin variarᵒla. Vg.: *Jayu chectanco ꞋVa, Quaresma mec viernes nem Ꞌte.*

Los Yndios estan obligados â ayunar en los viernes de Quaresma, Sabado Santo y en laˈVigilia de la natividad del Señor	: *Sabado Santo vigilia Ꞌte, quipa Jesu* [fol. 223] *Christo masou Ꞌmaxco vigilia Ꞌte Ꞌpit, yxaiongo cotan* ô *ayunan chiquiñgõ cotan*[1].

Y estas mismas oraciones se hazen del mismo modo, haziendolas por la negacion que corresponde â los dichos supinos. Vg.:

Pero en los demas dias de quaresma, viernes del año, quatro temporas y vigilias, aunque no tienen obligacion de ayunar, estan obligados â no comer carne.	: *Quaresma allum nem Ꞌte Ꞌva, piliu mec Ꞌviernes Ꞌte, quatrotemporas Ꞌte, vigilialol Ꞌte Ꞌpit, yxaiopacna*[2] ô *ayunan chiquipacna cotto Ꞌtupit, aycha lluplapacna cotan.*

Pero quando la accion es licita y se puede executar, despues del supino seˈpone elˈverbo substantivo con todas las personas. Vg.:

Los demas dias pueden y les es licito comer carne	: *Alum nem Ꞌte Ꞌacho, eitza*[3] *lluplango chectan.*

Mas en la significacion de "dar licencia" se hazen las oraciones de dos modos. El primero: por el verbo *allan*[4], que significa "dar", con oracion llana como en castellano. Vg.:

Mi padre me daba licencia de queˈyo diesse limosna âˈlos pobres	: *Apa Ꞌtup licencia ñgai* l. *ñgaelam, quechuac limosna apoectehe* l. *apoelamhe.*

El segundo modo es pedir y dar licencia â su usansa, sin los nombres de licencia y limosna que no conocieron en su [fol. 224] gentilidad, por el verbo *al-lupactan.* Y assi, quando piden licencia â su mayores, dizen:

Mal-lupocottehe[5] *mutu aanan, empecle aquichehtehe allactan Ꞌna* ô *allangole?*	: Vengo donde ti, paraˈque veas ô concideres si yrè ô podre ir â pasear, cazar &c.

---

[1]   *maxou*: {-x}<olˈs>; *masco*: {-s}<olˈx>; *ysiongo*: {-s}<olˈxa>.

[2]   *alum*: <l>; *ysiopacna*: {s+}<x>, <olˈa>.

[3]   {-aycha}<olˈeitza> en una letra distinta.

[4]   *alluan*: {-u}.

[5]   *mul-lupocottehe*: {u+}<a>.

Liman°te allangoque mutu aanan   : Quiero ir a·la sierra y vengo, para·que
empec°le allannğo?   veas si puedo ir?
Al-lupactan pallouuall·millactehe[1]   : Bien puedes ir, ve en buena hora.

"es factible, posible, facil de hazer, dificil, impossible" &c.

Estas oraciones se hazen por los supinos en *nğo, jo* &c. como las de "es digno",
"merece" &c.

es factible ô se puede hazer	: *quilonğo cotan.*
es amable ô digno de que yo le ame	: *ağolengo cotan, miğolengo cotan* &c.
ô que yo le estime ô que le tengo lastima	
se puede enseñar	: *kitzmehjo*[2] *cotan*
merece que lo azotemos	: *quixaicho cotan*
que lo hechemos ô desterremos del	: *puttam°tep quichemmo cotan*[3]
pueblo	
no merece que le tengamos lastima,	: *quiğolepacna cotan, quel-lusaipacna*[4]
compassion	*cotan*
no se puede enseñar	: *quitzmehpacna*[5] *cotan*
no merece que le azotemos	: *quixaichpacna cotan*
no se puede desterrar	: *quichempacna cotan*

[fol. 225] Pero quando la accion es muy dificil ô imposible, para explicar la
impossibilidad: entre el ymperativo del·verbo y la negaciòn *pacna* se pone·la
particula *ante* con que se explica la dificultad ô impossibilidad. Vg.:

La desgracia del pecador es muy dificil	: *Utzauch nixivah hacotan°co°va,*
de esplicar	*ma·ñanzic °pat qui °hil °ante °pacna °sim*
	cotan[6].

Varias particulas españolas equivocas

En nuestra lengua española ay muchas particulas que en diversas ocaciones tienen diverso sentido, por tanto deben en esta lengua explicarse tambien con diver-

---

[1]   *pallouallmillactehe*: <ol·*u*>.
[2]   *chichmehjo*: {-*c*}, {*h+*}<*k*>, {*c+*}<*t*>, {-*h*}<ol·*z*>.
[3]   *putam*: <ol·*t*>; *quichemo*: <ol·*m*>.
[4]   *queluxaipacna*: <ol·*l*->, {-*x*}<ol·*s*>.
[5]   *quichmehpana*: {*c+*}<*t*>, {-*h*}<ol·*z*>, <ol·*c*>.
[6]   *uchauch*: {*c+*}<*t*>, {-*h*}<ol·*z*>; *mañanchic*: {-*ch*}<ol·*z*>; *pagna*: {-*g*}<ol·*c*>.

sas particulas. Pondranse aqui algunas muy frequentes cuya yntelligencia servira
para discurrir en otras.

a·que, a·que fin ô â fin de que, en (or)orden â que, para·que

De estos quatro romances se usa alguna vez preguntando y entonces se dice por
el tiempo de que habla la oracion con alguna de estas: *ynchahem?, yncha lluh-
lam°nicam?* o por el gerundio de dativo del verbo conque se pregunta. Vg.:

A·que ô â fin de que ô hazer que venis   : *Ynchahem ô yncha lluhlam°nicam ô yncha
aqui?   milohactehem, cote mipahattihan?*

Y se responde [fol. 226] por el mismo gerundio:

Venimos â comprar coca   : *Cuca quimiztehe quipahattan*[1]
esto es: venimos: venimos de arriba.
A que ô para que venis?   : *Ynchahem minaehan*[2].
Venimos â verte   : *Quimiaxtehe quinan.*

Otras vezes se usan los mismos quatro romances sin preguntar y se dicen por el
mismo gerundio de ablativo.

Vg. Vamos â·la yglesia, a·que ô en   : *Iglesia°te quilluan, patili*[3] *doctrina
orden a·que ô â·fin de que ô para·que   leizan iccaymehtehe.*
el·padre nos enseñe la doctrina.

El romance "a·que" suele servir para "como", "a·que te gana", "mas que te gana".
Y entonces el verbo *apitan* que significa "ganar" se le pospone esta particula
choti[4] y assi el exemplo dicho: *ympitam choti*[3]

mas que·me gano   : *ñgapiti choti*[4]
que equivale â "apostemos", "que te gana".
Mas que no vas ô apostemos que no   : *Axua mipolamihtehe, millapectan*[5]
vas â pescar   *choti*[4].

Mas que no vas otra vez â coger aucas? : *Auca mipotzaptehe, seque millapectan
                                          choti*[6]*?.*

---

[1]   *quimxtehe*: {-x}<ol·iz>; *quipahatan*: <ol·t>.
[2]   *minaham*: <ol·e>, {m+}<n>.
[3]   *patele*: {e+}<i>, {e+}<i>.
[4]   *chotti*: {-t}.
[5]   *millapactan*: {a+}<e>.
[6]   *mipochaptehe*: {c+}<t>, {-h}<ol·z>; *chotti*: {-t}.

Y el modo con·que se responde ô responden es:

Entonai, allactan[1]   : Como que hombre, si ire.

antes ô antes bien

Este romance "antes" significa muy de ordinario "antecedencia de tiempo". Entonces le corresponde en latin antea o [fol. 227] ante ô prius. Vg.:

Antes estudiare y luego me acostare, y en la lengua:

Antea studebo, moxque acumbam   : *Liu tzatchenap*[2], *acullectan.*

Y el "ante" se incluy[e] en el gerundio de ablativo de todos los verbos, quando el romance trahe dos oraciones y entrambas en un mismo tiempo, como en el romance y en el que se sigue. Vg.:

Pon antes el plato en el suelo y abre la   : *Caloch peyte muchenap, matuppi*[3]
puerta con las dos manos   *minen°pat palon chih.*
Antes que te vayas, haz esto primero   : *Millapechap, co axman milocqui*[4].

Otras vezes afirma alguna cosa en contraposicion de otra y·se dice en latin: im[m]o potius ô quin potius. Y en esta manera se dice el "antes bien". Vg.: Nunca aborrecere al enemigo, antes ô antes bien le amare: Nunqua<u>m</u> inimicum odero, im[m]o potius l. quin potius diligam. En la lengua, al im[m]o[5] potius ô quin potius corresponde: *nichunic°sim*, com[o] en las oraciones comparativas, en esta forma:

Anapipit anuch alupohtan, nichunic°sim angolectan[5].

aun y aun no

Al romance "aun" le corresponde en latin ad-huc, quando significa "continuacion de tiempo". Vg. Aun estoy enfermo: Ad[-h]uc <u>aegroto</u>. En la lengua le corresponde *in* pospuesta al verbo. Vg.: *Cama aquian°in.* Pero quando significa "exageracion", le corresponde en latin vel ô etiam y en la lengua *tuphampit*. Vg.:

[fol. 228] Aun los santos temen â Dios   : *Santo chicotto°tup°hampit Dios*
Vel san[c]ti o etiam san[c]ti Deum   *nannoulan* l. *Diostup ichicnan.*
timent

---

[1]   *entoñai*: {-~}; *allactâ*: {-^}<n>.
[2]   *tachenap*: <ol·z>, <ol·t>.
[3]   *matupi*: <ol·p>.
[4]   *miloqui*: <ol·c>.
[5]   Era: ymo.
[6]   *agolectan*: <ol·n>.

Otras vezes corresponde [a] quamvis y en la lengua *tuppit*. Vg.:

Aun encontrando ô aunque encontre	: *Anuch amelengo°tuppit, ayoquetejno*[1]
â mi enemigo, no me vengare	*pectan*:
Quamvis of[f]endam inimicum meum,	
ne[-]quaquam ulciscar.	
ayoquetehnan	: yo me•vengo

mioquetehnan, zoquetehnan[2], *{-quioc} quiyoquetehnan, miyoquetehnouhan,*
chiyoquetehnoctan, ayoquetehnoctan &c.

El rom<u>ance</u> "aun no" tambien significa unas vezes "tiempo" y se dice: non dum,
a•que corresponde tambien *yn* despues de alguna negacion:

ma°in	: aun no.
Vg.: Aun no recobraste la salud	: *Uñuah miquiei°pit[z]o°in*[3].
Non dum valetudinem instaurasti.	
de presente	: *Uñuah miquipangin* ô *oyna*
	miqui°pangin[4].
Aun no estas sano ô bueno? Ya estàs	: *Oyna miquian°cho°le?*
bueno?	

Otras vezes significa "exageracion" y se dize vel•nec ô ne [...] quidem, â que
corresponde *nahe°pit*. Vg.:

Te pedi que me acompañasses hasta	: *Liman°patle maptatehe ampisey,*
la sierra y aun no me aco[m]pañaste[5]	*puyuppatlell°nahepit maptati°pitzo*[6].
hasta el puente.	

[fol. 229] Otras vezes significa "aunque no" y se dira: quamvis non y en la lengua le corresponde *tuppit*, pospuesta a•la negacion. Vg.:

Aunque no quisiste ir con°migo, yo	: *Ocnic* ô *anec millactehe*
voy contigo	*mimeñou°pitzotup°pit, occâ minec alluan*[7].

como y como que

Este rom<u>ance</u> "como", unas vezes equivale al rom<u>ance</u> "de•que modo", ô preguntando ô sin preguntar, y se dice en latin: quo•modo ô quo•pacto. Vg. Como

---

[1]   *ayoqueteh*: {*h*+}<*j*>, <ol·*no*>.
[2]   *choquetehnan*: {*-ch*}<ol·*z*>.
[3]   *miquii*: <ol·*e*>; *picho*: {*c*+}<*t*>.
[4]   *panin*: <*g*>.
[5]   Era: acospañaste.
[6]   *puyuppatle*: <ol·*ll*>; *picho*: {*c*+}<*t*>, {*-h*}<ol·*z*>.
[7]   *picho pit*: {*c*+}<*t*>, {*-h*}<ol·*ztup*>; *ocâ*: <ol·*c*>.

se evitara el pecado?: Quo‧modo l. quo‧pacto peccatum vitatur? Y aunq<u>ue</u> esta lengua carece de‧verbo que significa "evitar", se suple de otro modo, y assi dira:

Entoñam utzava quilopacnava cottan[1]*?* : Y haze este sentido: De que modo podremos no pecar?

Co cama°mannap[2] *quixpehnolamheva, entoñam quiquictan ô yncham quiloctan?* : Que haremos para librarnos de esta enfermedad ô epidemia?

Co cama°pat quicolpectehe°va ô quicolchinheva, yncha‧yuvam[3] *quiloctan ô loctan ô entoñam quiquictan?* : Que haremos para no morir con este contagio?

Co cama°tup iczapchin°heva, yncham quiloctan[4]*?* : Que haremos para‧q[u]e esta enfermedad no se nos pegue?

Coñ ô Yncoñ ô Peñ uzava[5] *quilopacna cotan* : Assi ô de este modo no podremos pecar ô no nos libraremos de pecar.

Oc ahiltan, entoñam yam‧quioitz-lam°mannappa[6] *quixpoctan* : Yo dire como nos libraremos de el castigo:

Dicam quo‧modo l. quo pacto liberabi-mus nos a suplicio.

[fol. 230] Otras vezes equivale â este rom<u>ance</u> "por‧que razon?", preguntando, y en latin: cur ô qua de causa &c. Vg.:

Como has cometido el delito? Cur l. qua de causa commisisti delictum? : *Incha°llacpatam ô yncha cothum ô yncha°ma cothum munutza*[7] *milou?*

Otras veces equivale a este rom<u>ance</u> "con tal que" y se dice:

Dum‧modo non pecces, salvus fies Como no peques, te salvaras. : *Munutza lou°mull, mixpou°tan*[8] o *mix-poctan.*

Y haze este sentido: No pecando te salvaràs.

---

[1] *uchava:* {c+}<ɾ>, {-h}<ol‧z>; *quilopacna:* <ol‧va>.
[2] *manap:* <ol‧n>.
[3] *yncham:* {-m}<ol‧yuvam>.
[4] *icchapchin:* {-ch}<ol‧z>; *quilotan:* <ol‧c>.
[5] *uchava:* {-ch}<ol‧z>.
[6] *yamquioichlam:* {c+}<ɾ>, {-h}<ol‧z>; *manap:* <ol‧n>, <ol‧pa>.
[7] *munucha:* {c+}<ɾ>, {-h}<ol‧z>.
[8] *munucha:* {c+}<ɾ>, <ol‧z>; *mixpou miquictan:* {-miquic}.

Otras vezes equivale â "que?" interrogativo y se dice: quid?

Como Francisco lee?: Quid Franciscus : *Yncham Francisco liu izchan*[1]*?*
legit?

Otras [veces] significa "admiracion" ô "ponderacion" y se dice: quam ô ut. Vg.:

Como devemos huir del pecado?   : *Ento·mec utza*[2] *°tep*[3] *pejchu*[4] *quionongo*
Quam l. ut debemus fugere peccatum? *cotan* ô *Ento·mec cunutza*[2] *quilonõgo °tep*
                                     ô *quilolam °tep pehchu quiononõgo cotan?*
                                     ô *pejchu*[4] *quiononõgo cotan?* ô *quiquita-*
                                     vonõgo cotan?

Otras vezes significa "semejanza" de una cosa con otra, equivaliendo â este
romance: de la manera·que, y se dice en latin: ut l. sicut ô non aliter ac, por su
proprio tiempo, au[n]que sea de yndicativo. Vg.:

Obedecere â mi padre como Dios   : *Dios nõacallancoñ*[5]*, âpa yupey aloctan* ô
manda: Obediam patri meo, ut Deus *âpa amegena aquictan*[6]*.*
praecipit vel non aliter ac Deus praecipit.

[fol. 231] En las demas ocasiones, fuera de·las dichas, el·romance "como" se
dice: cum y tambien muchas vezes quod, por el subjuntivo ô yndicativo en el
tiempo en que hablare. Vg. Como tienes buena conciencia no se te da nada de los
riesgos: Cum l. quod habes l. habeas puram con[sc]ientiam[7], neglegis pericula.
Estas oraciones se hazen en la lengua por subjuntivo, como ya queda dicho, atendiendo siempre al supuesto de las oraciones. Y assi dirà:

Munucha ziu[8] *cothe, quipchitto °man miantectehe michic °nopan.*

El romance "como que", [si] se usa sin preguntàr, equivale al modo permisivo.
Vg.:

como que pierda la plata   : *chechoua michitgepit*[9]
esto es: mas que pierda·la plata.

Pero si se usa preguntando, se dice en latin: quid. Vg.:

Como que? Por tu culpa me han de azotar?: Quid, culpa tua vapulaturus sum?

---

1   *ixchan*: {-*x*}<ol·*z*>.
2   -*ucha*: {*c*+}<*t*>, <ol·*z*>.
3   *tup*: {-*u*}<ol·*e*>.
4   *pehchu*: {*h*+}<*j*>.
5   *nõacallancoñ*: + <ol·*ll*>: véase p. 46, nota 3.
6   *aquian*: {-*aquian*}<*aquictan*> en una letra distinta.
7   Era: contientiam.
8   *chiu*: {-*ch*}<ol·*z*>.
9   *checho*: <ol·*ua*>; *michithepit*: {*h*+}<*g*>.

Al quid en la lengua corresponde:

Entoñagem? Ynchana? Munutza°llacpat°le axaichlanğo?[1]

con que

El romance ["con que"] muchas vezes haze relacion de algun nombre ô pronombre antecedente y entonces se observa la doctrina dada â°cerca de las oraciones de relativo. Vg.:

Atiende â·los consejos con que el maestro te instruye: Attende consilia quibus magister instruit te:

Maestro°tup ympazanco ô   : Oye, lo que te aconseja ô enseña tu
ymaymenco, sinnah[2]   maestro.

[fol. 232] Otra vez haze relacion de alguna oracion entera antecedente y entonces equivale â este romance "esto supuesto" ô "por esso", y se dize: ergo, igitur, ad[-]eo. Vg.:

Has conocido tu yerro, con·que ya   : *Mi·mihil-lini·maccou*[3] *°inco°llacpat, yam*
debes emmendarte: Cognovisti errorem   *miquingo°cho cotan.*
tuum, yam ergo debes te corrigere.

Otras vezes sirve para preguntar y se dize: quo modo ô qua ratione. Vg.:

Con·que cumpliremos nuestra   : *Yncha°patam quicalloitzi°iâ* ô
obligacion?: Qua ratione munus   *quilolam°mâ cumuchehtan?* ô *quiloctan?*[4]
nostrum implebimus

Otras vezes significa "modo" con·que se haze alguna cosa y se dize: cum ô dum. Vg.:

Con que no quebrante la ley de Dios,   : *Dios camazin*[5] *quii sil amilchin°na°pat,*
conservo su gracia: Cum non violem   *sa gratiall anğten* ô *sa gracia °tell*
                                           actehnan.
legem divinam, Dei gratiam conservo.

Otras vezes haze sentido condicional y se dize: si, dummodo. Vg.:

---

[1]   *entoña*: <ol·*gem*>; *munucha*: {*c*+}<*t*>, {-*h*}<ol·*z*>.
[2]   *ympaxanco*: {-*x*}<ol·*z*>; *sinah*: <ol·*n*>.
[3]   *mimihil-limimacou*: {*m*+}<*n*>, <ol·*c*>.
[4]   *quicalloichi â*: + <ol·*ll*>: véase p. 46, nota 3, {*c*+}<*t*>, <ol·*z*>, <ol·*i*>; *quilolam â*: <ol·*m*>.
[5]   *camachin*: {-*ch*}<ol·*z*>.

Con·que ayas conservado la gracia de Dios, avras logrado el favor divino: Dummodo Dei gratiam conservaveris, divinum favorem obtinueris.

pues, pues que, supuesto que, ya·<u>que</u>

Quando con el romance "pues" preguntaremos, equivaliendo â este rom<u>ance</u>
"por ventura", se dice en latin: nunquid ô ne pospuesto. [fol. 233] Vg. Pues avia
alguno de dexar de oir misa?: Nunquid ullus l. ullusne non auditurus erat
sacrum?

Ento·mec ocho Pasco cottoqu<u>e</u>,	: Por ventura ô es posible que, siendo <u>una</u>
entoncopit ô entonco·hayupit misa	fiesta tan grande, se avia de quedar alguno ô
ysinahpacna°le? ô ysinah°pacna ô	alguna persona sin oir missa?
sinay°mu ayquinĝole?	
o *ysinah°pacna cottole?*	

Y estas oraciones equivalen al modo potencial.

Mas quando usamos del mismo rom<u>ance</u> para responder â alguna pregunta que
se nos aya hecho: ita est ô ita quidem, por equivaler â este romance: assi es, y en
la lengua: *Eey* ô *jey*[1] *amehe.* Vg.:

Confessaste tus pecados?: Confessus : *Munucha confessan miquiile?*
fuisti peccata tua?
Pues:
Ita est, ita quidem. Si ciertamente   : *Eey, heey amehe.*

Otras vezes usamos del mismo romance sin preguntar ni responder, equivaliendo
al rom<u>ance</u> "esto supuesto", y se dice en latin: ergo ô igitur. Vg.:

Con los trabajos.1 se alcança.2 la	: *Luyum°pat.1 macjai putam.3 quimjollo*[2]*.2 ô*
gloria.3, los trabajos.4 pues se han de	*ñanzic*[3] *°pat macjai puttam*[4] *°te quiantengo,*
abrazar: Gloria per labores	*luyum.4°sim°chot, ñanzic*[3] *°sim°chot culum-*
obtinetur, labores igitur amplectendi	*zappo*[5] *ô luyum°pat°sim°chot ô*
sunt	*ñanzic*[6] *°pat °sim °chot allhi macjaiche*
	quicotto.

---

[1]   *jey, iey:* {*j+*}<*e*>, {*i+*}<*j*>.
[2]   *quimjollo:* + <ol·*ll*>: véase p. 46, nota 3.
[3]   *ñanchic:* {*-ch*}<ol·*z*>.
[4]   *putam:* <ol·*t*>.
[5]   *culumchappo:* {*-ch*}<ol·*z*>.
[6]   *ñanchic:* <ol·*z*>.

Otras vezes equivale â este romance [fol. 234] "supuesto que" y se dice en latin: si·quidem ô quando quidem ô si, como tambien los romances "ya que", "pues que". Vg.:

Pues ô supuesto que, ya·que, pues que deseas el premio, no dexes de trabajar: Si·quidem l. quando quidem pr[a]emium exoptas, labora.
: *Macjai puttam*[1] *°te mimohtehe mimeñan°chot, yncha pallou mat°quixpolam cotanco loc[-]he cot.*

Pues que?: Quid ergo?
: *Ynchachot?*

mas que y por mas que

Del romance "mas·que" junto con verbo usamos muchas vezes haziendo comparacion de una cosa con otra, y se dize: magis quam. Vg.:

El maestro trabaxa mas que el discipulo: Magister laborat magis quam discipulus.
: *Paymejhuchchâ itzmenco°mannap°pit nichunic meipan*[2].

Otras vezes se junta con romances de subjuntivo, formando oraciones del modo permisivo. Vg.:

mas·que te·vençan : vincaris
: *mechiahlacge°pit*

mas que te vença
: *emechiahge°pit*

mas que te·vayas
: *millacge°pit*

Otras vezes usamos del mismo romance para apostar, como en este romance: "Mas·que me libro de los azotes", que equivale â este: "Apostemos que me libro de los azotes" [fol. 235] y entonces se dice en latin como una oracion ordinaria de infinitivo, poniendo por verbo determinante â este verbo: depono is ô spondeo [is][3], assi:

Deponamus vel spondeamus me liberari flagellis. Y en la lengua, al·verbo "librar" se pospone *chotti*. Vg.: *Axaichlalam°mannap axpehnoctan°chotti*[4]. Y replicando:

No te (l)libraras
: *Ma mixpehnopectan*[5].

---

[1]   *putam*: <ol·*t*>.

[2]   *paymejhuchâ*: <ol·*ch*>; *ichmenco*: {*c*+}<*t*>, {-*h*}<ol·*z*>; *manap*: <ol·*n*>; *miippan*: <ol·*e*>{-*ip*}.

[3]   Era: es.

[4]   *manap*: <ol·*n*>; *axpehnoctam*: {*m*+}<*n*>.

[5]   *mipehnopec a*: <ol·*x*>, {-*a*}<ol·*tan*>.

Ymponiendo ô afirmando:

Si, me librare   : *Axpehnoctan.*

Este romance "por mas que" se dice en latin quantumvis, y la oracion se podra
hazer por indicativo ô subjuntivo en el tiempo conveniente. Vg.: Por mas que
procuras la honrra, no hallaràs ocasion: Quantumvis conaris l. coneris adipi[s]ci
honorem, nullo pacto nancisceris occasionem. Al quantumvis corresponden en la
lengua: *ninic tuppit*, que significa "aunque mas":

Ninic mipiippo °*tuppit, ynchapit macotpan ô mimjollpan ô migappan.*

Y haze este sentido: Aunque mas trabajes, nada tienes, hallas, recibes, tomas ô
coges.

para quando y quando

Preguntando con este romance "para quando", se dice en latin: ad quod tempus?
y en la lengua: *anapinam?* ô *anapihem?* Vg.:

Para quando aguardas â tu amigo? Ad   : *Anapinam ô anapihem mihllem missian?*
quod tempus expectas amicum tuum?
Para quando vendrà?   : *Anapinam mihllem nantan?*

[fol. 236] Otras vezes usamos de este romance "quando" y se dize en latin: cum
ô quando. En la lengua los corresponde *ynconapi.* Vg.: Para quando venga
tu·padre, ya tendràs grandes riquezas: Cum l. quando pater tuus veniat, yam pos-
sidebis multas divi[t]ias[1].

Para quando venga tu marido, ya   : *Pupuluch nantan* ᵧ*nconapi* °*va, ytzac*
avras hecho chicha   *pilou* °*cho coti*[2]*.*
Para quando tu hijo este grande, te   : *Mupul ocho quictan* ᵧ*nconapige, co capa*
doy esta capa   *amàyan*[3]

luego que, al punto que, assi·que, al mismo tiempo que

Estos romances "luego que" &c. se dicen en latin: ubi, statim o statim·atque, ut,
ut primum ô quam primum, a·las·quales corresponden en la lengua: *all* despues
de los gerundios, *ynconapill* ô *inconatupñal-locall* despues de los otros tiempos.
Y en latin se pone el verbo:

---

[1]   Era: divicias.
[2]   *ychac*: {c+}<*t*>, {-*h*}<ol·*z*>; *pilou {-coti} cho coti.*
[3]   *inconapi*: <ol·*ge*>; *amayan*: <ol·` >.

– en subjuntivo ô yndicativo en el tiempo correspondiente al·rom<u>ance</u>. Vg.:

Luego que ô assi que ô al tiempo que
el enemigo huyo, los soldados
cogieron la ciudad: Ubi inimicus fugit,
milites expugnaverunt civitatem.

: *Uch ô auca ñitavonapall, soldado °tup*
puttam zapeila[1]*.*

– por el gerundio de ablativo, como se hazen las oraciones de subjuntivo, atendiendo siempre al supuesto de·la oracion. Vg.:

Luego que, assi·que, al punto,
ynstante que acabê de hazer la caxa,
la llevo ô se la ([fol. 125 r., BL] -
[fol. 126 r., BL][3]) [fol. 237] llebò su dueño.

: *Catzoc atzmeh[co]lohnapall, ñanmittô*
illagi[2]*.*

Al mismo tiempo que tu veniste, vino
Juan

: *Mini °ynconapill, yncotup ñal-loc °all*
Juan °pit[4] *nani.*

A·un mismo tiempo venis

: *Ma·ñalloc °all minihan.*

Al mismo tiempo que tu veniste,
vino tambien yo

: *Mini °ynconapill, ynco °tup ñallocall*
oc °pit ani[5]*.*

A·un mismo tiempo nos fuimos

: *Ma·ñallocall quelluey*[6]*.*

quiças, porventura

De este romance "quiças" ô "por ventura" se usa generalmente preguntando y se
dize: nunquid, an, utrum ô ne pospuesto. Vg.:

Por ventura te levantaste oy temprano?
An l. utrum, nunquid l. hodiene
surre[x]isti[8] mature?

: *Miyelam °tep °pâ*[7] *atemmell mitpachile?*

Donde corresponde a las particulas latinas la ynterrogativa *le.*

---

[1]   *quitavonapall:* {*q+*}<~>, {*u+*}<*g*>, {*-t*}<ol·*t*>; *putam:* <ol·*t*>; *chapila:* {*-ch*}<ol·*z*>, <ol·*e*>
[2]   *cachoc, achmehlohnapall:* {*c+*}<*t*>, {*-h*}<ol·*z*>; *ñanmitô:* <ol·*t*>
[3]   Aquí comienza la adición al capítulo sobre las transiciones, intercalada posteriormente sin pagi-
      nación. La foliación actual fue realizada por la British Library. Transcribiremos esta intercala-
      ción al final de este "tratado" al fol. 240.
[4]   *Juan nani:* <ol·*pit*>.
[5]   *aani:* {*-a*}.
[6]   *quelluy:* <ol·*e*>.
[7]   *tep â:* <ol·*p*>.
[8]   Era: surresisti.

Otras vezes se usa sin preguntar y entonces se dize: forte, fortasse, fortassis ô forsita[n]¹. Vg.:

Ya por ventura el pecador se convirtio : *Utzauch Dios°te zeichchi°chô°chin²*.
Iam forsita[n]¹ peccator conversus est.

Y por este modo corresponde a᛫las particulas latinas *chin*.

Quiças ô por ventura ya el pecador   : *Ut[z]auch nutza ilolam°mannappa³,*
se emmendo   *yam᛫quiî°chô°chin.*

que y que᛫no

De estos romances "que" y "que᛫no" se usa᛫unas [fol. 238] vezes para apostar y entonces se dice la oracion como una ordinaria de infinitivo, poniendo por verbo determinante â *spondeo* ô *depono is*. Vg.:

Que nuestros soldados (ô apostemos que nuestros soldados) no huyen: Spondeamus milites nostros non fugere. Y en la lengua para "apostar" ay la particula *choti³* pospuesta: *Quisoldado chiquitavo pectan°choti⁴*.

Otras vezes, juntandose â romance de subjuntivo, forman oraciones del modo permissivo. Vg.:

Que lloreis, que se me da â mi?   : *Miyoyojac °pit* ô *miyoyohangotuppit,*
Fletis, quid ad me?   *entoña maquingo* ô *entoñam aquictan?* ô
                                       oc°ge°ua ñanloc cotan⁵.

Y en la lengua haze este sentido   : Mas que lloreis, nada se me da ô se me
                                       darà.

Yoyoc°pit allactan°sim   : Mas que llores, me ire.

El romance "que no" suele venir algunas vezes despues de algun verbo determinante y entonces se rige â infinitivo, se dirà como oracion llana de infinitivo. Vg.:

Jusgo que no faltò Pedro â᛫la yglesia   : *Yg[l]esia°tep Pedro imitay°pitzo⁶*
                                       pixanna ajacquian.

Jusgo ô me parece que estuvo   : *Francisco iglesiate coti pixanna*
Francisco en la yglesia.   *ajacquian.*

---

¹   Era: forsitam.
²   *uchauch*: {*c+*}<*t*>, {*-h*}<ol·z>; *cheichchi*: {*-ch*}<ol·z>.
³   *uchauch*: {*c+*}<*t*>; *ucha*: {*c+*}<*t*>, {*-h*}<ol·z>; *manap*: <ol·n>, <ol·pa>.
⁴   *chotti*: {*-t*}.
⁵   *miyoyochac*: {*-c*}, {*h+*}<*j*>; *ge ñanloc*: <ol·ua>.
⁶   *picho*: {*c+*}<*t*>, {*-h*}<ol·z>.

Pero si el verbo latino no rige â subjuntivo, le corresponde "ut·ne" ô "quominus". Vg.:

[fol. 239] Estorbasteme que no hiriesse â mi enemigo: Ympediste·me, ut·ne vel quominus ferirem inimicum meum. En la lengua corresponde la segunda diccion del preterito imperfecto de subjuntivo. Vg. *Anuch atzapteque*[1] *maluvey* ô *mana maou*.

Estorbasteme que no fuera â mi chacara	: *Ahach°te allacteque maluvey*.
Me estorvo mi padre que no fuesse â nadar	: *Aptoctehe allacteque, apatup ñgaluvey* ô *mana ngaou*[2].

de que, de·que modo, de que manera, del modo que ô de·la·manera·que

Este rom**ance** "de·que", si se pregunta, se dice en latin: quid, a que corresponde en la lengua *ynchatem*. Vg.:

De que aprovecharan las riquezas, quando el hombre muera?: Quid divit**iae** proderunt cum homo moritur?	: *Jayu ñgolnappâ*[3], *mumpux°tup ynchatem ymallouvehtan?*

Si·no se pregunta, suele corresponder al rom**ance** "que", que en la lengua corresponde [a] *na* pospuesta al verbo. Vg.:

De·que ô que seràs desterrado, no ay duda	: *Michemi(c)zi*[4] *micottannava culayampacna*.

Quando con el rom**ance** "de que modo" ô "de·q**ue** manera" se pregunta, se dize: quomodo ô qua ratione ô quo pacto, a·las que corresponde: *entoñam*. Vg.:

Yo explicare de que·manera se han de entender las dificultades: Explicabo quo·modo vel qua·ratione vel quo·pacto dif[f]icultates intelligenda sint.	: *Oc°tup* [fol. 240]*amaymehjactan entoñam co ñanzic quitzmopacna {-cottam} (â) cottanna, mimacohalamhe* ô *mimacohactehe*[5].

Y tambien se pregunta con la dicha particula

entoñam?	: como?

---

1   *a.etteque*: {*.*}<*t*>, {*-et*}<ol·*zap*>.
2   *apohoctehe*: {*-ohoc*}<ol·*toc*>; *apa*: <ol·*tup*>.
3   *ñgolnapâ*: <ol·*p*>.
4   *michemichi*: {*-h*}<ol·*z*>.
5   *ñanchic*: {*-ch*}<ol·*z*>; *quichmopacna*: {*c+*}<*t*>, {*-h*}<ol·*z*>.

Y el romance "de modo que", "de·la·manera·que" esta yncluido en el segundo subjuntivo de cada·verbo, como se dixo en su proprio lugar.

de suerte que te lo estime   : *amtesahtech* ô *amtesa(c)jo*[1] *cottech*.
de suerte que te quiera   : *ampeñoctech*

[fol. 125 r., BL][2] La variedad de las terceras personas de plural
parece ser estas en las transiciones

mo : se ussa quando la transicion es de tercera persona de singular â tercera de plural. Vgª.:

aquel-los ama   : *mocollan*

po : se ussa quando la transicion es de las demas personas â·la tercera de plural. Vgª.:

yo los amo   : *apocollan*
tu   : *mipocollan*
nosotros   : *quipocollan*
vosotros   : *mipocollijan*
aquellos   : *chipocollan*

pa : se ussa en aquellos verbos que no solo significan las personas que haze[n] y padece[n], sino, [fol. 125 v., BL] demas de esto, otra cosa que se incluie en la que padece. En estos verbos se pone *pa* en todas las ocasiones que en los otros es *po* ô *mo*. Vgª.:

yo les pongo su comida   : *ychac apajapuchan*
tu   : *mipajapuchan*
aquel   : *ma(pa)japuchan*
nosotros   : *quipajapuchan*
vosotros   : [*mipajapuchijan*][3]
aquellos   : *chipajapuchan*

la : se ussa quando la transicion es de tercera de plural â qualquiera otra persona que no sea tercera de plural. Vg.: aquellos me aman: *acollilan, micollilan, ngollilan, quimgollilan, {-micolijan} micollilajan*

[fol. 126 r., BL]*chi*: se ussa quando la transicion es de tercera de plural â tercera del mismo numero. Vgª:

aquellos los aman   : *chipocollan*[4]

---

[1]   *amtesango*: {*n*+}<*c*>, {*g*+}<*j*>.
[2]   Transcripción del capítulo intercalado.
[3]   Era: *mipajapuchijactan*: = el futuro.
[4]   Aquí termina el texto intercalado.

[fol. 240] Tratado tercero de la interjecion

Las ay para todos los afectos y son:

ah	: del·que exclama ô ynvoca, como:
Ah Dios!	: A Dios!
aha	: del que coge haziendo cosa mala, como:
Aha·[a]mpaxlen[1] *miquian!*	: A pobre, desdichado qual te pondre!
anij[2] *empec, ma empec*	: del que se alegra del mal que acaeze â otro
	: bien empleado, me alegro.
ampaxlen	: de lastima y pena y compassion
uchuu	: del que se quema ô tiene calor
acû	: de cariño y·tambien de lastima y compassion
[fol. 241] *ychay, ychacay*	: de abominacion y desprecio
allau, attih[3]	: de dolor
oy	: del que assiente ô concede lo que le dicen
ah	: tambien sirve para amedrentar â·los niños
Ah ñipimuâ![4]	: No lo toques!
añiu	: de gana ô dezeo
Tantahe añiu!	: Tengo gana de·pan!
Tanta alacge añiu°na aquian!	: Deseo comer pan!
uñuu[5]	: de alabança ô aficion de alguna
	cosa·hermosa ô curiosa
oneu	: de enfado ô fastidio
Oneuah alan!	: Le molesto, doy pena, enfado!
Oneuah nğaan!	: Me haze daño!
yxiu[6]	: malvado
Pehchûaj[7] *ixiu!*	: Quitate malbado!
an[8]	: de admiracion
Que es assi?	: *An*[8]!
aleu	: de frio
Aleu°na miquian°le?	: Tienes frio?

---

[1]   *ahapaxlen*: <ol·*m*>.
[2]   *anic*: {*c*+}<*j*>.
[3]   *atih*: <ol·*t*>.
[4]   *ñipimâ*: <ol·*u*>.
[5]   *uñu*: <*u*>.
[6]   *uxiu*: {-*u*}<*y*>.
[7]   *pehchû*: <ol·*aj*>.
[8]   *ang*: {-*g*}.

R. *Heey, aleu°na aquian!*
ichiei[1]   : de pavor

Tratado quarto: De·la conjuncion

Las ay conyuntivas y di[s]yuntivas, y son:

pit: tiene la construcion de et unas vezes [fol. 242] y otras la de vel. Vg.:

Tu y Pedro desperdiciais el dinero	: *Mipit, Pedro°pit chechô siñ·milouhan.*
Buelve ô vete	: *Llac°pit, millaquiahji°pit* o *llaquiah°pit.*
Mi°le, oc°le?	: Tu ô yo?

Otras vezes significa "tambien":

mipit	: tu tambien
simall: es conjuncion de·verbos.	
Ara y siembra	: *Pei mutuppan mimman*[2] *°simall.*

Significa tambien lo que: quoque, tambien:

Yo lloro y tu tambien lloras	: *Oc ayoyan, mi°pit miyoyan°simall.*

a despues de consonante y *va* despues de vocal: con nombres corresponden â sed ô autem. Vg.:

La muerte es grande mal, pero el·pecado la sobrepuja.	: *Col ocho ixivah cotan, utza*[3] *°va col imitan.*

le demas de ser la "que" con·que se·pregunta, corresponde â vel:

Tu ô yo iremos	: *Mi°lê, oc°lê quillactan.*
Burlas ô hablas de veras?	: *Catzan*[4] *°pat michacenlê, amehequelê mihlan?*

uacho[5]: unas vezes corresponde â et, otras â autem, sed.

Yo me ire, mas vosotros os estareis en vuestro pueblo.	: *Oc allactan, minaha°uacho mumuttanha°te*[6].

Tambien se junta con los numerales:

---

[1] *ichiyi*: {-*y*}<ol·*e*>.
[2] *igatan piman*: {-*igatan*}, {*p*+}<*m*>, <ol·*mutuppan m*>.
[3] *ucha*: {*c*+}<*t*>, {-*h*}<ol·*z*>.
[4] *cachan*: {*c*+}<*t*>, {-*h*}<ol·*z*>.
[5] *acho*: <*u*>.
[6] *acho*: <ol·*u*>; *mumutanha*: <ol·*t*>.

miñip hilteᵒuacho[1]   : y el quarto mandamiento
Juanᵒuacho[1] *intote(n)[m]*[2] *llavi?*   : Y Juan, donde seᐧfue?

De las conjunciones *nic, na, pullen* se dixo li<u>bro</u> 1, § deᐧlas particulas deᐧlos casos [fol. 245][3] y en el tratado deᐧlos numerales y en el tra<u>tado</u> 2, § 2 del verbo substantivo.

Libro quinto: De la colocacion, acento, pronunciacion y
orthografia de esta lengua
§ 1: Deᐧla colocacion

Reglas generales no es possible darse. En los rom<u>ance</u>s y exemplos que seᐧhan puesto en este arte, se hallaran las que comunmente se usan en la colocacion de los vocablos y demas de essas pongo las siguientes. El genitivo en qualquiera oracion precede siempre, despues el nominativo y luego el caso de el verbo, acabando siempre con el. Vg.:

La sabiduria de (de) Dios ordeno los   : *Dios zamoch cotᵒtâ muxac nemᵒte, pel*
tiempos, para que el sol alumbrasse   *mahachᵒte meletahlamhe, mita mita*
de dia y (y) la luna de noche   *camatzin*[4] *moou.*
Y de otra suerte   : *Dios zamoch cottâ mita mita camazin*
                                        moou, muxac nemte, pel mahachᵒte
                                        meletahlamhe[5]*.*

Quan[d]o[6] no ay genitivo, lo ordinario es comenzar con el nominativo y acabar con el verbo. Vg.:

Los angeles todos son espiritus y no   : [fol. 246] *Mec angellâ* l. *angel mec ᵒcâ*
tienen carne ô huessos, ni sangre   *espiritull chectan, itzep ziu, ychel ziu, chijo*
                                        ziuᵒpit chectan[7]*.*
Ô sin possesivos   : *Angel mec espiritull chectan, zep*[8]*, chel,*
                                        jôᵒpit pahacotpan.

---

[1] *acho*: <*u*>.
[2] *entoten*: {*e*+}<*i*>.
[3] Los folios 243 y 244 faltan.
[4] *chamoch*: {-*ch*}<olᐧ*z*>; *cotâ*: <olᐧ*t*>; *letahlamhe*: <olᐧ*me*>; *camachin*: {*c*+}<*t*>, {-*h*}<olᐧ*z*>.
[5] *chamoch*: {-*ch*}<olᐧ*z*>; *cotâ*: <olᐧ*t*>; *letahlamhe*: <olᐧ*me*>; *camachin*: <olᐧ*z*>.
[6] Era: quanto.
[7] *angelâ*: <*l*>; *mec â*: <*c*>; *ichep*: {*c*+}<*t*>, {-*h*}<olᐧ*z*>; *chiu, chiu*: {-*ch*}<olᐧ*z*>; *chiu*: <olᐧ*z*>.
[8] *chep*: {-*c*}<olᐧ*z*>.

Los participios se anteponen y posponen, y los substantivos y quasi adjetivos, si pertenecen â una misma cosa, se·ponen en un mismo caso. Vg.:

El sol que abrasa, la luna hermosa que alumbra y las estrellas que resplandecen en esse campo azul de los cielos puso Dios para hermosura del mundo	: *Ymonco muxac °pit, quimeñongo pel meletan copit, te senta quizna palam°te y chocholanco kenna°nic°pit, co ng̃ossillvo putam°te tiññejlactege, {-so} Dios°tup mopchi[1].*

Los adverbios: unos se anteponen y otros se posponen. Vg.:

Aunque el oro y la plata se estima tanto en esta vida, pero en muriendo, nada llevamos, todo se queda	: *Puillquitz[2], checho°pit co cullha[3] cot[l]amte[4] patep yupei loitzzo°tup°pit, colheva, ynchapit quillavohpan, mec°sim ayquian[5].*
Aunque estimamos tanto el oro y la plata en esta vida, [fol. 247] pero en muriendo nada llevamos, todo lo dexamos	: *Puillquitz[2], chechopit co ncullha[6] cot[l]amte[4] ento·mec yupey quipoongo°tuppit, colhe°acho, ynchapit quillavohpan, mec inchapit quipoyam mollan[7].*

§ 2º: Del acento

Como en esta lengua no ay dimencion de sylabas breves ô largas, tampoco ay variedad en lo[s] acentos. Y assi no tiene mas que uno en la ultima s(i)iylaba, assi en nombres como en verbos, sea la dicion de dos ô de muchas:

mallâ	: cosa cruda
llín	: cosa verde
patôx	: desecho
llêz[8]	: rastrojo y lucerna pequeña

---

[1]   *musac*: {s+}<x>; *quixna*: {-x}<ol·z>; *ycholanco*: <ol·cho>; *ng̃osillvo*: {-illvo}<sillvo>; *tjñej-lactehe*: <ul·tiññejlactege>.

[2]   *puillquich*: {c+}<t>, {-h}<ol·z>.

[3]   *ng̃ullha*: {-ng̃}<c>.

[4]   *cotlamte*: {-l}.

[5]   *loichcho*: {c+}<t>, {-h}<ol·z>, {-ch}<ol·z>; *mecha pit*: {-ha pit}<ol·sim>.

[6]   *ng̃ullha*: {-g̃}<ol·c>.

[7]   *quipoyampollan*: {-p}<ol·m>, <ul·ll>: véase p. 46, nota 3.

[8]   *llêx*: {-x}<ol·z>.

Algunos tiempos de▾los verbos tienen el acento en la▾penultima. Vg.:

Eres puerco que comes yuca cruda? : *Cuchi °le mectan, el-l milangova?*[1]*<ul·mallà*
mulluppo°va>[2]

§ 3°: De la pronunciacion

Libro 1, § 1 puse el modo de pronunciar las letras y suplir las que faltan. Lo que
conviene mucho, es habituarse en las guturaciones: *nga, ngue, ngui, nguo, ngu*
que en los verbos son transiciones de tercera de singular â primera del mismo
numero. Vg.:

Amot ngappixtocan[3]	: Aquel me quita mi honrra.
[fol. 248] *ngappixtocquei*[4]	: me la quito
etzge[5] *ngaou*	: me levantô falso testimonio.

Con nombres son posessivos de tercera persona:

ngot	: su agua ô el agua de aquel
ngach	: su maiz
ngolol	: su almendra
ñeetz[6]	: su madre

Tambien tienen estas mismas guturaciones algunos nombres y verbos sin que
sean posessivos, ni transiciones, como:

ñix[7]	: cosa seca, enjuta
atgan	: yo estoy
angten	: yo le sustento ô mantengo

§ 4°: De▾la orthografia

La orthografia de esta lengua es la que esta puesta en todas las declinaciones,
conjugaciones, oraciones y exemplos hasta aqui escritos y quanto â las notas con
que se significan las guturaciones, como no ay letras con que expresarlas, las he
puesto del mismo modo que las usaron los V.V. P.P. Fr. Francisco Gutierres de

---

1 *cuchi*: <ol·*le*>; *mectan le*: {-*le*}; *milhngova*: {*h*+}<*a*>.
2 En una letra distinta.
3 *ngapixtocam*: <ol *p*>, {-*m*}<ol·*n*>.
4 *ngapixtoqui*: <*p*>, <ol·*c*>, <ol·*e*>.
5 *etchge*: {-*ch*}<ol·*z*>.
6 *ñguech*: <ol·*e*>, {-*u*}, {*c*+}<*t*>, {-*h*}<ol·*z*>.
7 *ñgñix*: {-*gñ*}.

Porres y Fr. Joseph de Araujo, que fueron los que con apostolico zelo instruyeron
en los Misterios de·Nuestra Santa Fee Catholica alos indios de las dos naciones
Chol-lones y Híbitos. Enseñaron la Ley Sta de Dios N.S., y bautizandolos, y ha-
ziendolos christianos catholicos de gentiles que eran.

21. de Octubre de 1748   Fr. Pedro dela Mata
en Truxillo.

[fol. 249] Sea todo â mayor honrra y gloria de Dios N.S., de·la beatissima Virgen
Maria, de N.S.P. S. Francisco, del Dr Maximo S. Geronimo y de todos los santos,
y para salvacion de estas pobres almas doy fin â este traslado en 19. de·Febrero
de 1772 en este pueblo de S. Buenaventura del Valle en la montaña.
Fr. Geronimo Clota

Pueblos cholones siendo gentiles:[1]

Apizoncho	
Xuñante	: Pacaya
Utchinaman	: Palma Real
Chalamuy	: Junta de Tigres
Chillancuy	
Xenquiman[2]	: Yervas
Jallipñatch	: Cerro de Palo Fuerte
Itziuat	
Zalcot	: Rio Negro
Jopeytè	: Tierra como Sangre

Pueblos xevitos:[3]

Ochaiñache[4]	
Chillonya	: Arbol
Putonya	: Arbol
Ziumich	: Palmas
Juanjui[5]	

---

[1]   Esta adición de pueblos cholones e híbitos está en una letra distinta.
[2]   *Xenquimal*: {-*l*}<ol·*n*>.
[3]   xivitos: {i+}<e>.
[4]   *Ochañache*: <ol·*i*>.
[5]   *Juancjui*: {-*c*}.

⚬ Léxico

El siguiente vocabulario contiene los nombres (N), demostrativos (DEM), numerales (NUM), clasificadores numerales (CL), pronombres (PR), pronombres indefinidos (PRI), radicales interrogativos (RI), verbos (V), vocal suprimida (VO), verbos sufijados (VS) (es decir, verbos que no ocurren independentemente, pero siempre combinados con otro verbo), adverbios (ADV), interjecciones (INT) e ítemes derivados, como expresiones y atributos (ATR), encontrados en el *ALC*. Las siglas E y Q indican los préstamos del español y quechua, respectivamente. En el léxico no se incluyen los préstamos adoptados tal cual, sin cambios, como los nombres 'domingo', 'virgen', 'cruz', etc. Bajo la letra H también figuran los lexemas que en el *ALC* comienzan con una *g* o una *j*, dado que las dos iniciales, variantes de una *h* inicial, pueden ser sustituidas por una *h*. La *z*, variante de la *s*, falta en el vocabulario. La *s* ha sustituido a ese grafema. Con respecto a los verbos se indica la clase a que pertenecen: 1, 2, 3, 4, 5 o NR (radical no-reducible). Sin embargo, algunos verbos no se puede clasificar por falta de datos. Esos verbos son seguidos del número de las clases a las cuales, eventualmente, pueden pertenecer. Los verbos irregulares se indican con la sigla IR, una vocal suprimida por la sigla VO.

A

a (NR) V	hacer, decir; comer
a-/ an-/at- NUM	uno
antzel PRI	uno, otro
acu INT	interjección de amor, cariño y lástima
ah INT	interjección de invocación o para asustar a una persona
aha INT	interjección usada cuando se sorprende in fraganti a una persona
ajuiain INT	¡espera todavía!
alew INT	interjección de frío
allau (Q) INT	interjección de dolor
allha N	animal
allhi N	cosa alegre o sabrosa
alom N	publicidad

alum PRI	alguno, otro
am N	comida; lugar
amehe N	verdad
am(o) (5) V	comer
lamolam N	comida
ampal N	cosa de tiempo pasado, cosa antigua
ampaxlen N	desdichado
ampe(h) N	parte de abajo; fondo
ampeh putam N	infierno
ampec/ empec ADV	bien
an INT	interjección de admiración
ana RI	cuánto; cuándo
(a)n(a) (IR) V	venir
anih INT	interjección de sorpresa y de regodeo
añiw INT	interjección de gana y deseo; ¡ojalá!
ap(a) (4) V	trepar
aquina(h)a INT	¡espérame!
ate ADV	entonces
atelpa N	gallina
atelpa mulupchu	pollito
atem N	mañana
atemell ADV	temprano
atih INT	interjección de dolor
atziu ADV	continuamente, frecuentemente
auca N	enemigo
axman ADV	primero
axua N	pescado
ay N	fondo, parte de atrás
aye N	menor
ayte ATR	quieto
aytechu ATR	pacífico
aytechuall ADV	muy a escondidas
aytell ADV	a escondidas; silenciosamente
aycha/ eytza (Q) N	carne
ayqui (NR) V	quedar
ayunan (E)	ayuno

B

baptismo, baptizan (E) N	bautismo

B/ HUA/ V

bem N	camote
hualiu (Q) N	belleza, fuerza
huaranga (Q) N	mil
vexa (E) N	oveja
vexa camayoc N	pastor de ovejas
vaca camayoc N	vaquero

C/QU

cach N	maíz
cachiu N	torcedura
cajapey N	hielo
cajapey matian (3) V	helar
call(o) (5) V	mandar
calloitziy N	obligación
callsoc N	voluntad
caloch N	plato
cama N	enfermedad
camatzin (Q) N	ley, orden
camayoc (Q) N	cargo, oficio
c(a)p (1) V	coger
capac (Q) N	poder
capi ADV	hoy
cas N	viento
casm(o) (5) V	hacer tempestad, nevar, ventear
casalan/ casaran N	matrimonio
castigan (E) N	castigo
catzan N	broma, tontería
catzoc N	caja
caxa N	aguja
co DEM/ ADV	ese; aquí
cochmi N	mar
cochue N	mono grande negro
col N	hambre
colv(o) (5)V	dar de comer
cole/ coll (3) V	amar
ngole(lam) N	amor
colevuch N	amador, el que ama

-c(o)l(oh) (IR) VS	acabar, terminar
c(o)l (1) V	morir
col N	muerte
colol N	almendra
confesan (E) N	confesión
cosillv(o) (5) V	andar a la redonda
cot N	agua
c(o)t (1) V	ser
c(o)tlam N	existencia
cotuch N	ser
cotchal N	cascajar
cotpo(h) (2) V	ser
cuca (Q) N	coca
cuchi (E) N	cuche
cul N	pelotón de cotón
culma N	pelotón
cule/ cull (3) V	acostarse
culla N	piojo del cuerpo
cullha N	vida
cunchu N	cosa pequeña
cup(e)peñ N	tibieza
quechuac (Q?) N	pobre
quel (1 o NR) V	buscar
quelchehuch N	el que busca
quel(o) (5) V	engordar
quellpac N	alrededores
quell/ quill N	pared, quincha
quena N	estrella
ques N	edad
queta N	jabalí
quexum N	nariz
qui (NR) V	hacer
quiche(h) (2) V	andar, pasear
quiha PR	nosotros
quilix NUM	siete
quilixo quilixo	de siete en siete
quinha N	vida
quioc NUM	cinco
quico quico	de cinco en cinco
quipchito N	peligro, riesgo

quisi(h) (2) V	engañar
quisna N	azul
quita (Q) N	salvaje
quitav(o) (5) V	huir
quixa(h) (2) V	ofender
quixv(o) (5) V	enojarse

CH

cham N	cadena
ch(a)n V	atar,liar
chan N	manojo
-chan CL	cosa atada o liada
chapllon N	olla
chase(h) (2) V	charlar
catzanpat chase(h) (2) V	burlar, decir tonterías
ch(a)s(o) (1+5) V	jugar
ch(e) (3) V	parir
che N	grano, huevo
-che CL	cosa redonda
chequell	muy granado
chech N	blanco
checho N	plata
checho camayoc N	el que tiene el cargo de cajero
-che(h) (2) VS	andar, pasear
chem V	banir
chesmiñ N	cedro
chia(h) (2) V	ganar
echia(h) (2) V	perder
chi(h) (2) V	abrir
chicn(o) (5) V	temer
chicnongo ATR	cosa formidable, temerosa
chicnehn(o) (5) V	admirar, espantarse
chim INT	¡por favor!
chiñ N	tordillo
chit (1 o NR) V	perder
chol N	relámpago
chochol (2, 4, 5 o NR) V	resplandecer
choti INT	¡apostemos!
chou N	pulgón

chul N	moco
chup N	vientre
-chup CL	cosa llevable
-chup(o) (5) VS	hacer un poquito; hacer suavemente, tiernamente

D

doctrina leitz V	reciter la doctrina

E

e/y (3) V	dar
(e)chia(h) (2) V	derrotar, vencer
el N	yuca
es (NR) V	entrar
et N	fuego
etz N	ladrón
etzhe (o) (5) V	levantar falso testimonio
etz(o) (5) V	robar
extec N	vestido
nexteca(h) (2) V	vestir
nextecon(o) (5) V	vestirse
nextecv(o) (5) V	hacer ropa
ey N	leña

H

hach N	chacra
hach(a) (E) N	hacha
hacol N	humildad
hacol qui (NR) V	humillarse
hacol loitz (NR) V	ser humillado
haqui (NR) V	pensar
hey/ (h)eey INT	¡sí!
hanap ADV	atentamente
hañ (2, 3, 4, 5 o NR) V	tener cariño
hapit ADV	quizás
havey N	palo incorruptible
hay(a) INT	¡no sé!
hayu N	hombre; indio

helak N	parentela
henap ADV	atentamente, casualmente
henat ADV	pues
het (4 o NR) V	desatar
hey/ (h)eey INT	¡sí!
hia(h) (2) V	aguardar, esperar
hil N	mosquito
hil N	mandamiento, palabra
-hil CL	lenguaje
h(i)l(a) (IR) V	hablar
hili N	falta
hina(h) (2) V	oír
hintzi/hintziw (IR) V	charlar
hintziweka(h) (2) V	burlar
ho N	sangre
h(o) (5) V	cavar
hoc N	claridad
hon(ques) N	cosa ancha
hul N	piña
hulap N	cosa larga
hulum N	gordura, grosor, grueso
h(VO)*llem* N	amigo

I

ich-/is-/ix- NUM	tres
ixtaco ixtaco ADV	de tres en tres
icha(ca)y INT	interjección de abominación
icham N	verdad
ichi INT	interjección de temor
ichiey INT	interjección de pavor
ihna ADV	aprisa
ila N	mujer
ila pulupchu N	muchacha
ilachu	muchachilla
ilo ADV	de uno en uno
i(h)na ADV	así
ina(ha)m ADV	ojalá
incha PRI, N, RI	algo, una cosa, que
incha incha N	cosas

inchahu N	cosita
inchu N	cosa mínima
inco DEM/ ADV	éste; ahí
insoney N	onda
into RI	cuál
ip N	cierta raíz comestible
ip- NUM	dos
iptapi NUM	dos juntos
iptaco iptaco ADV	de dos en dos
iptzoc NUM	seis
iptzoco iptzoco ADV	de seis en seis
itzac N	chicha
ixac/ixaqui N	dificultad
ixiu N	malvado
ixivah N	desgracia, mal

L

lam(a) (4) V	matar
lamihuch N	matador
lasu/ rasu (Q) N	granizo, nieve
lax (3, 4 o NR)	ser cojo
layam (NR) V	dudar
le N	diente
lec NUM	diez
let N	estación, tiempo
leu N	gusano
lic (1 o NR) V	tejer
liman N	sierra
lite(h) (2) V	corregir
litehuch N	corregidor
liu N	letra, libro, pintura
-liu CL	cosas diversas
liwe(h) (2) V	escribir
lix (1 o NR) V	caer
lo(h) (2) V	mojar
lol N	boca, orilla, ribero
lolxe N	español
lon N	publicidad, notoriedad
lopo(h)/ lupo(h) (2) V	hacer

low(VO)*tz* (1) V	golpear
lu N	entrañas
luc(o)t (1) V	estar dentro de
lupac(o)t/ lupoc(o)t (1) V	pensar; parecer; recordar
lupo(h) (2) V	aborrecer
lutzel N	pecho
luw(o) (5) V	estar triste
luwolam N	tristeza
lulo N	esfuerzo, molestia, trabajo; tristeza
lum N	lado superior
lumtzap (o) (5) V	abrazar
lumitup ADV	adredemente, de propósito
lusaqui/ lusay (IR) V	pesar, tener compasión
lusaquievohn(o) (5) V	ofender
lusayeuch N	persona misericordiosa, piadosa
luwe(h) (2) V	impedir
luyum (NR) V	padecer
luyum N	trabajo

LL

llaca N	cosa colorada
llacsa N	ligereza
lla(h) (2) V	cubrir (con barro)
llatipe(h) (2) V	preparar
ll(a)v/ lla (IR) V	ir
llavin N	clavo
lla(vo)h (IR) V	llevar
llem ADV	todavía
llemtzap(o) (5) V	ayudar
lles N	alfalfa y su rastrojo
ll(e)t (1) V	debilitar
llin N	verde
llix N	mono pequeño
lloc N	desnudez
llollo N	cascabel
llom N	quebrada
llu N	paujil
ll(u)c(oh) (IR) V	finir, terminar
-*ll(u)c(oh)* (IR) VS	finir, terminar

lluhlam N	objetivo
llup (NR) V	comer algo
llupuch N	comedor
llup N	baño

M

ma ADV	no
ma INT	¡no!
mac/ macjay N	alegría
mac haqui (NR) V	alegrarse, holgarse
macjay/ macsay (NR) V	alegrarse, holgarse
mae ADV	falsamente
ma(ha) N	alto grado
mahach N	cuidado
mahach N	noche
mala N	cosa cruda
malevohchec ADV	demasiado, excesivamente
man N	igual
(man)hich(o) (5) V	estar sumergido
mas(o) (5) V	durar una noche
m(a)s(o) (1 + 5) V	nacer
masoumaxco N	natividad
mec PRI	todos
mech N	árbol, madera, palo, rama
mecot N	mar
mellus N	barco, canoa
mi PR	tú
m(ih) (IR) V	sembrar
minaha PR	vosotros
miñip NUM	cuatro
miñllac N	alrededores
miñllacve(h) (2) V	acercarse
mise N	frío
mita N/ CL	tiempo
mo(h) (2) V	subir
mohn(o) (5) V	subir
pilmohn(o) (5) V	recostarse
m(o)h(o)ll (IR + 2) V	hallar

mol N/ CL	día
atmole atmole ADV	de día en día
mol N	ámbito, solar
mon N	parte trasera
montzey N	lengua
moschu N	cosa chiquita
mot N	nombre, honra
(m)uch N	ají
muchan (Q) N	oración; honor
mu(h) (2) V	llevar en la boca, probar; enterrar
-mul(o) (5) V	principiar la accion
muxac N	sol

N

nallo N	discípulo
nan (IR) V	venir
nan(o) (5) V	atemorizar, temer
napu N	Nuestro Señor
neitz (NR) V	embarcar
nem N	día
nemlup N	medio día
nen N	mano
nichu N	cosa pequeña
nonas N	gloria, grandeza
none ADV	aún
nuc N	caja
nuh N	cueva
nun N	varón

Ñ

ñache N	ojo
ñaloc N	ordinario
ñamo INT	¡vamos!
ñanmac PRI	cada uno
ñanmito N	dueño
ñanpuill N	vergüenza
ñansic N	trabajo
ñan(ta) N	cara

ñantum (NR) V	cubrir
ñanxip (2, 4, 5 o NR) V	dar(se) prisa
ñapa N	papagayo
ñ(e) (3) V	dormir
ñ(i)c/ ñih (IR) V	sacar
ñip (1 o NR) V	tocar
ño N	pecho
ñu N	hija

NG

nguetz N	su madre
nguch N	su padre
nguña N	cosa suave

O

(o) (5) V	hacer
oc PR	yo
ocho N	cosa grande
ochoa/ ochaa N	caymito (un árbol frutal)
ocoñ NUM	nueve
ocoño ocoño ADV	de nueve en nueve
ohom N	ocio, ociosidad
ol PRI, RI	quien
olle N	saliva
oñchapla N	hablador, parlero
oneu INT	interjección de enfado u fastidio
ongxa N	zanja
opey (Q) N	sordomudo
ou N	distancia
oulum N	culebra, víbora
oy INT	interjección del que asiente o concede
oyna N	salud

P

pa N	padre
pa N	alto grado

pac NUM	ocho
paco paco ADV	de ocho en ocho
pac(o) (5) V	conocer
pac(o)t (1) V	estar, ser
pacupleu N	granadilla, tumbo
pagalan (E) N	pago
paha PR	ellos/ ellas
pah(a) (4) V	apartar
pahat N	ayer
pahat(o) (5) V	bajar, traer de arriba
palam N	campo, plaza
palantu (E) N	plátano
pale/ pall (3) V	pasar
-pale/ pall (3) VS	pasar
palol/ palon N	porta
palol camayoc N	portero
pallou N	belleza, bondad
pan N	madre
pana N	camino
pangala N	paba del monte
papayu (E) N	papaya, papayo
Pasco N	Pascua, fiesta grande
pas(o) (5) V	aconsejar, predicar
pata N	cuerpo
p(VO)ta (1) V	acompañar
pate/ pat^y (3) V	salir
patili N	padre
patox N	desecho
patz(a) (4) V	anochecer; durar una noche
patzanuetzet ADV	al revés
paxol N	verano
payam ADV	casi, por poco
payatz N	tarde
pe DEM/ADV	acullá, aquel; allí, allá
pehchu N	poco
peim N	maní
pel N/ CL	luna
pele/ pell (3) V	encontrarse
peleta(h) (2) V	alumbrar
pellipllep (2, 4, 5 o NR) V	relampaguear

penchihn(o) (5) V	jurar
peñ(o) (5) V	querer
meñ N	deseo, voluntad
meñolam N	deseo, voluntad
peñovuch N	el que quiere
perdo(na)n (E) N	perdón
petz N	tabaco
pey N	tierra
pichac (Q) N	ciento
pilchi(h) (2) V	romper
piliu N/ CL	año
pill N	nasa
pilm (1 o 4) V	enviar
-pimoc CL	espacio
p(i)s (1) V	comprar, pedir
pit (1, 4 o NR)	ganar
pita(h) (2) V	faltar
pitec N	verdad
p(i)tz (1) V	venir
-pitz (NR) VS	hacer de pasada, antes de partir
pixan ADV	así
pixcam N	vaso
pixt(o) (5) V	quitar
pixto(h) (2) V	destruir
p(i)yip (1) V	trabajar
pihihuch N	trabajador
poc N/ CL	vez
po(h) (2) V	dar calentura; quemar
poho N	mañana
poh(o) (5) V	amanecer
pon N/ CL	manada, tropa
pot (4 o NR) V	venir
-puc CL	bocado
p(u)ch (1) V	poner
-puch CL	cabal, entero, lleno; chacra
puche(h) (2) V	llenar
puill (NR) V	caer, enterrar
puillquitz N	oro
pul (1, 2, 4 o NR) V	contentarse
-pul (NR) VS	cesar, parar

pulcup N	media noche
pull N	amarillo
pul(up) N	hijo
puluch N	marido
puluch(o) (5) V	casarse (mujer)
pulum N	trueno
puluva(h) (2)/ *puluv(o)* (5) V	abominar
cupuluvongo ATR	abominable
pum N	harina
pun(o) (5) V	perguntar
p(u)pux N	riqueza
pusim N	paja
putam N	pueblo, tierra
puyaca ADV	adrede, de propósito
puyup N	puente
p(o)h(o)ll (1) V	hallar
p(VO)ñe(h) (1 + 2) V	huir, quitar
p(VO)sah (1) V	hacer
p(VO)savohuch N	criador
p(VO)xav(o) (1 + 5) V	hilar
p(VO)ti(h) (1+ 2) V	salar
p(VO)t(o) (1 + 5) V	bañarse

R

resan N	oración

S

sa PR	él, ella
sa N	cosa vieja
sac N	comida
sah (1, 4 o NR) V	llevar
sall N	alma; todo
santu N	santo
sayapi/ xayapi N	selva
sech N	cabeza
se(h) (2) V	*crecer*
-semana (E) CL	semana
senta N	cielo

sep (2, 4, 5 o NR) V	mentir
sepec N	mentira
sepu (E) N	cepo
seque ADV	otra vez
siñ N	desperdicio
siu N	carencia, escasez, necesidad
somec N	llaga
s(u)c (1) V	reír
sucu(sill) N	pájaro
sup N	cervicabra
supey (Q) N	diablo

T

ta N	piedra
-*ta* CL	pétreo
t(a)/ t(o) (IR) V	hacer
taca N	cuadril, hueso de la cadera
tacla N	armadillo
tamxe N	batán de tabla
tanta (Q)	pan
t(a)pach (1) V	levantarse
tapt (1, 2, 4 o 5) V	estar, ser
te(h) N	altitud, cumbre
teh(o) (5) V	llenar
tele ADV	continuamente
tell ADV	aún
tengix (1, 2, 3, 4, 5 o NR) V	hilar
(te)nom N	poco
tepat ADV	eterno, siempre
teph(o) (5) V	velar
tepuch ADV	de propósito
tesa(h) (2) V	agradecer
tesim ADV	siempre
tiñe(h) (2) V	resplandecer
-*tip* CL	pedazo
tiqui (NR) V	estar, ser; volver
t(o)n (1) V	estar (sentado)
tonche(h) (2) V	errar, vagar
tonle/ tonll (3) V	sentarse

tu N	dirección
tua N	cacatúa
-tuh CL	juntura, ñudo, retazo
t(u)n (1) V	decir
t(u)p (1) V	andar, caminar
tupuch N	andarín, persona andariego
tutuh N	águila
tuxam (< *yuxam*) N	tatú

TZ

tzac N	chicha
tzala N	mujer casada
tz(a)lav(o) (5)	casarse (hombre)
tzaluch N	negro etíope
tz(a)p (1) V	coger
axua tzapuch N	pescador
tzel N	pie, pierna
tzel cachiu N	patituerto
-tzel CL	objeto largo
tzep N	carne
tzi N	aguacero
tzi let N	hibierno, invierno
tzimus (2, 4, 5 o NR) V	lloviznar
tziy(VO)*sit* (1) V	escampar, dejar de llover
tzipiou N	especie de fruta y su árbol
(tzi)tzal N	negro
tzitzia(h) (2) V	volver
tziu N	escasez, falta
tzotzoc N	calzón
tzu(h) (2) V	untar
tzuquiou N	medicina

U

uchu INT	interjección de calor
uchuah N	calor
uluquiou N	perdigón, perdiz
ulluc N	lanza o dardo
uñep N	cera

uñuah N	salud
uñuu INT	interjección de alabanza
unga N	niño de leche
utz N	zapallo; enemigo
utza (Q) N	pecado
utzauch N	pecador
utzave(h) (2) V	juzgar
utzavehuch N	juez
uxus/ uxux N	mariposa

X

xahan N	mayor, primogénito
xala N	canasta
xalam N	flojedad
xam N	par
xax N	armadillo
xay(o) (5) V	ayunar
xaix/ saich (NR) V	azotar
xe N	cabelo
xel (1, 4 o NR) V	estar embarazada
xep N	impotencia
xepos (NR)/ *xepo(o)* (5) V	soplar
xex N	sarna, roña
x(i)c/ xih (NR) V	beber
xaca(h) (2) V	embriagarse
xaque(h) (2) V	embriagar un otro
xihlam N	bebida
xihuch N	bebedor
-xipe(h) (2) VS	hacer por poco
xipna ADV	presto
xiptet N	anona
xocot N	río
xo(h) (2) V	derramar
xot N	hermano
xum N	lugar, pueblo
-xum CL	montón, pueblo
axungal ADV	junto
x(VO)*p(o)* (1 + 5) V	liberar, salvar

quixpehuch N	Nuestro Redentor
quixpolam N	nuestra liberación, redención, salvación

Y

y(a)ch (1) V	ver
yah (4 o NR) V	morder
yalp (1, 2, 4 o5) V	juntar, recoger
yam N	castigo
yamcuila N	diligencia
y(a)m(o) (1 + 5) V	saber
y(a)me(h) (1 + 2) V	ennseñar
kiymehuch N	Nuestro Criador, nuestro maestro
tzamoch N	sabio
tzamoch cot N	sabiduría
tzamocgell ADV	sabiamente
yamoll (3, 4 o NR) V	dejar
yap N	especie de cuadrúpedo
y(e) (3) V	dormir
yelam N	cama
yehono N	secreto
yehon(o) (5) V	esconderse
yeitz (NR) V	convertir
tzeitzia(h) (2) V	decir
yel N	sal
yelo ADV	juntos
yelo(ll) yelo(ll)/ yeltell yeltell/	cada uno por sí
yepat(all yelpat(all)	
yey N	risa(s)
yip N	casa
yohn(o) (5) V	purgarse el vientre
yopum N	polvo
yoquetehn(o) (5) V	vengarse
yosill N	humildad
yotz N	cui
yoy(o) (5) V	llorar
yu N	especie, género
yuch N	racacha (planta alimenticia)
yupey (Q) N	estima
yuxam N	armadillo de tierra

⌖ Referencias bibliográficas

ALEXANDER-BAKKERUS, Astrid (2005a): "Cholon sounds reconstructed: a symbol analysis", en: Zwartjes/Altman (eds.), 181-90.
— (2005b): *Eighteenth-Century Cholón*. Utrecht: LOT.
BERTONIO, Ludovico (1603): *Arte breve de la lengua aymara para introducción del arte grande de la misma lengua*. Roma: Luis Zanetti.
COBO, Bernabé ([1653] 1980-1985): *Historia del Nuevo Mundo*. 4 Vols. Ed. Marcos Jiménez de la Espada. Sevilla: E. Rasco.
GAYANGOS, P. de. (s.f.): *Catalogue of the Spanish Mss.* Vol. I. London: British Museum Publications.
GONZÁLES HOLGUÍN, Diego (1607): *Gramática y arte nueva de la lengua general de todo el Perú llamada lengua qquichua o lengua del Inca*. Lima: Francisco del Canto.
GREENBERG, Joseph H. (1987): *Language in the Americas*. Stanford: Stanford University Press.
HERVÁS Y PANDURO, Lorenzo (1784): *Catalogo delle lingue conosciute e notizia della loro affinità e diversità*. Cesena: Biasini.
IZAGUIRRE, Bernardino (1922): *Historia de las misiones franciscanas y narración de los progresos de la geografía en el oriente del Perú, 1619-1921*. Lima: Talleres Tipográficos de la Penitenciaría.
MACKERT, Michael (1999): "Horatio Hale's grammatical sketches of languages of the American Northwest Coast: the case of Tsihaili-Selish", en: Nowak (1999), 155-173.
MARTÍNEZ COMPAÑÓN, Baltasar Jaime ([1783] 1978): *Trujillo del Perú* (facsimile). Vol. II. Madrid: Ediciones Cultura Hispánica del Centro Iberoamericano de Cooperación.
NOWAK, Elke (ed.) (1999): *Languages different in all their sounds: descriptive approaches to indigenous languages of the Americas 1500 to 1850*. Münster: Nodus.
ORTIZ, Dionisio (1967): *Oxapampa, estudio de una provincia de la selva del Perú*. Lima: Imprenta Editorial "San Antonio".
QUILIS, Antonio (1980): *A. de Nebrija, Gramática de la Lengua Castellana* [1492]. Madrid: Editora Nacional.
ROSSEM, C. van/VOORT, H. van der (1996): *Die Creol Taal, 250 years of Negerhollands Texts*. Amsterdam: Amsterdam University Press.
SANTO TOMÁS, Domingo de (1560): *Grammatica o arte de la lengua general de los indios de los reynos del Peru*. Valladolid: Francisco Fernández de Córdova.
TELLO, Julio (1923): "Arte de la Lengua Cholona por Fr. Pedro de la Mata", en: *Inca*, tomo I, 690-750.

TESSMANN, Günter (1930): *Die Indianer Nordost-Perus*. Hamburg: Friederichsen/de Gruyter.

VALDIVIA, Luis de (1606): *Arte y gramatica general de la lengua que corre en todo el Reyno de Chile, con vocabulario, y confessionario*. Lima: Francisco del Canto.

VERKRUYSSE, P. J. (1973-74): "Over diplomatisch editeren van handschriften en het gebruik daarbij van diacritische tekens", en: *Spectator* 3, 325-346.

ZWARTJES, O./ALTMAN, C. (eds.) (2005): *Missionary linguistics II/Lingüística misionera II. Orthography and phonology. Selected papers from the second international conference on missionary linguistics*. São Paolo, 10-13 March 2004, 181-90. Amsterdam/Philadelphia: John Benjamins.

✑ Mapas

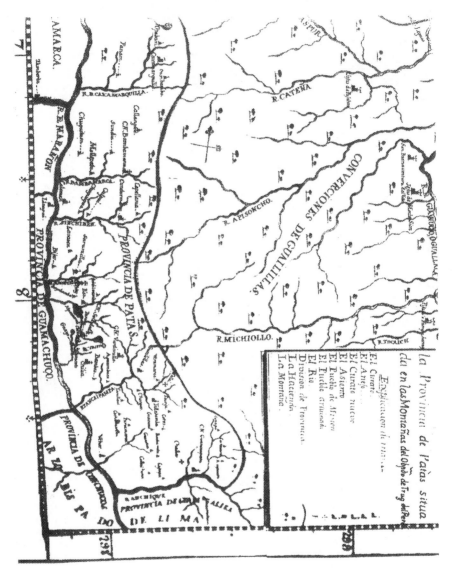

El mapa 1 muestra la antigua provincia de Pataz, donde se ubicaban las misiones o conversiones de Huailillas: Jesús de Pajatén, San Buenaventura del Valle, Jesús de Monte Sión, Pisano o Pampa Hermosa. Los cholones se alojaban en San Buenaventura del Valle y Pampa Hermosa, los híbitos en Jesús de Pajatén y Jesús de Monte Sión.
MARTÍNEZ COMPAÑÓN, Baltasar Jaime ([1783] 1978): *Trujillo del Perú*. Vol. II. Madrid: Ediciones Cultura Hispánica del Centro Iberoamericano de Cooperación. Reproducción del folio 111 del manuscrito *Conversiones de Huaylillas* (no. sign. 11/343).
© Patrimonio Nacional, Madrid.

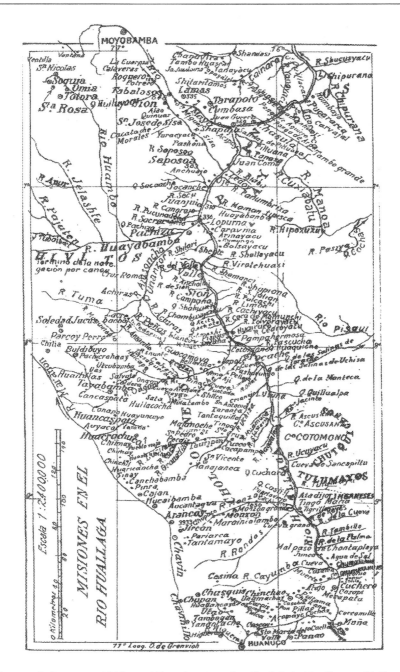

*El mapa 2 (Izaguirre 1922, VI: 99) representa el valle del río Huallaga, el hábitat de
los pueblos cholón e híbito, entre otros.*